China Insurance Market Report 2013

中国保险业发展报告

2013

孙祁祥 郑伟 等著

图书在版编目(CIP)数据

中国保险业发展报告.2013/孙祁祥,郑伟等著.—北京:北京大学出版社,2013.9
ISBN 978-7-301-23171-5

Ⅰ.①中… Ⅱ.①孙…②郑… Ⅲ.①保险业-经济发展-研究报告-中国-2013 Ⅳ.①F842

中国版本图书馆 CIP 数据核字(2013)第 212188 号

书　　　名:	中国保险业发展报告 2013
著作责任者:	孙祁祥　郑　伟　等著
责 任 编 辑:	郝小楠　王　律
标 准 书 号:	ISBN 978-7-301-23171-5/F·3741
出 版 发 行:	北京大学出版社
地　　　址:	北京市海淀区成府路 205 号　100871
网　　　址:	http://www.pup.cn
电 子 信 箱:	em@pup.cn　　　QQ:552063295
新 浪 微 博:	@北京大学出版社　@北京大学出版社经管图书
电　　　话:	邮购部 62752015　发行部 62750672　编辑部 62752926
	出版部 62754962
印 　刷 　者:	三河市北燕印装有限公司
经 　销 　者:	新华书店
	730 毫米×980 毫米　16 开本　15.5 印张　274 千字
	2013 年 9 月第 1 版　2013 年 9 月第 1 次印刷
印　　　数:	0001—2000 册
定　　　价:	42.00 元

未经许可,不得以任何方式复制或抄袭本书之部分或全部内容。
版权所有,侵权必究
举报电话:010-62752024　电子信箱:fd@pup.pku.edu.cn

《中国保险业发展报告 2013》
编 委 会

主　　编：孙祁祥
执行主编：郑　伟
编　　委：(按姓氏音序排列)
　　　　　陈秉正　董　波　房永斌　郭金龙　郝演苏
　　　　　金坚强　李心愉　梁　涛　孙沛城　孙祁祥
　　　　　庹国柱　王　稳　王绪瑾　吴晓军　熊志国
　　　　　许飞琼　阎　波　赵庆晗　郑　伟　朱金渭

《中国保险业发展报告2013》
撰 写 组

孙祁祥,北京大学经济学院院长、教授,北大中国保险与社会保障研究中心（CCISSR）主任

李心愉,北京大学经济学院教授,北大学位委员会应用经济学分会委员

郑　伟,北京大学经济学院风险管理与保险学系主任、教授,CCISSR 秘书长

刘新立,北京大学经济学院风险管理与保险学系副主任、副教授,CCISSR 副秘书长

朱南军,北京大学经济学院风险管理与保险学系副主任、副教授,CCISSR 副秘书长

锁凌燕,北京大学经济学院风险管理与保险学系副教授,CCISSR 主任助理

陈　凯,北京大学经济学院风险管理与保险学系副教授

姚　奕,北京大学经济学院风险管理与保险学系讲师

前　言

《中国保险业发展报告》是由国家教育部正式批准立项的"教育部哲学社会科学发展报告建设(培育)项目",自2011年10月正式启动,我很高兴担任这个项目的主持人,组织课题组对中国保险业发展进行系统研究。《中国保险业发展报告2013》是这个项目的第二本报告。

保险制度是内生于市场经济体制的一个必要元素,是不可或缺的组成部分,一个具有不完善的保险业的市场经济是一种不完善的市场经济。作为市场经济条件下风险管理的基本手段、金融体系和社会保障体系的重要部分,保险在社会主义和谐社会建设中具有重要作用。近些年来,在经济社会发展方面有一个重要的国际趋势是加强公私合作(Public-Private Partnership,PPP),即政府在管理社会和提供公共服务的过程中,不是单纯地大包大揽、亲力亲为,而是站在更高的高度来组织、调动和协调相关社会资源,特别是重视发挥市场机制的作用,使市场和政府形成有效合力,以更好地达成服务经济社会发展的目的。对于市场经济条件下的风险管理,政府除了自身提供的社会保险和公共救济之外,还应当特别注重发挥商业保险的基础性作用。在市场经济中,保险业在完善经济保障、优化经济发展、增进社会和谐等方面能够发挥重要而独特的作用。我们谈"发展保险业",不是为发展保险业而发展保险业,而是为了实现更高层次的经济社会协调发展的目标,是为了发挥保险业在完善市场经济方面的不可或缺的作用。在这样一个大背景下,编写《中国保险业发展报告》就更具积极的理论和现实意义了。

"教育部哲学社会科学发展报告建设（培育）项目"是近年来教育部在哲学社会科学领域大力推动的研究项目，该项目在对接和服务国家经济社会发展、推出高水平研究成果、为党和政府决策提供咨询服务等方面发挥了积极的作用。教育部希望各发展报告课题组建立一支相对稳定、内外联合的高水平学术团队，以动态发展的数据库为支撑，与政府实务部门、校外科研机构、重要行业企业组织等建立战略联盟，围绕特定领域和重大问题开展长期跟踪研究，努力推出对认识社会、引领社会具有重要影响的学术成果，对政府决策具有重要作用的对策性、前瞻性应用成果。

《中国保险业发展报告2013》编委会由来自北京大学、中国保监会、中国社科院、清华大学、中国保险学会、中国保险行业协会、对外经济贸易大学、中央财经大学、北京工商大学、首都经济贸易大学等机构的相关负责同志和专家学者组成，报告撰写组由北京大学经济学院风险管理与保险学系的老师们担当。在报告交稿付印之际，我要对大家为《中国保险业发展报告2013》的积极贡献和鼎力支持表示衷心的感谢！

我们在项目研究和报告编写过程中，还非常高兴地得到了教育部社会科学司的领导和同志，中国保监会李克穆副主席、中国保监会政策研究室熊志国主任、政策研究室原副主任阎波博士，中国保监会统计信息部吴晓军主任、朱金渭副主任和白云处长的大力支持。中国保监会为我们提供了必要的统计数据，教育部社会科学司为项目提供了许多重要的指导。如果没有各位的帮助，这本报告不可能顺利出版，在此一并致以衷心的感谢！

最后，我要感谢北京大学出版社的领导和郝小楠编辑，感谢北京大学经济学院风险管理与保险学系的陈凯老师和姚奕老师，感谢他们为本书数据搜集和出版付出的辛苦工作！

孙祁祥

2013年7月24日

内容提要

本报告作为"教育部哲学社会科学发展报告"之"中国保险业发展报告"系列的第二本,重点讨论分析 2012 年中国保险业发展的现状、问题和未来展望。

报告共分七章以及一个附录:

第一章"保险业发展综述" 该章首先讨论 2012 年中国保险业发展概况并作简要评价,然后分析 2012 年中国保险业改革发展的若干重要事件,最后对 2013 年及今后一段时期中国保险业发展进行展望。2012 年,全年保险公司原保险保费收入 15 488 亿元,同比增长 8.0%,保险业增速继续在低位徘徊,而且增速首次降为个位数,与近二十年来超过 20% 的平均增速形成了明显反差。从外部环境看,复杂严峻的国内和国际经济形势,通过实体经济、金融市场和消费者需求等多种渠道传导至保险业,增加了保险市场稳定运行和风险防范的难度与压力。2012 年,保险监管强调"风险底线"和"消费者权益",取得积极成效。从国际比较看,2012 年,中国保险业保费收入在世界排名第 4 位,保险密度排名第 61 位,保险深度排名第 46 位。2013 年以及今后一段时期,中国保险业仍处于重要的战略机遇期,这一基本判断没有改变;但同时,中国保险业发展也面临诸多现实困难。今后,中国保险业将努力在完善现代金融体系、社会保障体系、农业保障体系、防灾减灾体系、社会管理体系等五大重点领域发挥积极作用。

第二章"财产保险市场" 该章首先分析了 2012 年财产保险市场发展概况,主要涉及财产保险市场运行格局和业务经营两大方面;随后研究了 2012 年财产保险市场业务发展绩效与问题；最后结合针对2012年财产保险市场发展环境的分析，展望2013年财产保险市场的发展前景。分析表明，在2012年经济形势非常严峻的情况下，财产保险市场坚持采取了一系列深刻影响市场变革的政策与措施，实现了稳步发展，市场体系建设取得显著成效。2012年，财产保险市场保费收入达到5 330.93亿元，赔款支出累计达到2 816.33亿元，保险密度达到了393.71元/人，保险深度达到了1.03%；经营主体数量持续平稳增长，市场份额的分布更为合理。同时，财产保险市场经过近年的高速发展，积累的问题和矛盾也开始逐步显现，财产保险发展面临较大挑战，市场持续健康发展面临一定的不确定性。目前较为突出的问题主要是：行业形象需要提升；经营管理模式粗放；保险产品结构单一，创新能力不强；保险人才队伍素质有待进一步提高；等等。展望2013年，财产保险市场机遇与挑战并存，"抓服务、严监管、防风险、促发展"还将是发展的主线，仍然需要在加强风险防范、拓宽服务领域、创新营销模式、优化资产配置、规范市场体系等方面做出不懈努力。

第三章"人身保险市场"　该章首先总结了2012年人身保险市场的发展概况，然后分析并评价了该年人身保险市场发展的特点，对问题的形成原因进行了讨论，最后，对2012年人身保险市场发展的环境进行了分析，并对2013年人身保险市场的发展环境及前景进行了展望。分析表明，2012年，因受到经济增速放缓、资本市场低迷、行业发展面临的外部形势严峻、过去几年粗放式发展所累积的问题开始显现等多方面的影响，人身保险市场仍在经历发展的乏力期。人身保险市场依然存在产品结构不合理、渠道结构不合理、对产品所对应的风险分析不深入、市场秩序不规范等特点，虽然行业内已经意识到这些问题，并力图通过创新进行改革，但成效并不显著。2013年，国际、国内经济形势依然存在一定的风险和挑战，但市场需求在城镇化的推进下将会持续增加，保险领域相关有利政策也将出台。在此背景下，人身保险市场在2013年力图达成以下目标：政策利好拓宽行业发展前景，业务结构进一步优化；市场秩序继续好转，行业形象不断提升；行业风险管理水平不断提高，市场平稳健康发展。

第四章"保险中介市场"　该章首先分析了我国保险中介市场的基本情况，分别总结了2012年保险代理机构、经纪机构和公估机构的机构数量和业务收入状况，以及保险中介监管机构颁布并实施的政策和措施，然后分析并评价了2012年我国保险中介市场的特点和热点问题，最后讨论了未来我国保险中介市场可能遇到的挑战以及发展前景。我们的分析表明，2012年我国的保险中介市场在机构数量上和业务收入上依旧保持稳步上升的态势，只是上升速度开始放缓。我国的保险中介市场还面临着各种各样的问题，尤其是销售误导的现象依旧严重；虽然监管部门出台了若干政策，并经过了多年的治理，整治效果仍然不是很明显。2012年，我国的保险中介市场也有一些改革的亮点。首先，保险营销员管理体制改革仍然在不断推进，但各个公司的改革效果不尽相同；其次，车商渠道兼业代理专业化的试点已经展开，并取得了不错的成绩；最后，我国出现了三家保险中介集团公司，这对我国未来中介市场的规模化发展有着深远的意义。因此，我们认为保险中介市场在2013年应该继续深化治理整顿工作，消除行业中违法违规的行为，提升行业声誉。与此同时，保险监管机构应该大力推动保险中介市场专业化、规模化，并继续深化保险营销员制度的改革进程。

第五章"保险资金运用" 该章首先分析了保险资金运用面临的国际、国内经济环境，然后分析并评价了2012年我国保险资金运用的基本状况、新的特点和存在的主要问题，最后对2013年我国保险资金运用可能面临的主要机遇和挑战进行了展望。分析表明，2012年国际、国内宏观形势严峻，保险资金运用的环境充满内忧外患。然而，通过稳健的投资策略和积极的资产防御配置，保险资金运用基本上实现了资产的保值增值，资金运用余额继续稳步增长，首次超过6万亿元。遗憾的是，投资收益率水平依然延续了前几年的下降趋势，全年资金运用收益率仅为3.39%。2012年保险资金运用的新特点表现为：资金运用新政密集出台、地产投资稳健起步、基础设施债权计划备受青睐以及未上市股权投资踟躇不前。而投资收益率偏低、收益波动大、资产负债不匹配和投资管理能力不足则是当年保险资金运用中所存在的最主要的问题。我们认为，2013年，一方面保险资金运用的外部形势依然复杂严峻，但另一方面资本市场和保险业改革将产生新的制度红利，这意味着保险资金运用面临的机遇与挑战并存。保险资金运用应抓住新型城镇化建设和资本市场改革契机，在未上市股权投资等另类投资、债券和金融衍生品投资等方面谋变。

第六章"保险业监管与改革" 该章首先分析了2012年保险业监管与改革发生的背景，然后系统梳理了过去一年保险监管与改革的过程、所面临的热点和焦点问题，检讨了保险监管存在的主要问题，最后为2013年保险监管与改革的重点提出建议。分析表明，国际经济阴霾未散，经济金融不确定性有所增加；国内经济隐性风险仍然存在，构成了较为不利的市场发展环境；国际金融监管改革持续深化，这些对中国保险业监管与改革提出了新的时代要求与挑战。2012年可算得上是中国保险业监管与改革工作攻坚克难的重要年份。在这一年中，监管制度建设进一步加强，监管部门祭出"组合拳"治理行业顽疾、净化市场环境，保险行业改革不断深化，努力争取外部政策支持，与其他社会风险管理制度协调发展。本研究认为，未来保险监管与改革需要进一步平衡好三大关系,即监管政策的引导性、约束性与市场主体的主动性之间的关系,风险防范与创新促进之间的关系,行业战略"点"与发展基本"面"之间的关系。展望2013年,狠抓服务严监管、防范风险促转型、推进创新促发展将是中国保险业监管与改革的主要议题。

第七章"国际保险市场发展" 该章首先回顾了全球保险业在2011年的市场概况,随后简述了2012年的发展概况,并选取了包括美国、德国和澳大利亚在内的几个代表性国家,就其2012年在寿险业、非寿险业和再保险业领域的发展进行了详细的阐释。此外,本章还就近年来全球保险业的一些发展趋势,例如气候变化引发的巨灾风险频发问题、新兴风险涌现引发的保险业创新问题,以及小额保险在发展中国家的蓬勃发展问题进行了专题解析。最后,本章对全球保险业从寿险业、非寿险业和再保险业三个方面分别提出展望。分析表明,2012年全球寿险业在亚洲、拉美和中东欧、中东地区整体发展趋势良好,在北美和欧洲其他地区的保费收入和盈利能力有所下降。在非寿险业方面,2012年亚洲、北美、欧洲、中东和拉美地区的保费收入有所增长,而中东欧地区大多数国家的保费收入有不同程度下跌。预计2013年全球保险业保费收入有望稳步回升,开启实际保费的上行期。

目 录
Contents

第一章 保险业发展综述   1

    引　言   1
    第一节　2012年中国保险业发展概况及评价   2
    第二节　2012年中国保险业改革发展的重要事件   14
    第三节　2013年中国保险业发展展望   19

第二章 财产保险市场   24

    引　言   24
    第一节　2012年财产保险市场发展概况   25
    第二节　2012年财产保险市场业务发展绩效与问题分析   44
    第三节　2012年财产保险市场发展环境分析与未来展望   47

第三章 人身保险市场   58

    引　言   58
    第一节　2012年人身保险市场发展概况   59
    第二节　2012年人身保险市场业务发展评价与问题分析   77
    第三节　2012年人身保险市场发展环境分析与未来展望   84

第四章 保险中介市场 … 93

引 言 … 93
第一节 保险中介市场基本情况 … 93
第二节 保险中介市场的特点及问题 … 113
第三节 保险中介市场的未来发展与展望 … 120

第五章 保险资金运用 … 125

引 言 … 125
第一节 回望2012年:保险资金运用的基本状况 … 126
第二节 保险资金运用的分析与评价 … 138
第三节 展望2013年:保险资金运用面临的机遇与挑战 … 145

第六章 保险业监管与改革 … 156

引 言 … 156
第一节 时代背景 … 157
第二节 盘点2012年:保险业监管与改革的基本情况 … 162
第三节 保险监管与改革面临的主要问题 … 179
第四节 2013年保险监管工作重点 … 184

第七章 国际保险市场发展 … 188

引 言 … 188
第一节 近年国际保险业发展概况 … 189
第二节 近年全球保险业发展趋势分析 … 206
第三节 国际保险业发展展望 … 214

附录 2012年中国保险业发展基本数据 … 219

第一章

保险业发展综述

引 言

2012年是实施"十二五"规划承前启后的重要一年。在这一年,中国保险业继续开拓创新,加快转变发展方式,保险市场呈现稳中有进的发展态势。市场运行总体平稳,全年保费收入1.55万亿元,同比增长8%;风险得到有效防范,全行业偿付能力总体充足;市场秩序有所好转,合规经营意识有所增强;服务经济社会能力继续增强,在农业保险、新农合、小额保险、出口信用保险和保险资金基础设施投资等领域做出积极贡献。

2012年,保险监管机构把握稳中求进的工作基调,进一步强化监管为民的理念,紧紧围绕"抓服务、严监管、防风险、促发展",切实维护保险市场安全稳定,综合治理行业顽疾,加大现场检查力度,加强保险监管制度建设,加强保险监管自身建设,保险监管工作取得积极成效。

本章共分三节。第一节讨论2012年中国保险业发展概况并作简要评价,第二节分析2012年中国保险业改革发展的若干重要事件,第三节对2013年及今后一段时期中国保险业发展进行展望。

第一节 2012年中国保险业发展概况及评价

一、保险业总体概况

（一）国际比较

根据最新可得的国际比较数据①，2012年，中国保险业保费收入为2 455.11亿美元，占世界保险市场份额的5.32%，在世界排名第4位（2011年是第6位），首次超过法国和德国，仅次于美、日、英。

2012年，中国保险密度为178.9美元，世界平均保险密度为655.7美元，中国在世界排名第61位（与2011年持平）。

2012年，中国保险深度为2.96%，世界平均保险深度为6.50%，中国在世界排名第46位（2011年是第45位）。

（二）市场主体

表1-1显示了2012年中国保险业机构、人员情况及同比情况。截至2012年年底，中国保险市场共有164家保险机构，比2011年增加12家。

表1-1　2012年保险业机构、人员情况及同比变化

项目			2012年	2011年	2010年	同比变化（2012年比2011年增加）
机构情况（家）	中资	集团（控股）公司	10	10	8	0
		财产险公司	41	39	36	2
		人身险公司	42	37	35	5
		再保险公司	3	3	3	0
		资产管理公司	15	11	9	4
	外资	财产险公司	21	21	20	0
		人身险公司	26	25	25	1
		再保险公司	5	5	6	0
	村镇保险互助社		1	1	0	0
	保险机构合计		164	152	142	12
营销员人数（万人）			275.63	282.1	278.3	-6.47

从中外资机构看，中资保险机构112家（含1家村镇保险互助社），比2011

---
① 资料来源：Swiss Re, World Insurance in 2012, *Sigma*, No. 3, 2013.

年增加11家;外资保险机构52家,比2011年增加1家。

中资机构方面,集团(控股)公司10家(与2011年持平,以下均为与2011年比),财产保险公司41家(增加2家),人身保险公司42家(增加5家),再保险公司3家(持平),资产管理公司15家(增加4家);此外,还有村镇保险互助社1家(持平)。

外资机构方面,财产保险公司21家(持平),人身保险公司26家(增加1家),再保险公司5家(持平)。

从产寿险公司看,财产险公司62家(中资41家,外资21家),比2011年增加2家;人身险公司68家(中资42家,外资26家),比2011年增加6家;再保险公司8家(中资3家,外资5家),与2011年持平。

2012年,营销员人数为275.63万人,比2011年减少6.47万人。

（三）保险业经营情况

表1-2显示了2012年保险业经营的总体情况。2012年,全国保险业原保险保费收入15488亿元,同比增长8.0%;原保险赔付支出4716亿元,同比增长20.0%;业务及管理费2171亿元,同比增长15.4%。

表1-2　2012年保险业经营情况表及同比变化　　　　　（单位:万元）

项目	2012年	2011年	同比变化
原保险保费收入	154 879 298.09	143 392 512.22	8.0%
原保险赔付支出	47 163 184.60	39 293 732.38	20.0%
业务及管理费	21 714 623.69	18 823 799.47	15.4%
资金运用余额	685 425 816.42	554 738 456.92	23.6%
银行存款	234 460 040.26	177 371 710.33	32.2%
投资	450 965 776.16	377 366 746.59	19.5%
资产总额	735 457 303.92	601 381 032.44	22.3%
养老保险公司企业年金缴费	6 617 266.36	4 104 683.73	61.2%
养老保险公司企业年金受托管理资产	20 090 059.76	13 781 773.16	45.8%
养老保险公司企业年金投资管理资产	17 111 617.63	13 246 962.68	29.2%

注:1.本表数据口径为保险业执行《关于印发〈保险合同相关会计处理规定〉的通知》(财会[2009]15号)后,各保险公司按照相关口径要求报送的数据。

2."原保险保费收入"为按《企业会计准则(2006)》设置的统计指标,指保险企业确认的原保险合同保费收入。

3."原保险赔付支出"为按《企业会计准则(2006)》设置的统计指标,指保险企业支付的原保险合同赔付款项。

4.原保险保费收入、原保险赔付支出和业务及管理费为本年累计数,银行存款、投资和资产总额为月末数据。

5. 银行存款包括活期存款、定期存款、存出保证金和存出资本保证金。

6. 养老保险公司企业年金缴费指养老保险公司根据《企业年金试行办法》和《企业年金基金管理试行办法》有关规定,作为企业年金受托管理人在与委托人签署受托合同后,收到的已缴存到托管账户的企业年金金额。

7. 养老保险公司企业年金受托管理资产指养老保险公司累计受托管理的企业年金财产净值,以托管人的估值金额为准,不含缴费已到账但未配置到个人账户的资产。

8. 养老保险公司企业年金投资管理资产指养老保险公司累计投资管理的企业年金财产净值,以托管人的估值金额为准,不含缴费已到账但未配置到个人账户的资产。

9. 养老保险公司企业年金缴费为本年累计数,养老保险公司企业年金受托管理资产和养老保险公司企业年金投资管理资产为季度末数据。

10. 养老保险公司企业年金缴费、养老保险公司企业年金受托管理资产、养老保险公司企业年金投资管理资产的统计频度暂为季度报。

11. 上述数据来源于各公司报送的保险数据,未经审计。

2012年年末,保险资金运用余额68 542.58亿元,同比增长23.6%。其中,保险公司银行存款(包括活期存款、定期存款、存出保证金和存出资本保证金)23 446亿元,同比增长32.2%;投资45 097亿元,同比增长19.5%。

2012年年末,保险业总资产73 546亿元,同比增长22.3%;净资产7 920.02亿元,同比增长42.3%。

2012年,养老保险公司企业年金缴费662亿元,同比增长61.2%;养老保险公司企业年金受托管理资产2 009亿元,同比增长45.8%;养老保险公司企业年金投资管理资产1 711亿元,同比增长29.2%。

(四)保费收入

表1-3显示,2012年全年保险公司原保险保费收入15 488亿元,同比增长8.0%。其中,财产险业务原保险保费收入5 331亿元,同比增长15.4%;人身险业务(包括人寿保险、健康保险、意外伤害保险)原保险保费收入10 157亿元,同比增长4.5%。

表1-3　2012年保险公司保费收入及同比变化　　　　(单位:万元)

	2012年	2011年	同比变化
总保费	154 879 298.09	143 390 627.33	8.0%
财产保险	53 309 273.47	46 178 231.58	15.4%
人身保险	101 570 024.62	97 212 395.75	4.5%
人寿保险	89 080 569.76	86 954 028.77	2.4%
健康保险	8 627 607.13	6 917 212.77	24.7%
意外伤害保险	3 861 847.73	3 341 154.20	15.6%

注:本表数据口径为保险业执行《关于印发〈保险合同相关会计处理规定〉的通知》(财会[2009]15号)后口径。

在人身险业务中,寿险业务原保险保费收入 8 908 亿元,同比增长 2.4%;健康险业务原保险保费收入 863 亿元,同比增长 24.7%;意外伤害险业务原保险保费收入 386 亿元,同比增长 15.6%。

(五)赔付支出

表 1-4 显示,2012 年,全年保险公司赔付支出 4 716 亿元,比上年增长 20.0%。其中,财产保险赔付支出 2 816 亿元,同比增长 28.8%;人身保险(包括人寿保险、健康保险、意外伤害保险)赔付支出 1 900 亿元,同比增长 9.0%。

表 1-4　2012 年保险公司赔付支出及同比变化　　　　　(单位:万元)

	2012 年	2011 年	同比变化
总赔付	47 159 774.61	39 290 082.80	20.0%
财产保险	28 163 316.38	21 869 338.06	28.8%
人身保险	18 996 458.23	17 420 744.74	9.0%
人寿保险	15 046 733.89	13 005 699.27	15.7%
健康保险	2 981 707.45	3 596 650.21	-17.1%
意外伤害保险	968 016.90	818 395.26	18.3%

注:本表数据口径为保险业执行《关于印发〈保险合同相关会计处理规定〉的通知》(财会[2009]15 号)后口径。

在人身保险赔付中,寿险赔付支出 1 505 亿元,同比增长 15.7%;健康险赔付支出 298 亿元,同比下降 17.1%;意外伤害险赔付支出 97 亿元,同比增长 18.3%。

二、保险市场结构

本部分将从险种结构、月度结构、地区结构等三个方面对中国保险市场结构进行讨论。

(一)险种结构

表 1-5 显示了 2012 年中国保险市场的险种结构及同比变化,图 1-1 直观地显示了这一险种结构。

表1-5　2012年中国保险市场的险种结构及同比变化　　（单位:万元）

类别	险种	保费收入（2012年）	占比	保费收入（2011年）	占比	同比变化（百分点）
财产保险	财产保险	53 309 273.47	34.4%	46 178 231.58	32.2%	2.2
人身保险	人寿保险	89 080 569.76	57.5%	86 954 028.77	60.6%	-3.1
	健康保险	8 627 607.13	5.6%	6 917 212.77	4.8%	0.8
	意外伤害保险	3 861 847.73	2.5%	3 341 154.20	2.3%	0.2
	人身保险小计	101 570 024.62	65.6%	97 212 395.75	67.8%	-2.2
总计		154 879 298.09	100.0%	143 390 627.33	100.0%	0.0

注:本表数据口径为保险业执行《关于印发〈保险合同相关会计处理规定〉的通知》(财会[2009]15号)后口径。

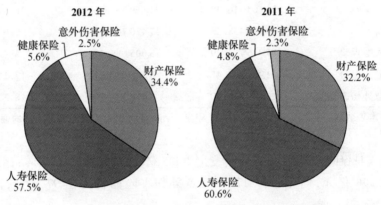

图1-1　2012年和2011年中国保险市场的险种结构

2012年,中国总保费收入为15 488亿元;其中,财产保险保费收入5 331亿元,占比34.4%,较2011年上升2.2个百分点;人身保险保费收入10 157亿元,占比65.6%,较2011年下降2.2个百分点。

在人身保险中,人寿保险保费收入8 908亿元,在总保费中占比57.5%,较2011年下降3.1个百分点;健康保险保费收入863亿元,占比5.6%,较2011年上升0.8个百分点;意外伤害保险保费收入386亿元,占比2.5%,较2010年上升0.2个百分点。

(二)月度结构

表1-6显示了2012年各月保费收入及同比变化的情况,表1-7显示了2012年各月保险赔付支出及同比变化的情况,图1-2直观地显示了保费收入和赔付支出的月度变化情况。从保费收入的月度数据看,1月、3月、6月、9月、12月为

波峰;从赔付支出的月度数据看,各月赔付支出相对较为平缓。

表 1-6　2012 年各月保费收入及同比变化　　　　　　　　（单位:万元）

	保费收入（2012 年）	占比	保费收入（2011 年）	占比	同比变化（百分点）
1月	18 917 488.28	12.2%	17 166 910.48	12.0%	0.2
2月	13 870 789.04	9.0%	13 659 539.20	9.5%	-0.5
3月	15 559 305.75	10.0%	15 344 431.73	10.7%	-0.7
4月	10 872 389.82	7.0%	10 908 497.84	7.6%	-0.6
5月	11 562 190.60	7.5%	10 595 970.84	7.4%	0.1
6月	14 541 508.04	9.4%	12 889 534.03	9.0%	0.4
7月	10 541 009.67	6.8%	9 985 632.54	7.0%	-0.2
8月	11 406 535.05	7.4%	10 152 890.61	7.1%	0.3
9月	13 487 548.51	8.7%	11 835 175.30	8.3%	0.4
10月	10 382 751.40	6.7%	9 697 016.38	6.8%	-0.1
11月	11 302 435.44	7.3%	10 338 883.12	7.2%	0.1
12月	12 433 728.52	8.0%	10 816 145.27	7.5%	0.5

注:1. 本表数据口径为保险业执行《关于印发〈保险合同相关会计处理规定〉的通知》（财会[2009]15 号）后口径。
　　2. 本表不含中华控股寿险业务。

表 1-7　2012 年各月保险赔付支出及同比变化　　　　　　（单位:万元）

	赔付支出（2012 年）	占比	赔付支出（2011 年）	占比	同比变化（百分点）
1月	3 453 676.15	7.3%	3 552 063.95	9.0%	-1.7
2月	3 571 620.38	7.6%	2 526 249.64	6.4%	1.2
3月	4 693 574.20	10.0%	3 724 786.56	9.5%	0.5
4月	3 513 578.26	7.5%	3 116 270.47	7.9%	-0.4
5月	3 680 136.50	7.8%	3 213 209.84	8.2%	-0.4
6月	3 713 825.23	7.9%	3 455 396.88	8.8%	-0.9
7月	3 596 336.72	7.6%	2 959 855.10	7.5%	0.1
8月	3 810 398.66	8.1%	3 125 561.95	8.0%	0.1
9月	3 892 117.94	8.3%	3 057 527.05	7.8%	0.5
10月	3 373 316.20	7.2%	2 698 708.63	6.9%	0.3
11月	4 850 672.35	10.3%	3 707 313.55	9.4%	0.9
12月	5 010 265.69	10.6%	4 153 139.19	10.6%	0.0

注:1. 本表数据口径为保险业执行《关于印发〈保险合同相关会计处理规定〉的通知》（财会[2009]15 号）后口径。
　　2. 本表不含中华控股寿险业务。

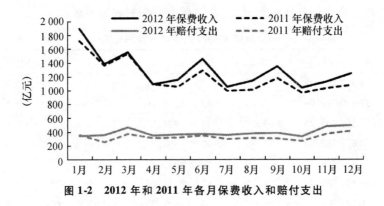

图1-2 2012年和2011年各月保费收入和赔付支出

(三) 地区结构

表1-8显示了2012年中国各地区的保费收入状况。从各地区的份额结构看，2012年保费收入排名位居前列的地区是广东、江苏、山东、浙江，份额占比均超过6%。其中，广东占比10.9%，江苏占比8.4%，山东占比7.3%，浙江占比6.4%。

表1-8 2012年中国各地区保费收入及同比变化 （单位：万元）

排名	地区	保费收入(2012年)	占比	保费收入(2011年)	占比	同比变化（百分点）
1	广东	16 921 218.96	10.9%	15 789 638.22	11.0%	-0.1
2	江苏	13 012 804.80	8.4%	12 000 238.94	8.4%	0.0
3	山东	11 280 360.48	7.3%	10 360 352.19	7.2%	0.1
4	浙江	9 845 826.01	6.4%	8 792 692.20	6.1%	0.2
5	北京	9 230 871.31	6.0%	8 209 122.88	5.7%	0.2
6	河南	8 411 318.01	5.4%	8 398 213.44	5.9%	-0.4
7	上海	8 206 368.07	5.3%	7 531 052.23	5.3%	0.0
8	四川	8 195 283.43	5.3%	7 787 004.10	5.4%	-0.1
9	河北	7 661 582.99	4.9%	7 328 886.63	5.1%	-0.2
10	辽宁	5 630 357.27	3.6%	5 250 902.84	3.7%	0.0
11	湖北	5 333 105.59	3.4%	5 018 190.27	3.5%	-0.1
12	福建	4 776 965.09	3.1%	4 324 079.74	3.0%	0.1
13	湖南	4 651 142.74	3.0%	4 435 328.17	3.1%	-0.1
14	安徽	4 536 125.17	2.9%	4 322 981.27	3.0%	-0.1

(续表)

排名	地区	保费收入(2012年)	占比	保费收入(2011年)	占比	同比变化(百分点)
15	山西	3 846 491.09	2.5%	3 646 684.20	2.5%	-0.1
16	陕西	3 653 273.14	2.4%	3 437 209.84	2.4%	0.0
17	黑龙江	3 441 498.37	2.2%	3 177 866.74	2.2%	0.0
18	重庆	3 310 267.03	2.1%	3 118 127.12	2.2%	0.0
19	江西	2 717 188.84	1.8%	2 522 341.09	1.8%	0.0
20	云南	2 712 984.03	1.8%	2 411 024.08	1.7%	0.1
21	内蒙古	2 477 437.20	1.6%	2 297 777.62	1.6%	0.0
22	广西	2 382 587.13	1.5%	2 126 543.58	1.5%	0.0
23	天津	2 381 571.50	1.5%	2 117 432.66	1.5%	0.0
24	新疆	2 355 603.68	1.5%	2 036 154.79	1.4%	0.1
25	吉林	2 325 407.21	1.5%	2 233 581.79	1.6%	-0.1
26	甘肃	1 587 674.91	1.0%	1 409 270.05	1.0%	0.0
27	贵州	1 502 155.49	1.0%	1 318 114.15	0.9%	0.1
28	宁夏	626 882.77	0.4%	553 367.02	0.4%	0.0
29	海南	602 705.69	0.4%	537 481.10	0.4%	0.0
30	青海	324 007.53	0.2%	278 927.84	0.2%	0.0
31	西藏	95 372.34	0.1%	75 984.29	0.1%	0.0
	集团、总公司本级	842 860.23	0.5%	544 056.22	0.4%	0.2
	全国	154 879 298.09	100.0%	143 390 627.33	100.0%	

注:1. 本表数据口径为保险业执行《关于印发〈保险合同相关会计处理规定〉的通知》(财会[2009]15号)后口径。

2. 集团、总公司本级业务是指集团、总公司直接开展的业务,不计入任何地区。全国合计包括集团、总公司本级业务。

表1-9显示了2012年中国东部、中部、西部三大区域①的保费收入状况和同比变化,图1-3直观地显示了这一地区结构。从东部、中部、西部三大区域的份额结构看,2012年东部、中部和西部地区的保费收入份额占比分别为57.8%、22.8%和18.9%,呈现明显的依次递减的现象;与2010年相比,2011年东部、中部、西部三大区域占比变化不大。

---

① 东部地区包括:北京、天津、河北、辽宁、上海、江苏、浙江、福建、山东、广东和海南等11个省、市;中部地区包括:山西、吉林、黑龙江、安徽、江西、河南、湖北、湖南等8个省;西部地区包括:四川、重庆、贵州、云南、西藏、陕西、甘肃、青海、宁夏、新疆、广西、内蒙古等12个省、市、自治区。

表 1-9　2012 年中国各区域保费收入及同比变化　　　（单位:万元）

区域	保费收入(2012年)	占比	保费收入(2011年)	占比	同比变化（百分点）
东部地区	89 550 632.17	57.8%	82 241 879.64	57.4%	0.4
中部地区	35 262 277.02	22.8%	33 755 186.98	23.5%	-0.7
西部地区	29 223 528.68	18.9%	26 849 504.48	18.7%	0.2
集团、总公司本级	842 860.23	0.5%	544 056.22	0.4%	0.1
全国	154 879 298.09	100.00%	143 390 627.33	100.0%	—

注:1. 本表数据口径为保险业执行《关于印发〈保险合同相关会计处理规定〉的通知》（财会[2009]15 号）后口径。

2. 集团、总公司本级业务是指集团、总公司直接开展的业务,不计入任何地区。全国合计包括集团、总公司本级业务。

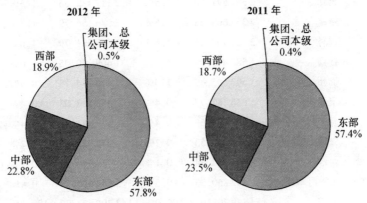

图 1-3　2012 年和 2011 中国各地区保费收入

三、对保险业发展的简要评价

（一）保险业增速继续在低位徘徊,首次降为个位数

2012 年,全年保险公司原保险保费收入 15 488 亿元,同比增长 8.0%,比 2011 年增速(10.5%)下降 2.5 个百分点,保险业增速继续在低位徘徊,而且增速首次降为个位数,与近二十年来超过 20% 的平均增速形成了明显反差。其中,财产保险业务收入 5 331 亿元,同比增长 15.4%,比 2011 年增速(18.5%)下降 3.1 个百分点;人身保险业务收入 10 157 亿元,同比增长 4.5%,比 2011 年增速(7.1%)下降 2.6 个百分点。

从外部环境看,复杂严峻的国内和国际经济形势对保险业产生较大影响。从国内形势看,经济发展中不平衡、不协调、不可持续的问题依然突出,宏观经济增长面临下行压力。

2012年,经初步核算,全年国内生产总值519 322亿元,比上年增长7.8%[①],是五年来的最低值(见图1-4)。其中,第一产业增加值52 377亿元,增长4.5%;第二产业增加值235 319亿元,增长8.1%;第三产业增加值231 626亿元,增长8.1%。第一产业增加值占国内生产总值的比重为10.1%,第二产业增加值比重为45.3%,第三产业增加值比重为44.6%。

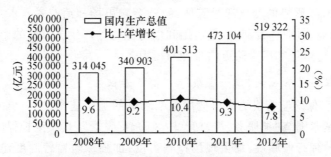

图1-4　2008—2012年国内生产总值及其增长速度

从GDP的季度数据看,2012年四个季度GDP同比增速从一季度的8.1%,回落到二季度的7.6%、三季度的7.4%。四季度经济有所企稳回升,当季增长7.9%,全年经济增长7.8%。

2012年,全年居民消费价格比上年上涨2.6%,其中食品价格上涨4.8%。固定资产投资价格上涨1.1%,工业生产者出厂价格下降1.7%,工业生产者购进价格下降1.8%,农产品生产者价格上涨2.7%。[②] 2011年宏观调控的首要任务是控制通货膨胀,经过2011年和2012年的努力,2012年居民消费价格比上年上涨2.6%,涨幅比2011年回落了2.8个百分点,物价总水平保持了总体稳定(见图1-5)。

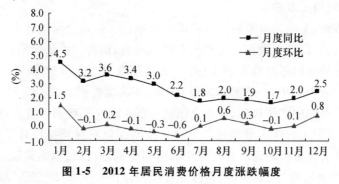

图1-5　2012年居民消费价格月度涨跌幅度

---

① 国家统计局:《2012年国民经济和社会发展统计公报》,2013年2月22日。
② 同上。

此外，2012年国际经济形势依然错综复杂，世界经济低速增长态势仍在延续，全球经济彻底摆脱金融危机影响尚需时日。2012年是世界经济整体放缓的一年，发达经济体经济增长率(1.3%)低于2011年的水平(1.6%)；新兴经济体经济增长率(5.1%)也低于2011年的水平(6.3%)。综合起来，2012年全球经济增长率(3.2%)低于2011年的水平(3.9%)。

国内、国际形势的变化通过实体经济、金融市场和消费者需求等多种渠道传导至保险业，对业务发展、资金运用和偿付能力等产生多方面的影响，增加了保险市场稳定运行和风险防范的难度与压力。

（二）保险监管强调"风险底线"和"消费者权益"

2012年，保险监管机构牢牢把握稳中求进的工作基调，进一步强化监管为民的理念，紧紧围绕"抓服务、严监管、防风险、促发展"，切实维护保险市场安全稳定，综合治理行业顽疾，加大现场检查力度，加强保险监管制度建设，加强保险监管自身建设，保险监管工作取得积极成效。①

一方面，保险监管着眼于守住风险底线。一是认真开展监测预警。组织全行业进行全面风险排查，制定有针对性的应对措施，对风险早发现、早报告、早处置。二是不断健全制度机制。完善非寿险精算制度，加强准备金动态监管，防范准备金提取不足风险；完善寿险公司全面风险管理制度和风险监测指标体系；形成了由非正常退保等10个风险应急预案组成的应急预案体系。三是健全保险公司资本补充机制。开拓新的资本补充渠道，允许保险公司发行次级可转债，46家次保险公司实行增资扩股，累计增资636亿元，9家保险公司发行次级债711亿元。四是妥善处置突发风险。及时化解案件风险，加大保险案件责任追究力度。针对个别公司和个别地区出现的集中退保事件，督促保险公司制定方案，及时稳妥解决。

另一方面，保险监管着眼于保护消费者权益。一是全面推进寿险销售误导治理工作，销售误导行为在一定程度上得到遏制，销售行为的规范性有所增强。二是扎实开展车险理赔难治理工作，车险理赔难治理取得初步成效，理赔周期比上年平均减少了9天，结案率达到109%，未决案件同比减少7%。三是完善消费者权益保护的工作机制，开通全国统一的12378保险消费者投诉维权电话热线，全国转人工的呼入量超过7万个。推动保监局局长接待日工作制度化，建立保险社会监督员制度。建立健全保险纠纷调处机制，全国共设立调解机构219个，成功调解纠纷9280件，为消费者挽回经济损失3.2亿元。妥善解决保

---

① 保监会：2013年全国保险监管工作会议材料，2013年1月24日。

险消费者投诉事项,处理各类投诉15 268件。

此外,2012年的保险监管还着眼于规范市场秩序、夯实监管基础、提升监管干部队伍素质,做了大量工作,取得了积极成效。

同时,我们也要看到,保险监管自身建设与保险行业科学发展的要求还不适应,保险监管制度存在不完善的地方,执行力有待加强,体制、机制需要进一步理顺,方式、方法需要改进,干部队伍整体素质有待提高。

(三) 保险业服务经济社会能力继续提高

保险业如果健康发展,在一国经济社会发展中,能够发挥重要的风险保障、资金融通、社会风险管理等功能。2012年,保险业在服务经济社会方面,能力继续提高。

根据中国保监会提供的资料①,2012年,农业保险保费收入240.6亿元,同比增长38.3%,为1.83亿户次提供了9 006亿元风险保障,向2 818万受灾农户支付赔款148.2亿元。保险业经办新农合县市数量129个,受托管理资金50.5亿元。小额保险覆盖3 200万人,同比增长33.3%。出口信用保险承保企业3.5万家,保费收入142.6亿元,提供风险保障2 936.5亿美元,为国家稳定外需做出了贡献。保险资金运用余额6.85万亿元,在23个省市投资基础设施3 240亿元。2012年,保险公司赔款与给付4 716.3亿元,同比增长20%。在北京"7·21"暴雨、"布拉万"台风等重大灾害事故中,保险业较好地履行了赔付责任。

(四) 保险业风险得到有效防范

保险业作为经营和管理风险的行业,其自身的风险防范尤为重要,否则,保险业不仅不能成为经济社会的风险管理者,而且还将变为风险制造和传播者。

根据中国保监会提供的资料②,2012年,保险监管重点关注的偿付能力风险、资金运用风险、退保风险和案件风险得到了较好控制。全行业偿付能力总体充足,偿付能力不达标公司由5家减少到2家,产险公司首次实现全部达标。寿险公司退保金1 198.1亿元,退保率为2.76%,低于5%的警戒线。此外,保险市场秩序有所好转,保险公司依法合规经营意识不断增强,业务和财务数据真实性逐步提高。部分地区"拼费用、冲规模、抢市场"的非理性竞争势头得到有效遏制。

---

① 保监会:2013年全国保险监管工作会议材料,2013年1月24日。
② 同上。

第二节 2012年中国保险业改革发展的重要事件

2012年,中国保险业的改革、发展和创新继续稳步推进,不乏诸多可圈可点之作。其中,既有"对保险业服务经济社会发展具有重大影响"的政策法规出台,又有"关乎保险业长远发展的重要制度探索"的启动部署,还有一系列的保险监管新政陆续发布。

一、对保险业服务经济社会发展具有重大影响的政策法规

2012年,有两部对保险业服务经济社会发展具有重大影响的政策法规出台,一是国家发改委、卫生部、财政部、人力资源社会保障部、民政部和保监会等六部委于2012年8月发布的《关于开展城乡居民大病保险工作的指导意见》;二是国务院于2012年11月发布、2013年3月1日施行的《农业保险条例》。

(一)大病保险

2012年8月,国家发改委等六部委联合发文,决定在全国开展"城乡居民大病保险",其核心之一是"采取向商业保险机构购买大病保险的方式",这是医改领域的一大重要突破,符合国际主流趋势,保险业也因此迎来了一个服务经济社会发展、服务国家医改战略的新机遇。

虽然世界各国的医改方案千差万别,但在医疗保障改革领域有一条可资借鉴的共同经验,即"公私合作"是解决改革难题的一剂良方。"公私合作"在本质上反映了政府与市场的关系处理问题,不仅体现在"基本"与"非基本"的关系上,而且体现为即使在"基本"层面,政府也应建立"购买服务"的机制。要逐步做到"凡适合面向市场购买的基本公共服务,都采取购买服务的方式;不适合或不具备条件购买服务的,再由政府直接提供"。

当然,大病保险也有前车之鉴。城乡居民大病保险的指导意见要求"遵循收支平衡、保本微利的原则",这个"保本微利"使人联想起交强险的"不盈不亏",二者有诸多相似之处。如果制度准备不充分、执行不力,那么社会公众对于交强险的质疑和争议,也很有可能再次发生在大病保险领域。如何避免重蹈交强险的覆辙,如何抓住第二次"全面深度参与社会管理"的机会,重建保险业的社会公信力?面对经济发展和社会进步对保险业的要求,面对加强和创新社会管理对保险业的需求,保险业是否做好了准备?这些都是需要深入思考的问题。

(二) 农业保险

中国是一个农业大国，"三农"问题在中国经济社会发展中居于"重中之重"的地位。自2004年至2012年，连续九个"中央一号文件"聚焦"三农"问题，其中多次提到农业保险。《农业法》说"国家建立和完善农业保险制度"，《保险法》说"国家支持发展为农业生产服务的保险事业，农业保险由法律、行政法规另行规定"，这一"另行规定"苦等多年，2012年终于迎来破茧，国务院发布了《农业保险条例》。

近几年，我国农业保险发展迅速，业务规模仅次于美国，成为世界第二大农业保险市场。农业保险之所以发展迅速，一个重要原因是财政支持。2007年至2011年，中央财政累计给予农业保险费补贴达264亿元，各级财政对主要农作物的保险费补贴合计占应收保险费的比例达80%。各级财政之所以大力支持农业保险发展，是因为农业保险已经成为国家支农惠农政策的重要组成，受到广大农户的普遍欢迎。认清这之间的逻辑关系，就不难理解《农业保险条例》的"胡萝卜加大棒"的用意了。

"胡萝卜"是一系列的支持表态和举措，讲国家怎么支持发展农业保险，包括保费财政补贴、财政支持的大灾风险分散机制、税收优惠、信贷支持等。"大棒"是若干约束措施，目的是保证"支农惠农"落到实处，强调的是农业保险合同和农业保险业务经营应当遵循什么样的规则，以及如何防范农业保险经营风险等问题。

二、关乎保险业长远发展的重要制度探索

2012年，有两个关乎保险业长远发展的重要制度探索，一是正式启动第二代偿付能力监管制度体系建设；二是广泛部署保险消费者权益保护工作。

(一) "偿二代"建设

"偿二代"是"中国第二代偿付能力监管制度体系"的简称，它是相对于"偿一代"（"偿一代"于2003年启动，至2007年年底基本搭建成型）而言的。"偿二代"以中国保监会于2012年3月发布《中国第二代偿付能力监管制度体系建设规划》为标志正式启动，计划用3至5年时间建成。

不同于银行业，保险业没有统一的国际"巴塞尔协议"。关于保险偿付能力监管制度，目前国际上比较主流的模式有两套：一套是欧盟的保险偿付能力监管制度（即现行Solvency I和计划实施的Solvency II），另一套是美国的风险资本制度（RBC和偿付能力现代化工程）。美欧之间的分歧较大，在短期内全球

统一的保险偿付能力监管制度难以形成。

中国怎么办？从宏观的角度看，一是充分借鉴美欧等国际主流模式的经验，二是始终立足于中国国情。从微观的角度看，一是"偿付能力要求"与风险匹配，既不能低了，也不要高了；二是"偿付能力评估方法"与监管水平相适应，既不能简单"一刀切"（比如仅根据保费或赔付规模来确定最低资本要求），也不要太复杂了（比如搞什么"内部模型"）。

偿付能力监管是保险监管的核心，是一项复杂的系统工程。对于"偿二代"，中国保监会项俊波主席称之为"一项激动人心的事业"、"可以载入保险业史册的系统工程"，此番评价，并不为过。

（二）消费者权益保护

2012年，一系列动作围绕保险消费者权益保护展开——重点解决车险理赔难和寿险销售误导问题，保险消费者教育官方微博上线，"12378"保险消费者维权投诉热线开通，聘任首批保险消费者权益保护工作社会监督员。监管机构对保险消费者权益保护工作的重视程度，可见一斑。

对于保险消费者权益保护，除了一些日常工作之外，还需要在产品监管和制度设计方面深入思考，挖掘侵害消费者权益的深层原因，探索保护消费者权益的长效机制。

一方面，产品监管是基础。如果产品本身很好，确实"想消费者所想，急消费者所急，办消费者所需"，那么即使销售环节有瑕疵，也不会造成太大问题。而如果产品本身不好，那么，不误导怎么能销售得出去呢？进一步地，如果经由监管机构审批或备案的保险产品，事后被证明存在严重缺陷，监管机构是否也难辞其咎呢？

另一方面，制度设计是关键。有些制度，虽然是行业惯例，但依然可以探讨，保险业不应以所谓行业惯例来对抗消费者的合理期待。比如，寿险退保，消费者期待可获返未到期保费，但实际所得到的现金价值往往严重低于未到期保费。这样的制度是否合理，非常值得商榷。

三、保险监管新政

2012年保险监管新政至少包括五个方面的内容：(1)保险投资新政出炉，(2)交强险对外资开放，(3)加强商业车险管理，(4)治理寿险销售误导，(5)反保险欺诈。

（一）保险投资新政出炉

提起2012年的保险新政，很多人首先可能就会想到"保险投资新政"。自

2012年7月以来，中国保监会已经陆续发布了《保险资金投资债券暂行办法》、《保险资金委托投资管理暂行办法》、《关于保险资金投资股权和不动产有关问题的通知》、《保险资产配置管理暂行办法》、《关于保险资金投资有关金融产品的通知》、《基础设施债权投资计划管理暂行规定》、《保险资金境外投资管理暂行办法实施细则》、《保险资金参与金融衍生产品交易暂行办法》、《保险资金参与股指期货交易规定》等十项规范性文件，后续还将发布其余几项，预计共约13项投资新政出炉。

怎么看待这些保险投资新政？有媒体报道说，"业内人士认为，13项保险投资新政几乎已囊括保险业所有能预期的投资工具，一旦全部放开之后，对于保险资金的投资运用将是重大利好"。

对此，我们应当辩证地理解保险投资新政对保险公司的影响，可能未必全是"重大利好"。这些影响至少包括这么几个方面：其一，保险公司投资运作空间进一步增大；其二，资产配置管理在保险投资中的重要性更加凸显；其三，更加考验保险公司的投资能力；其四，保险投资风险增大，保险公司的投资风险管理更加重要。

（二）交强险对外资开放

2012年2月，中美双方发布《关于加强中美经济关系的联合情况说明》，宣布中国将对外资保险公司开放交强险经营。2012年5月1日，修订后的《机动车交通事故责任强制保险条例》开始施行，允许外资保险公司经营交强险业务。

车险在我国财产险业务中约占70%，此前不允许外资保险公司经营交强险，意味着它们基本与车险无缘，因为大部分消费者都选择在一家保险公司同时购买交强险和商业车险。正因如此，外资保险公司对此怨声载道。此次开放交强险，合理回应了外资保险公司的诉求。

我们在2011年12月出版的《入世十年与中国保险业对外开放》一书中呼吁交强险对外资开放，并且提出"三个有利于"的标准——"一项保险业的对外开放政策，只要有利于保险业服务经济社会发展，有利于提高中国保险业的国际竞争力，有利于改善保险消费者的福利，我们就应当支持"。交强险对外资开放，符合这"三个有利于"的标准。我们不必过于计较局部的一时得失，而应当关注全局，关注实质，关注长远。

（三）加强商业车险管理

2012年3月，中国保监会发布《关于加强机动车辆商业保险条款费率管理的通知》（以下简称《通知》），要求进一步完善商业车险条款费率管理制度，明确了监管机构、行业协会和保险公司的定位,逐步建立市场化导向的条款费率形成机制。

《通知》的亮点之一是强调了对车险消费者权益的保护。比如,强调保险公司提示说明义务,规范商业车险免责条款,重点解决车险理赔难问题,回应社会热点关切。提起商业车险的理赔难和热点关切,我们自然会联想起2011年闹得沸沸扬扬的"高保低赔"和"无责不赔"问题。2012年的《通知》积极回应了这一社会关切,比如,明确了保险金额的确定方式,即保险公司和投保人应当按照市场公允价值协商确定被保险机动车的实际价值,保险公司应当与投保人协商约定保险金额。再如,《通知》还规定,因第三者对被保险机动车的损害而造成保险事故的,保险公司不得通过放弃代位求偿权的方式拒绝履行保险责任。

当然,制度好不好,关键在落实。《通知》发了,保险行业协会的《机动车辆商业保险示范条款》也发了,接下来,就看保险公司的作为以及相应的监管行动了。

(四)治理寿险销售误导

"治理寿险销售误导"的重要性当然不言而喻——因为它"深受社会各界诟病,已经到了非解决不可的地步"。在2012年1月的全国保险监管工作会议上,中国保监会项俊波主席提出,"监管机构要下决心、动真格、出重拳,打一场整顿治理的攻坚战"。

治理寿险销售误导作为2012年保险监管的三项重点工作之一,应当说,在制度建设层面上,取得了一定的进展。2012年8月至12月,中国保监会每月发布一个有关治理寿险销售误导的文件——8月,《关于在银邮代理机构购买人身保险产品有关注意事项的公告》;9月,《人身保险销售误导行为认定指引》;10月,《人身保险公司销售误导责任追究指导意见》;11月,《人身保险业综合治理销售误导评价办法(试行)》;12月,《关于做好人身保险业综合治理销售误导评价工作的通知》。

然而,这些政策的最终效果如何,目前尚不得而知。中国保监会陈文辉副主席在2012年3月的综合治理销售误导工作会议上谈到,"最近我们也在反思,监管部门对销售误导问题的治理没少花力气,几乎可以说是年年抓,年年查,年年罚,为什么问题仍然存在,且屡查屡犯,甚至在有些方面愈演愈烈"。这个问题,确实值得深入反思。

(五)反保险欺诈

2012年8月,中国保监会发布了《关于加强反保险欺诈工作的指导意见》(以下简称《指导意见》),其指导思想是"以保护保险消费者合法权益为目的,以防范化解保险欺诈风险为目标,以行政执法与刑事执法联动机制为保障,组织动员各方力量,惩防结合,标本兼治,着力构建预防和处置保险欺诈行为的长效机制"。

保险欺诈一直是保险业发展中的一个难以完全根除的"毒瘤"。古今中外,几乎是"凡有保险处,皆有保险欺诈"。有人估计,目前我国因保险欺诈产生的保险金支出占保险公司全部保险金支出的15%—20%,这自然会间接推高保险产品和服务的价格,损害保险公司和保险消费者的合法权益。

根据《指导意见》,保险欺诈是指利用或假借保险合同谋取不法利益的行为,主要包括保险金诈骗类、非法经营类和保险合同诈骗类等。在这几类保险欺诈中,保险金诈骗类欺诈行为的"度"最难把握,究竟是"疑罪从无"还是"疑罪从有"呢?如果疑罪从无,把握松了,可能给违法犯罪分子以可乘之机,间接损害无辜消费者的权益;如果疑罪从有,把握严了,则容易给人带来"理赔难"的感觉,也会损害无辜消费者的权益。这个"度"的平衡,需要保险公司既科学又艺术地把握。

第三节 2013年中国保险业发展展望

2013年是十八大之后的开局之年,是实施"十二五"规划承前启后的关键一年,是为全面建成小康社会奠定坚实基础的重要一年。

中央经济工作会议提出,做好2013年经济工作,要以提高经济增长质量和效益为中心,稳中求进,开拓创新,扎实开局,进一步深化改革开放,进一步强化创新驱动,加强和改善宏观调控,积极扩大国内需求,加大经济结构战略性调整力度,着力保障和改善民生,增强经济发展的内生活力和动力,保持物价总水平基本稳定,实现经济持续健康发展和社会和谐稳定。

一、国际经济环境

中央经济工作会议认为[①],2013年,国际经济形势依然错综复杂、充满变数,世界经济低速增长态势仍将延续,各种形式的保护主义明显抬头,潜在通胀和资产泡沫的压力加大,世界经济已由危机前的快速发展期进入深度转型调整期。

---

① 中央人民政府网站:http://www.gov.cn/ldhd/2012-12/16/content_2291602.htm。

从国际环境看，我国发展仍处于重要战略机遇期的基本判断没有变。同时，我国发展的重要战略机遇期在国际环境方面的内涵和条件发生很大变化。我们面临的机遇，不再是简单纳入全球分工体系、扩大出口、加快投资的传统机遇，而是倒逼我们扩大内需、提高创新能力、促进经济发展方式转变的新机遇。我们必须深刻理解、紧紧抓住、切实用好这样的新机遇，因势利导，顺势而为，努力在风云变幻的国际环境中谋求更大的国家利益。

二、国内经济环境

中央经济工作会议提出了2013年经济工作的主要任务：一是加强和改善宏观调控，促进经济持续健康发展；二是夯实农业基础，保障农产品供给；三是加快调整产业结构，提高产业整体素质；四是积极稳妥推进城镇化，着力提高城镇化质量；五是加强民生保障，提高人民生活水平；六是全面深化经济体制改革，坚定不移扩大开放。综合判断，我国经济社会发展仍然具备难得的机遇和有利条件，但战略机遇期的内涵和条件已发生很大变化，机遇与挑战并存，风险和困难较多。

关于宏观调控和经济发展，中央经济工作会议要求[1]，2013年，要牢牢把握扩大内需这一战略基点，培育一批拉动力强的消费增长点，增强消费对经济增长的基础作用，发挥好投资对经济增长的关键作用。要增加并引导好民间投资，同时在打基础、利长远、惠民生，又不会造成重复建设的基础设施领域加大公共投资力度。要继续实施积极的财政政策和稳健的货币政策，充分发挥逆周期调节和推动结构调整的作用。实施积极的财政政策，要结合税制改革完善结构性减税政策。各级政府要厉行节约，严格控制一般性支出，把钱用在刀刃上。实施稳健的货币政策，要注意把握好度，增强操作的灵活性。要适当扩大社会融资总规模，保持贷款适度增加，保持人民币汇率基本稳定，切实降低实体经济发展的融资成本。要继续坚持房地产市场调控政策不动摇。要高度重视财政金融领域存在的风险隐患，坚决守住不发生系统性和区域性金融风险的底线。

三、保险业发展展望

（一）基本判断

2013年以及今后一段时期，中国保险业仍处于重要的战略机遇期，这一基本判断没有改变。做出这一判断至少出于以下几个方面的考虑。

---

[1] 中央人民政府网站：http://www.gov.cn/ldhd/2012-12/16/content_2291602.htm。

第一,中国经济基本面仍然较好,保险作为国民经济的一个子部门连带受益。中央经济工作会议指出,综合判断,我国发展仍然具备难得的机遇和有利条件,经济社会发展基本面长期趋好,国内市场潜力巨大,社会生产力基础雄厚,科技创新能力增强,人力资源丰富,生产要素综合优势明显,社会主义市场经济体制、机制不断完善。

第二,从保险业增长潜力的视角看,在"十二五"以及今后更长的一段时期里,中国保险业仍具备较大增长潜力。与国际发达水平和世界平均水平比,中国保险业发展水平还相对较低,增长潜力和空间仍然巨大。比如,2012 年,中国保险密度为 178.9 美元,世界平均保险密度为 655.7 美元,中国在世界排名第 61 位(与 2011 年持平)。2012 年,中国保险深度为 2.96%,世界平均保险深度为 6.50%,中国在世界排名第 46 位(2011 年是第 45 位)。研究显示[1],在 2010—2020 年期间,中国保险业增速(12.9%)约为同期世界保险业增速(5.2%)的 2.5 倍。到 2020 年,中国保险业占世界保险业的份额将可能达到 8.7%,这将有可能使中国从 2010 年的第六大保险市场(以及 2012 年的第四大保险市场)成长为 2020 年世界第三大保险市场。

第三,从保险与经济的关系规律看,中国的保费收入弹性仍处于上升通道。研究显示[2],保费的收入弹性(即保费收入增长率的变化同人均 GDP 增长率的变化的比值)在人均 GDP 1 000 美元之后就一直处于一个上升通道,弹性越来越大,到人均 GDP 10 000 美元左右达到顶点(弹性约为 1.55),然后逐渐下降。由此可见,作为一个规律,在人均 GDP 1 000 美元至 10 000 美元之间,随着人均 GDP 的增加,人均保费将加速增长。而且通常认为,在一国人均 GDP 达到 3 000 美元之后,人们的消费需求开始升级,生活要求出现多样化,对养老保健、医疗卫生、汽车住宅、文化教育等改善生活质量的需求将明显提高,而这些消费领域都与保险业息息相关,需要保险业提供更加丰富的产品和服务。目前,中国人均 GDP 大约 5 000—6 000 美元,从国际经验看,正是保险业发展的战略机遇期。

(二)现实困难

中国保险业发展的现实困难主要来自两个方面:一是经济基本面面临诸多风险和挑战,二是保险业自身积累了不少问题和矛盾。

从经济基本面看,虽然长期趋势仍然向好,但是短期和中期面临诸多风险和挑战,比如经济发展不平衡、不协调、不可持续问题依然突出,经济增长下行

---

[1] 郑伟:《中国保险业发展研究》,经济科学出版社,2011 年 2 月。
[2] 同上。

压力和产能相对过剩的矛盾有所加剧,企业生产经营成本上升和创新能力不足的问题并存,金融领域存在潜在风险,经济发展和资源环境的矛盾仍然突出。

从保险业自身的情况看,保险业稳增长的难度较大,防风险的任务艰巨,结构调整的压力加大,违法违规经营问题需要关注,行业发展方式亟待转型,保险业开始进入深度调整期和矛盾凸显期。从国际上看,在市场主体不断增多、业务快速增长的阶段,保险市场容易出现市场秩序混乱、风险集中暴露等问题。很多国家和地区的保险市场在高速发展时期都经历了一个由乱到治的历史阶段。目前,我国保险业快速发展中积累的深层次问题和矛盾在逐步显现,一些短期问题和长期问题相互交织,形势比较严峻。

(三) 重点领域

2013 年以及今后一段时期,保险业要在以下五大重点领域[①]发挥积极作用。

第一,完善现代金融体系。保险业是现代金融体系中不可或缺的重要组成部分,国际上,保险和养老金资产占金融总资产的比例平均达到 20%,在我国这一比例仅为 5%。保险资金具有长期性、稳定性的特点,有助于解决我国金融体系中普遍存在的资金"借短用长"的"钱荒"问题。此外,保险业的发展壮大对于优化金融结构、提高金融体系运行的协调性和稳健性也具有重要意义。

第二,完善社会保障体系。国际经验表明,一国社会保障体系的建设不可能仅仅依靠政府的力量,必须采取"政府+市场"的形式,注重发挥商业保险的作用。其一,商业保险可以为公众提供多层次、个性化的补充养老和医疗保险产品和服务,满足不同需求;其二,商业保险可以为基本社会保险提供经办服务,减轻政府工作压力;其三,商业保险可以为政府举办的社会保险提供"购买服务",比如城乡居民大病保险采取的就是政府向商业保险公司购买保险服务的典型方式,可以发挥保险业在风险管理和经济保障方面的专业优势。

第三,完善农业保障体系。农业在国民经济中居于重要基础性地位,在中国这样一个农业大国,"三农"问题更是具有重中之重的意义。在国际贸易中通常对农产品补贴有严格限制,但对农业保险补贴却是 WTO 规则允许的"绿箱政策"。近几年,在财政的大力支持下,我国农业保险发展迅速,已成为世界第二大农业保险市场,农业保险已经成为国家支农惠农的有效政策。下一步,一方面如何进一步落实各项农业保险支持措施,包括保费财政补贴、财政支持的大灾风险分散机制、税收优惠、信贷支持等,另一方面如何规范农业保险合同和农

---

① 项俊波:《在保监会党委学习贯彻党的十八大精神学习班上的讲话》,2012 年 11 月 19 日。

业保险业务经营,如何防范农业保险经营风险,都值得认真研究。

第四,完善防灾减灾体系。近二十年来,国际上自然灾害的保险赔付金额一般都占灾害直接经济损失的30%—40%,我国的这一比例仅为3%左右,甚至更低,保险的作用远未发挥。国际经验表明,其一,保险可以在一定程度上缓解巨灾对国民经济(包括政府财政和金融系统)的冲击,发挥"经济稳定器"的作用;其二,保险是一项可为公众提供稳定预期的事前制度安排,它可以降低对事后的政府投入和社会募集的依赖,发挥"心理稳定器"的作用;其三,保险不仅具有损失补偿的功能,而且如果设计得当(如承保前的费率调节和承保后的防损减损),它还具有风险控制的功能,可以发挥"风险控制器"的作用;其四,通过保险这种市场机制来安排灾后重建,可以减少在政府投入和社会募集等非市场情形中所带来的对社会管理制度的高要求的问题,比如,如何规范和加强抗震救灾捐赠款物的管理,如何做好救灾物资和资金分配使用,如何做到公开、公平、公正等,都是具有挑战性的难题。

第五,完善社会管理体系。当今中国正处于经济社会发展攻坚克难的关键阶段,特定发展阶段的中国社会管理和社会建设,其任务之重,挑战之大,难度之高,"举世罕有,史无前例"。传统的社会管理是靠政府,靠硬性行政手段;而创新的社会管理,其含义是要综合运用行政、经济、社会、法律、文化等多种手段,调动各方积极力量,共同实施社会管理。历史和国际的经验均表明,保险业是社会管理创新和市场经济完善的不可或缺的重要工具,如果保险业不完善,那么社会管理创新将受限,市场经济将不是完善的市场经济。为充分发挥保险业在社会管理和市场经济中的独特而重要的作用,政府(而不仅是保险监管部门)应当为保险业的正常发展提供必要的政策环境支持。在未来一个时期,许多领域都亟需政府在更高层面进行统筹协调,排除不同部门和地区之间的龃龉和掣肘,以顺利推进一系列关乎经济社会发展的保险制度(比如,税惠支持的商业养老保险和健康保险,地震、洪水等巨灾保险,政策性农业保险,交强险,安全生产、校方责任、环境保护和科技保险等责任保险)的有效运转。政府提供政策支持的目的不是为发展保险业而发展保险业,而是为了实现更高层次的经济社会协调发展的目标,是为了发挥保险业在"创新社会管理和完善市场经济"方面的不可或缺的作用。当然,在提供政策支持的同时,政府也应对保险业进行有效监管,管理好保险业的系统风险,处理好保险创新与监管的关系,确保保险业始终具备充足的偿付能力,确保保险业能够履行其在经济社会发展全局中的"创新社会管理和完善市场经济"这一重大使命中的应有职责。

第二章

财产保险市场

引 言

  2012 年,财产保险市场在经济形势非常严峻的情况下坚持采取了一系列深刻影响市场变革的政策与实践,实现了稳步发展,市场体系建设取得显著成效:
  一是交强险市场正式对外资开放。2012 年 4 月 30 日公布的《国务院关于修改〈机动车交通事故责任强制保险条例〉的决定》将《机动车交通事故责任强制保险条例》第五条第一款由原来的"中资保险公司经保监会批准,可以从事机动车交通事故责任强制保险业务"修改为"保险公司经保监会批准,可以从事机动车交通事故责任强制保险业务",标志着中国向外资保险公司开放交强险市场。二是国务院审议通过农业保险条例。2012 年 10 月 24 日,国务院常务会议审议通过了《农业保险条例(草案)》。这意味着,我国农业保险将有法可依,推动农业保险发展的财政补贴、税收优惠、大灾风险分散机制等将在法律制度层面得以明确。三是保监会推进第二代偿付能力监管制度体系建设。2012 年 3 月 29 日,中国保监会发布了《中国第二代偿付能力监管制度体系建设规划》,明确提出用 3 至 5 年时间建成第二代偿付能力监管制度体系。四是保险中介机构转型拉开序幕。为了解决保险中介市场存在的问题,2012 年 3 月 26 日,中国保监会发布《关于暂停区域性保险代理机构和部分保险兼业代理机构市场准入许可工作的通知》,决定暂停区域性保险代理公司及其分支机构设立许可以及金融机构、邮政以外的所有保险兼业代理机构资格核准。6月12日,中国保监会再次发布《关于进一步规范保险中介市场准入的通知》,对保险代理、经纪公司的行业背景和注册资本都进行了限制。

然而,需要指出的是,中国财产保险市场经过这些年的高速发展,积累的问题和矛盾也开始逐步显现,财产保险发展面临较大挑战。这些问题势必会给市场的持续健康发展带来不利影响。目前较为突出的问题主要是:行业形象需要提升;经营管理模式粗放;保险产品结构单一,创新能力不强;保险人才队伍素质有待进一步提高等。

2013年是中国保险业"十二五"规划实施的关键年,国内经济形势有望逐步转好,经济总量将持续增长,和谐社会建设将稳步推进。新形势下,财产保险市场需要抓住机遇,继续促进行业转型,努力将综合水平提升到一个新的台阶。展望2013年,中国财产保险市场机遇与挑战并存,"抓服务、严监管、防风险、促发展"还将是发展的主线,仍然需要在加强风险防范、拓宽服务领域、创新营销模式、优化资产配置、规范市场体系等方面做出不懈努力。

第一节 2012年财产保险市场发展概况

一、财产保险市场运行格局

(一)基本情况[①]

1. 保费收入

(1)全国财产保险市场保费规模及增长

如图2-1、图2-2所示,2012年,财产保险业务实现原保险保费收入5 330.93亿元,同比增加713.1亿元,同比增长15.4%,增幅较去年同期下降3.1个百分点。其中,机动车辆保险、企财险、货运险和责任险四个主要险种原保险保费收入合计为4 651.01亿元,同比增长14.0%,增幅较去年同期下降3.6个百分点,占财产保险业务原保险保费收入的87.3%,占财产保险公司原保险保费收入的84.1%。

截至2012年年末,财产保险业务应收保费为267.81亿元,较年初增加

---

① 关于基本情况的数据统计存在两种口径:财产保险业务和财产保险公司,无论是在保费收入还是赔款支出等方面,作为财产保险公司口径的数据范围均不小于财产保险业务口径,因为财产保险公司还经营短期健康保险和意外伤害保险等特殊人身保险业务。

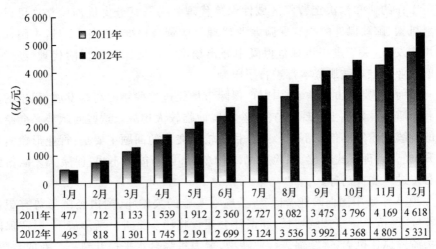

图 2-1 2012 年财产保险业务累计保费收入比较

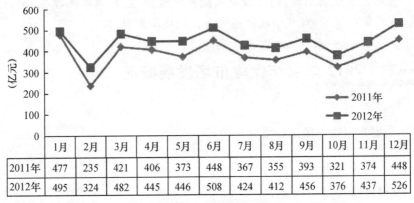

图 2-2 2012 年月度财产保险业务原保险保费收入比较

70.3 亿元,增长 35.6%;同比增长 35.6 亿元,全年平均应收保费率为 3.92%。

(2) 各地区财产保险市场保费规模及增长①

从 2012 年各地区财产保险公司原保险保费收入情况来看,东部 11 个省、市原保险保费收入 3 223.36 亿元,占全国原保险保费收入的 58.3%;中部 8 个省原保险保费收入为 1 080.70 亿元,占全国原保险总保费的 19.5%;西部 12 个省、市、

---

① 东部地区包括北京、天津、河北、辽宁、上海、江苏、浙江、福建、山东、广东和海南等 11 个省、市;中部地区包括山西、吉林、黑龙江、安徽、江西、河南、湖北、湖南等 8 个省;西部地区包括四川、重庆、贵州、云南、西藏、陕西、甘肃、青海、宁夏、新疆、广西、内蒙古等 12 个省、市、自治区。

自治区原保险保费收入为1 142.47亿元,占全国原保险总保费的20.7%(见表2-1)。

表2-1 2012年各地区财产保险公司保费规模及增长　　　（单位:亿元）

地区	原保险保费收入	规模排名	规模比重	同比增速	增速排名
广东省	594.57	1	10.8%	13.0%	28
江苏省	457.79	2	8.3%	15.9%	18
浙江省	457.07	3	8.3%	14.8%	23
山东省	392.19	4	7.1%	15.6%	19
四川省	285.24	5	5.2%	20.5%	4
北京市	275.16	6	5.0%	15.5%	20
上海市	271.72	7	4.9%	11.1%	29
河北省	264.28	8	4.8%	16.3%	16
辽宁省	207.61	9	3.8%	7.5%	30
河南省	199.67	10	3.6%	20.1%	6
福建省	184.40	11	3.3%	16.3%	17
安徽省	172.85	12	3.1%	18.3%	11
湖南省	151.49	13	2.7%	17.5%	13
湖北省	142.37	14	2.6%	18.4%	10
山西省	131.78	15	2.4%	13.1%	27
云南省	129.81	16	2.4%	13.4%	25
内蒙古自治区	123.64	17	2.2%	3.2%	31
陕西省	118.43	18	2.1%	14.2%	24
新疆维吾尔自治区	102.47	19	1.9%	20.7%	3
重庆市	101.80	20	1.8%	16.4%	15
江西省	101.57	21	1.8%	14.8%	22
黑龙江省	101.18	22	1.8%	17.6%	12
广西壮族自治区	96.92	23	1.8%	16.8%	14
天津市	92.68	24	1.7%	21.0%	2
吉林省	79.79	25	1.4%	13.4%	26
贵州省	73.80	26	1.3%	19.5%	8
甘肃省	57.61	27	1.0%	20.2%	5
宁夏回族自治区	27.49	28	0.5%	20.1%	7
海南省	25.89	29	0.5%	15.4%	21
青海省	16.97	30	0.3%	18.8%	9

(续表)

地区	原保险保费收入	规模排名	规模比重	同比增速	增速排名
西藏自治区	8.29	31	0.2%	25.3%	1
全国	5 529.88	—	100.0%	15.7%	—

注:本表数据口径为保险业执行《关于印发〈保险合同相关会计处理规定〉的通知》(财会[2009]15号)后口径。全国合计包括集团、总公司本级业务。集团、总公司本级业务是指集团、总公司直接开展的业务,不计入任何地区。

资料来源:中国保监会。

从保费规模来看,广东省、江苏省和浙江省位列前三名,保费规模均超过350亿元,但全国仅上述三个地区保费超过300亿元;西藏自治区、青海省和海南省保费规模位列后三位,合计规模仅为51.15亿元。就保费规模的横向比较而言,各地区之间规模的差距较大,规模最小的西藏自治区保费规模仅为规模最大的广东省保费规模的1.39%,保费规模位列后三位的西藏自治区、青海省和海南省的总保费仅为位列前三名的广东省、浙江省和江苏省总保费规模的3.39%。

从保费规模占全国财产保险市场的比重来看,规模前三位的广东省、江苏省和浙江省占全国财产保险市场的比重分别达到了10.75%、8.28%和8.27%,规模后三位的西藏自治区、青海省和海南省占全国财产保险市场的比重分别为0.15%、0.31%和0.47%。

从保费增速来看,西藏自治区、天津市和新疆维吾尔自治区位列前三名,增速分别达到了25.3%、21.0%和20.7%,均远高于全国各地区平均增速16.3%;内蒙古自治区、辽宁省和上海市的增速位列后三名,增速分别为3.2%、7.5%和11.1%。就各地区增速的横向比较而言,除个别地区增速较快之外,其余地区的增速与全国平均增速较为接近。西藏自治区的增速明显高于其他地区,主要是由于财产保险市场规模基数较小和保险市场得到迅速发展。从各地区保费增速的统计情况可以看出,增速较高的地区往往市场规模较小,因而在快速发展时期能够表现出较高的增速;规模较大的地区增速往往较慢,这主要是由于其保费规模基数较大。当然,也有部分保费规模较大的地区,例如四川省,能够在较大的规模基础上实现较快的增长(规模排名为第5,增速排名为第4)。

2. 赔款支出

2012年,财产保险业务累计赔款支出为2 816.33亿元,同比增长28.8%。其中,企财险赔款支出为165.03亿元,同比增长27.5%;机动车辆保险赔款支出为 2 247.57 亿元,同比增长 28.4%;责任保险赔款支出为 75.14 亿元,同比增长 31.7%;货运险赔款支出为 40.46 亿元,同比增长 16.3%;农业保险赔款支出为 131.34 亿元,同比增长 60.6%(见表 2-2、表 2-3)。

表 2-2　2011—2012 年财产保险公司分险种赔付　　　　　　(单位:亿元)

险种	金额		比重	
	2012 年	2011 年	2012 年	2011 年
保证保险	9.30	3.83	0.32%	0.17%
船舶保险	30.51	27.31	1.05%	1.21%
工程保险	26.34	27.21	0.91%	1.21%
货运险	40.46	34.79	1.40%	1.55%
机动车辆保险	2 247.57	1 750.92	77.58%	77.85%
家庭财产保险	10.64	6.06	0.37%	0.27%
健康险	44.87	32.91	1.55%	1.46%
农业保险	131.34	81.78	4.53%	3.64%
其他	0.95	0.69	0.03%	0.03%
企业财产保险	165.03	129.44	5.70%	5.76%
特殊风险保险	11.51	11.02	0.40%	0.49%
信用保险	67.56	56.83	2.33%	2.53%
意外伤害险	35.72	29.32	1.23%	1.30%
责任保险	75.14	57.07	2.59%	2.54%
合计	2 896.92	2 249.17	100.00%	100.00%

注:本表数据口径为保险业执行《关于印发〈保险合同相关会计处理规定〉的通知》(财会[2009]15 号)后口径。

资料来源:中国保监会。

表 2-3　2012 年财产保险公司月度累计赔款与原保险保费收入　(单位:亿元)

月份	赔款支出	原保险保费收入
1	176.36	512.15
2	349.79	849.32
3	589.40	1 354.81
4	792.39	1 815.02
5	1 027.30	2 274.19
6	1 254.08	2 803.84
7	1 492.59	3 240.72
8	1 746.90	3 667.03

（续表）

月份	赔款支出	原保险保费收入
9	2 005.53	4 149.89
10	2 229.47	4 541.19
11	2 536.72	4 991.65
12	2 896.92	5 529.88

注：本表数据口径为保险业执行《关于印发〈保险合同相关会计处理规定〉的通知》（财会［2009］15号）后口径。

资料来源：中国保监会。

（二）竞争态势

1. 经营主体数量

截至2012年年底，国内财产保险市场共有62家财产保险公司，其中，中资公司41家，外资公司21家。较上一个年度，国内保险市场共新增三家财产保险经营主体，分别是诚泰财产保险股份有限公司、鑫安汽车保险股份有限公司和华信财产保险股份有限公司，以上三家公司均属中资财产保险公司（见表2-4）。

表2-4　2012年保险市场新增财产保险公司

公司名称	简称	主要股东	注册地	资本结构	注册资本
诚泰财产保险股份有限公司	诚泰财产	云南省城市建设投资有限公司、云南冶金集团股份有限公司、云南世博旅游控股集团有限公司、云南省工业投资控股集团有限责任公司、云天化集团有限责任公司、云南机场集团有限责任公司、昆明市交通投资有限责任公司等七家公司	昆明	中资	10亿元
鑫安汽车保险股份有限公司	鑫安汽车	一汽财务有限公司、一汽轿车股份有限公司、长春一汽富维汽车零部件股份有限公司、天津一汽夏利汽车股份有限公司、富奥汽车零部件股份有限公司、吉林省华阳集团有限公司、辽宁惠华汽车集团有限公司、北京联拓奥通汽车贸易有限责任公司、唐山市冀东物贸集团有限责任公司、吉林亿安保险经纪股份有限公司等十家公司	长春	中资	5亿元
华信财产保险股份有限公司	华信财产	生命人寿保险股份有限公司和深圳市国利投资发展有限公司两家公司	深圳	中资	5亿元

资料来源：根据中国保监会公布的信息整理。

2. 市场份额

2012年,财产保险公司共实现原保险保费收入5 529.88亿元(包括财产保险公司经营的意外伤害保险和短期健康保险保费收入198.95亿元),占保险市场原保险保费收入的35.70%,在各财产保险公司中,人保股份、太保财险、平安财险①原保险保费收入②合计占财产保险公司原保险保费收入的比例为65.35%,较去年同期减少1.26个百分点。中华联合、国寿财险、大地财险③原保险保费收入合计占财产保险公司原保险保费收入的比例为11.94%,同比上升0.7个百分点,外资产险公司原保险保费收入的市场份额为1.21%,较上年同期增长0.1个百分点(见图2-3)。

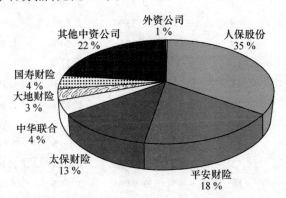

图2-3　2012年财产保险公司市场份额
资料来源:中国保监会。

从近年的市场份额统计情况可以看出(见表2-5),除了人保股份、平安财险和太保财险三大财产保险公司以外,其他财产保险公司的市场份额较小,甚至无一突破10%。近年来,三大财产保险公司的市场份额趋于稳定,但是平安财产保险的市场份额上升趋势较为明显。目前,国内财产保险市场上的保险公司市场份额大多小于5%,中小型财产保险公司数目众多。综观整个国内财产保险市场的市场份额,基本形成了以"一超两强"为主导的市场格局。"一超"指人保股份,"两强"指平安财险和太保财险。

---

① 人保股份、太保财险和平安财险分别指中国人民财产保险股份有限公司、中国太平洋财产保险股份有限公司和中国平安财产保险股份有限公司。

② 人保股份、太保财险、平安财险原保险保费收入占财产保险公司原保险保费收入的比例分别为34.91%、17.86%、12.58%。

③ 中华联合、国寿财险、大地财险原保险保费收入占财产保险公司原保险保费收入的比例分别为4.44%、4.26%、3.24%。

表 2-5 2009—2012 年财产保险公司市场份额

公司名称	2012 年市场份额排名			2012 年	2011 年	2010 年	2009 年
	总体	中资	外资				
人保股份	1	1	—	34.90%	36.28%	38.23%	39.92%
平安财险	2	2	—	17.86%	17.44%	15.43%	12.86%
太保财险	3	3	—	12.58%	12.89%	12.80%	11.44%
中华联合	4	4	—	4.44%	4.38%	4.80%	6.50%
国寿财险	5	5	—	4.26%	3.43%	2.80%	2.64%
大地财产	6	6	—	3.24%	3.40%	3.43%	3.43%
阳光财产	7	7	—	2.65%	2.79%	2.64%	2.20%
出口信用	8	8	—	2.58%	2.14%	2.21%	2.29%
天安	9	9	—	1.47%	1.64%	1.99%	2.34%
太平保险	10	10	—	1.40%	1.21%	1.33%	1.50%
安邦	11	11	—	1.28%	1.50%	1.75%	1.77%
永安	12	12	—	1.27%	1.35%	1.44%	1.78%
华安	13	13	—	1.04%	1.02%	0.98%	0.94%
华泰	14	14	—	1.01%	1.00%	0.96%	0.97%
永诚	15	15	—	1.00%	1.10%	1.34%	1.38%
英大财产	16	16	—	0.91%	0.63%	0.44%	0.22%
天平车险	17	17	—	0.84%	0.84%	0.78%	0.64%
中银保险	18	18	—	0.75%	0.61%	0.62%	0.67%
都邦	19	19	—	0.56%	0.70%	0.89%	1.33%
信达财险	20	20	—	0.44%	0.25%	0.09%	0.00%
安华农业	21	21	—	0.43%	0.55%	0.64%	0.74%
紫金财产	22	22	—	0.42%	0.32%	0.15%	0.01%
浙商财产	23	23	—	0.41%	0.39%	0.27%	0.04%
阳光农业	24	24	—	0.41%	0.35%	0.35%	0.55%
民安	25	25	—	0.39%	0.44%	0.42%	0.43%
国元农业	26	26	—	0.36%	0.32%	0.31%	0.31%
长安责任	27	27	—	0.32%	0.38%	0.40%	0.37%
大众	28	28	—	0.29%	0.36%	0.43%	0.48%
渤海	29	29	—	0.28%	0.31%	0.29%	0.35%
鼎和财产	30	30	—	0.27%	0.25%	0.16%	0.12%
安诚	31	31	—	0.25%	0.36%	0.39%	0.46%
美亚	32	—	1	0.20%	0.22%	0.25%	0.27%

（续表）

公司名称	2012年市场份额排名			2012年	2011年	2010年	2009年
	总体	中资	外资				
安信农业	33	32	—	0.15%	0.15%	0.16%	0.21%
利宝互助	34	—	2	0.13%	0.11%	0.09%	0.07%
安盟	35	—	3	0.13%	0.02%	0.02%	0.01%
安联	36	—	4	0.10%	0.08%	0.08%	0.09%
三星	37	—	5	0.09%	0.09%	0.09%	0.09%
锦泰财产	38	33	—	0.09%	0.03%	—	—
东京海上	39	—	6	0.09%	0.10%	0.10%	0.11%
三井住友	40	—	7	0.08%	0.09%	0.10%	0.11%
泰山财险	41	34	—	0.07%	0.01%	—	—
华农	42	35	—	0.07%	0.05%	0.04%	0.05%
苏黎世	43	—	8	0.06%	0.06%	0.05%	0.04%
日本财产	44	—	9	0.05%	0.06%	0.05%	0.04%
国泰财产	45	—	10	0.05%	0.03%	0.02%	0.01%
丰泰	46	—	11	0.05%	0.05%	0.04%	0.05%
众诚保险	47	36	—	0.05%	0.01%	—	—
中意财产	48	—	12	0.04%	0.05%	0.05%	0.04%
中煤财产	49	37	—	0.04%	0.02%	0.00%	0.01%
富邦财险	50	—	13	0.03%	0.01%	0.00%	—
太阳联合	51	—	14	0.03%	0.03%	0.04%	0.04%
丘博保险	52	—	15	0.03%	0.03%	0.04%	0.04%
长江财产	53	38	—	0.02%	0.00%	—	—
现代财产	54	—	16	0.02%	0.02%	0.03%	0.03%
乐爱金	55	—	17	0.02%	0.01%	0.01%	0.01%
爱和谊	56	—	18	0.01%	0.01%	0.01%	0.01%
日本兴亚	57	—	19	0.01%	0.01%	0.01%	0.01%
诚泰财产	58	39	—	0.01%	—	—	—
信利保险	59	—	20	0.01%	0.00%	—	—
鑫安汽车	60	40	—	0.00%	—	—	—
华信财产	61	41	—	0.00%	—	—	—
劳合社	62	—	21	0.00%	0.00%	—	—

注:1. 市场份额的计算主要是依据各家财产保险公司的原保险保费收入规模。
2."0.00%"表示此数值大于零,由于小数位数保留限制,因而显示不完整。
资料来源:根据中国保监会公布的信息整理。

3. 市场集中度

市场集中度(Concentration Ratio,CR)是衡量整个行业的市场结构集中程度的测量指标,用来衡量企业的数目和相对规模的差异,是反映市场垄断程度的重要量化指标。此处对于国内财产保险行业市场集中度的分析是以前三家财产保险公司的市场份额之和(CR3)为标准衡量国内财产保险市场集中度。

表 2-6 2004—2012 年财产保险市场集中度

年份	市场份额前三(从高到低)	集中度(CR3)
2004	人保股份、太保财险、平安财险	79.87%
2005	人保股份、太保财险、平安财险	72.63%
2006	人保股份、太保财险、平安财险	67.25%
2007	人保股份、太保财险、平安财险	63.97%
2008	人保股份、太保财险、平安财险	63.86%
2009	人保股份、平安财险、太保财险	64.21%
2010	人保股份、平安财险、太保财险	66.45%
2011	人保股份、平安财险、太保财险	66.60%
2012	人保股份、平安财险、太保财险	65.35%

注:由于中国保监会公布的各财产保险公司原保险保费收入数据仅从 2004 年开始,故此处只分析 2004 年到 2011 年的情况。

从表 2-6 可以看出,2004 年至 2008 年国内财产保险市场集中度持续大幅下降,2009 年开始市场集中度又有所上升,但是上升幅度较小,2012 年再次出现下降。总体来看,近年来市场集中度大致维持在 65% 左右,这说明国内财产保险市场仍然趋向于垄断,整体竞争程度不够。具体来看,近年来约 65% 的市场份额仍然由三大财产保险公司贡献,而且人保股份一直稳居首位;平安财险则从 2009 年起超越太保财险,排名次席。

(三) 发展层次

1. 保险密度

保险密度指按照当地人口计算的人均保费,它与保费收入总量从不同角度反映了保险的规模程度,同时也体现了一个国家或地区保险的普及程度。财产保险市场的保险密度说明该地财产保险产品的普及程度,是衡量财产保险市场发展情况的一项重要指标。

2012 年,国内财产保险市场的保险密度达到了 393.71 元/人,较上一个年度增长 14.9%。从近十年的保险密度来看,国内保险市场的保险密度增长迅速,从 2003 年的 67.28 元/人增长到 2012 年的 393.71 元/人,增长达到 485.2%。从近年来财产保险市场的保险密度数据来看,国内财产保险市场的发展较好,财产保险产品的普及程度越来越高(见图 2-4)。

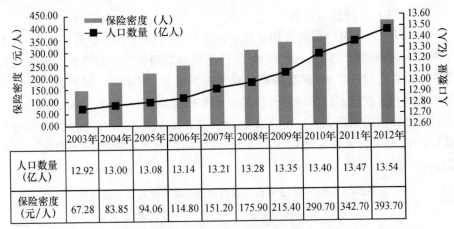

图 2-4　2003—2012 年财产保险市场保险密度

2. 保险深度

2012 年,国内财产保险市场保险深度达到了 1.03%,较上一年增长 0.1 个百分点。从近十年保险深度的变化趋势来看,国内财产保险市场的保险深度表现为较为稳定的增长,从 2003 年的 0.64% 增长到 2012 年的 1.03%。不断增长的保险深度说明国内财产保险市场在国民经济中地位不断增强(见图 2-5)。

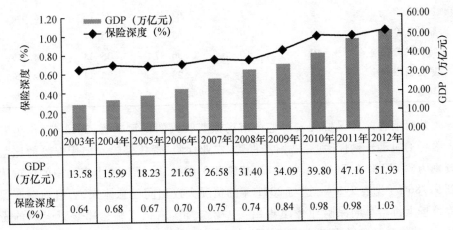

图 2-5　2003—2012 年财产保险市场保险深度

二、财产保险市场业务经营

(一) 业务规模与结构

1. 总体业务规模与结构

2012年,国内财产保险市场在复杂的宏观经济形势下依然表现出色,机动车辆保险、企业财产保险、农业保险、责任保险和信用保险等财产保险业务经营表现出强劲的增长势头,保费规模实现了较快增长。2012年,国内财产保险市场保费收入排在前五位的险种依次是机动车辆保险、企业财产保险、农业保险、责任保险和信用保险,这与2011年的情况是一致的。在所有险种保费收入规模排名中,只有保证保险超越工程保险,成为国内财产保险市场上第七大险种(见表2-7)。

表2-7 2011—2012年财产保险市场分险种保费收入及增速

险种	保费规模排名		保费收入(亿元)		保费增速
	2012年	2011年	2012年	2011年	
机动车辆保险	1	1	4 005.17	3 504.56	14.3%
企业财产保险	2	2	360.36	329.81	9.3%
农业保险	3	3	240.60	174.03	38.3%
责任保险	4	4	183.77	148.01	24.2%
信用保险	5	5	160.57	115.46	39.1%
货运险	6	6	101.71	97.83	4.0%
保证保险	7	8	93.46	56.51	65.4%
工程保险	8	7	62.26	73.76	-15.6%
船舶保险	9	9	55.68	55.87	-0.3%
特殊风险保险	10	10	36.87	35.43	4.1%
家庭财产保险	11	11	28.47	23.32	22.1%
其他	12	12	1.99	3.23	-38.3%

从目前各险种保费收入占整个市场保费收入的比重来看,2012年,作为五大险种的机动车辆保险、企业财产保险、农业保险、责任保险和信用保险的比重分别为75.13%、6.76%、4.51%、3.45%和3.01%,合计在整个市场中的比重达到92.86%(见表2-8)。这与2011年的情况大致相同。总体来说,目前财产保险市场上机动车辆保险业务呈现出"一枝独秀",占据了整个市场近七成的份额,而其他各类险种在整个市场中的比重均未超过一成。

表 2-8　2011—2012 年财产保险市场各险种的保费比重

险种	市场比重	
	2012 年	2011 年
机动车辆保险	75.13%	75.89%
企业财产保险	6.76%	7.14%
农业保险	4.51%	3.77%
责任保险	3.45%	3.21%
信用保险	3.01%	2.50%
货运险	1.91%	2.12%
工程保险	1.75%	1.60%
保证保险	1.17%	1.22%
船舶保险	1.04%	1.21%
特殊风险保险	0.69%	0.77%
家庭财产保险	0.53%	0.51%
其他	0.04%	0.07%
合计	100.00%	100.00%

整体而言,目前国内财产保险市场的业务规模在持续快速增长,显示出国内财产保险市场强劲的增长潜力;但是目前国内财产保险市场的保费收入仍然过度依赖于机动车辆保险,这说明财产保险业务的结构还不合理,产品类型及其发展水平还没有与国民经济发展特征相适应。

2. 区域业务规模与结构

从区域上看,国内财产保险市场业务东部、中部和西部的差异十分明显,这与国民经济区域发展不一致性的特征相吻合(见表2-9)。2012年,东部地区财产保险市场的保费收入达到了3 113.40亿元,较2011年增长229.0亿元,增长7.4%;中部地区财产保险市场的保费收入达到了1 047.69亿元,较2011年增长305.3亿元,增长29.1%;西部地区财产保险市场的保费收入达到了1 087.28亿元,较2011年增长148.8亿元,增长13.7%。从保费收入的规模来看,2012年,东部财产保险市场排在首位,其次是西部和中部财产保险市场。近两年,西部市场的保费规模都大于中部市场,说明西部已经成为国内重要的财产保险市场。

表 2-9　2011—2012 年区域财产保险市场保费收入　　（单位：亿元）

险种	2012 年			2011 年		
	东部地区	中部地区	西部地区	东部地区	中部地区	西部地区
企业财产保险	231.21	55.84	58.30	228.15	42.99	53.27
家庭财产保险	18.03	4.86	5.58	14.32	3.16	5.84
机动车辆保险	2 348.18	809.91	847.08	2 175.41	591.74	733.79
工程保险	39.22	8.05	12.62	40.12	11.48	19.55
责任保险	110.91	31.72	37.47	92.02	22.29	31.30
信用保险	79.25	12.50	14.93	77.22	6.39	6.60
保证保险	64.62	15.79	12.87	40.12	6.67	9.63
船舶保险	49.97	3.62	2.00	50.35	3.40	2.04
货运险	72.07	11.26	12.39	75.31	8.20	12.18
特殊风险保险	34.19	0.53	0.99	23.86	0.41	0.41
农业保险	64.70	92.91	82.80	65.75	44.58	63.62
其他	1.03	0.72	0.24	1.80	1.13	0.30
合计	3 113.40	1 047.69	1 087.28	2 884.42	742.45	938.51

从各个险种的业务规模在东部、中部和西部间的比重可以看出，东部地区几乎在所有险种中都成为最重要的市场，这进一步说明东部市场是目前国内财产保险市场中最重要的组成部分（见表 2-10）。从保费收入的增速来看，2012 年，中部市场的增长速度最快，其次是西部市场和东部市场。总体来言，东部在国内财产保险市场上具有举足轻重的重要地位；中部市场表现出快速的增长趋势；西部市场规模说明其强劲的增长潜力。

表 2-10　2011—2012 年区域财产保险市场保费收入比重

险种	2012 年			2011 年		
	东部地区	中部地区	西部地区	东部地区	中部地区	西部地区
企业财产保险	66.95%	16.17%	16.88%	70.33%	13.25%	16.42%
家庭财产保险	63.33%	17.05%	19.61%	61.40%	13.55%	25.05%
机动车辆保险	58.63%	20.22%	21.15%	62.14%	16.90%	20.96%
工程保险	65.49%	13.44%	21.07%	56.38%	16.14%	27.48%
责任保险	61.58%	17.61%	20.81%	63.20%	15.31%	21.50%
信用保险	74.29%	11.71%	14.00%	85.60%	7.09%	7.32%
保证保险	69.28%	16.92%	13.80%	71.11%	11.83%	17.07%

（续表）

险种	2012 年			2011 年		
	东部地区	中部地区	西部地区	东部地区	中部地区	西部地区
船舶保险	89.89%	6.51%	3.60%	90.25%	6.10%	3.65%
货运险	75.30%	11.76%	12.94%	78.71%	8.57%	12.72%
特殊风险保险	95.75%	1.49%	2.77%	96.66%	1.67%	1.68%
农业保险	26.91%	38.64%	34.44%	37.80%	25.63%	36.57%
其他	51.86%	36.06%	12.08%	55.71%	35.14%	9.15%

（二）主要险种经营情况

1. 机动车辆保险

2012 年，国内财产保险市场机动车辆保险业务持续增长，机动车辆保险保费收入达到了 4 005 亿元，较上一个年度增长 14.3%，增幅达到 500 亿元。近十年来，机动车辆保险业务取得了长足的发展，保费规模从 2003 年的 545 亿元增长到 2012 年的 4 005 亿元，增长了 634.9%（见图 2-6）。

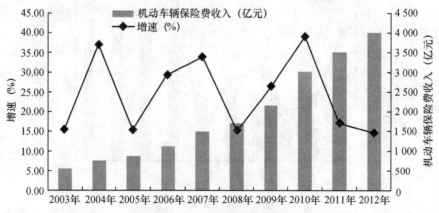

图 2-6　2003—2012 年机动车辆保险保费收入及增长

资料来源：中国保监会及历年《中国保险年鉴》。

多年来，机动车辆保险一直是国内财产保险市场的第一大险种。2012 年，机动车辆保险保费收入在整个财产保险市场保费总量中的比重达到了 75.13%。从 2003 年到 2012 年，机动车辆保险保费收入在整个财产保险市场保费总量中的比重从 62.69% 上升到 75.13%，上升的趋势较为稳定，这说明机动车辆保险作为国内财产保险市场第一大险种的地位不断得到巩固（见图 2-7）。

随着近年来我国汽车销量的快速增长，机动车辆保险业务在这一时期也出

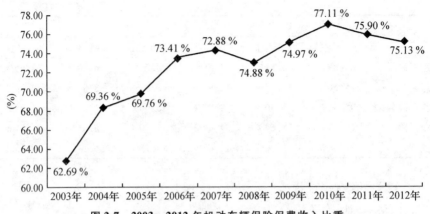

图 2-7 2003—2012 年机动车辆保险保费收入比重

资料来源:中国保监会及历年《中国保险年鉴》。

现了较快发展(见图 2-8)。

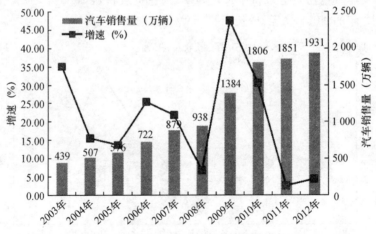

图 2-8 2003—2012 年汽车销量及增长

资料来源:中国汽车工业协会。

由于机动车辆保险承保标的的特殊性,机动车辆保险业务的发展与汽车销量紧密相关。汽车销量的变化对于机动车辆保险业务的发展影响十分明显,这一特征可以从图 2-9 中看出。例如,2011 年机动车辆保险业务增速大幅下降的原因主要是汽车市场销量增速大幅下滑。在各项刺激消费的有力政策促进下,汽车销量在 2009 年至 2010 年实现了连续两年的快速增长,增速分别达到了 47.6% 和 30.5%,在 2010 年汽车产销量均突破 1 800 万辆;然而,随着各项刺激消费政策效果的逐步减退,2011 年汽车销量开始出现大幅回落,同比增长仅为

2.5%。但是,进入 2012 年,随着汽车销售量增速回升,机动车辆保险保费增速也暂时止住大幅下滑的趋势。

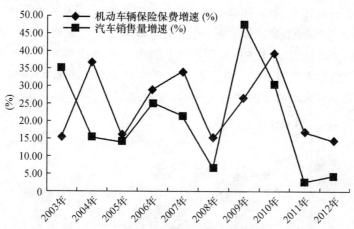

图 2-9 2003—2012 年汽车销量与机动车辆保险保费增速对比

2. 企业财产保险

2012 年,企业财产保险保费收入达到 360 亿元,较上一个年度增长 9.2%,增幅达到 30 亿元。近十年来,企业财产保险业务规模实现快速增长,保费规模从 2003 年的 125 亿元增长到 2012 年的 360 亿元,增长了 187.1%。尽管企业财产保险业务在近年来实现了快速增长,但增长速度在各年间的差异却十分明显,这从图 2-10 中可以看出。它说明企业财产保险的发展势头还不够稳定,业务经营的发展程度需要进一步深化。

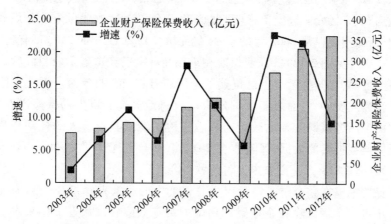

图 2-10 2003—2012 年企业财产保险保费收入及增长
资料来源:中国保监会及历年《中国保险年鉴》。

作为仅次于机动车辆保险的第二大险种,企业财产保险在国内财产保险市场中拥有举足轻重的地位。2012年,企业财产保险保费收入在财产保险市场整体保费收入中的比重为6.76%,较上一个年度小幅下降0.4个百分点(见图2-11)。从近十年的比重数据来看,企业财产保险保费收入在财产保险市场整体保费收入中的比重一直在持续下降,仅在2011年有小幅回升。近年来企业财产保险保费收入比重下降的主要原因在于财产保险市场经营险种的多样化,特别是机动车辆保险业务的快速发展。

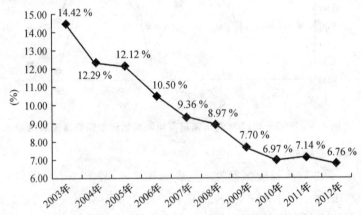

图2-11 2003—2012年企业财产保险保费收入比重
资料来源:中国保监会及历年《中国保险年鉴》。

3. 农业保险

2012年,农业保险保费收入达到240.60亿元,较上一个年度增长38.3%,增幅达到66.6亿元。近十年来(特别是2007年以来),农业保险业务规模实现快速增长,保费规模从2003年的4.64亿元增长到2012年的240.60亿元,增长了5 085.2%(见图2-12)。农业保险在承保品种上已经覆盖了农、林、牧、副、渔业的各个方面,在开办区域上已覆盖了全国所有省、市、自治区。农业保险业务的持续快速发展,一方面表明我国广大的农村地区具有巨大的保险潜在需求,另一方面说明各级财政补贴政策对农业保险的发展具有极大的推动作用。根据中国保监会披露的数据,保险业在2012年为1.83亿户次提供了9 006亿元风险保障,向2 818万受灾农户支付赔款148.2亿元。

就保费规模在整个财产保险市场总保费中的比重来看,2012年,农业保险是仅次于机动车辆保险和企业财产保险的第三大险种。从近十年来农业在整个财产保险市场总保费中的比重变化来看,比重总体上有了很大提升,不过在2008年至2010年之间也经历了一段小幅下滑(见图2-13)。

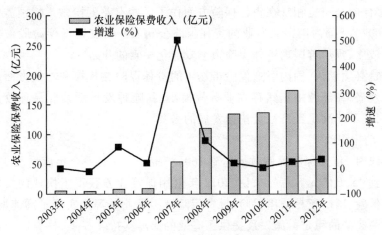

图 2-12　2003—2012 年农业保险保费收入及增长
资料来源：中国保监会及历年《中国保险年鉴》。

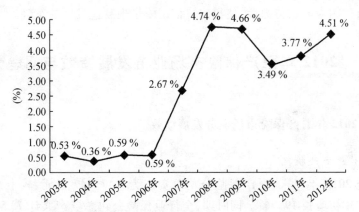

图 2-13　2003—2012 年农业保险保费收入比重
资料来源：中国保监会及历年《中国保险年鉴》。

4. 责任保险

2012 年,责任保险保费收入达到 183.77 亿元,较上一个年度增长了 24.2%,增幅达到 35.8 亿元。2012 年,责任保险保费收入在整个财产保险市场中的比重为 3.45%,在 2011 年,这一比重为 3.21%。尽管在整个市场中的比重较低,但责任保险在财产保险市场中仍是仅次于机动车辆保险、企业财产保险和农业保险的第四大险种。

近年来,国内责任保险产品已经涉及公众责任、产品责任、雇主责任、职业责任等各个方面,实际经营的险种多达数百个,服务领域延伸到社会的各个领域,众多保险公司也相继在责任保险方面作了一些有益的探索。特别需要指出的是,2007年,国内第一家专业的责任保险公司——长安责任保险股份有限公司宣告成立,预示着国内责任保险市场专业化探索的开始。

但是必须承认,国内财产保险市场中的责任保险在规模和功效方面尚未得到长足发展,在经营中仍然存在业务规模小、新险种发展缓慢和品种较为单一等问题,还不能满足经济社会快速发展的需要。

5. 信用保险

2012年,信用保险保费收入达到160.57亿元,较上一个年度增长39.1%,增幅达到45.1亿元。总的来说,2012年信用保险业务获得了快速的发展。出口信用保险、国内贸易信用保险、投资保险及担保业务等均实现了高速增长,为我国国民经济的稳定健康发展提供了有效的保障支持。

近年来,信用保证保险已经成为国内财产保险市场发展的新兴区域,展现出强劲的增长潜力。在"保出口"的宏观调控背景下,从2009年开始,国家加大了对出口信用险的扶持力度,使得出口信用险呈现高速发展的态势。

第二节 2012年财产保险市场业务发展绩效与问题分析

一、2012年财产保险市场业务发展绩效

(一) 总资产状况

截至2012年年末,财产保险公司总资产为9 477.47亿元,较上月末增长4.8%,较年初增长19.7%。同时期,全行业保险公司总资产共计73 545.73亿元,较上月末增加4 330.6亿元,增长6.3%;较年初增加13 716.8亿元,增长22.9%。

(二) 利润状况

1. 预计利润总额

2012年,财产保险公司预计利润总额为325.33亿元,同比增加26.1亿元,增长8.7%。同期全行业保险公司预计利润总额为466.55亿元,同比减少198.4亿元,下降29.8%。2012年,财产保险公司利润占整个保险行业利润的比重达到了69.7%。

2. 承保利润情况

如表2-11所示,2012年,财产保险公司承保利润为122.08亿元,同比减少

54.6亿元,下降30.9%,承保利润率为2.77%,其中,企业财产保险承保利润为10.77亿元,同比增加7.7亿元,增长247.2%,承保利润率为5.03%;机动车辆保险承保利润为70.88亿元,同比减少49.4亿元,下降41.1%,承保利润率为2.05%;工程保险承保利润为1.01亿元,同比增加1.5亿元,承保利润率为3.45%;责任保险承保利润为1.88亿元,同比增加0.5亿元,增长37.4%,承保利润率为1.45%;货运保险承保利润为16.72亿元,同比增加4.2亿元,增长33.5%,承保利润率为23.01%;意外伤害保险承保利润为11.51亿元,同比增加2.8亿元,增长32.4%,承保利润率为10.95%;健康保险承保亏损为0.69亿元,同比减亏0.4亿元,承保利润率为-1.18%。

表2-11 2012年财产保险业务各险种承保利润

险种	承保利润(亿元) 2012	2011	承保利润增速	承保利润率
机动车辆保险	70.88	120.32	-41.1%	2.05%
企业财产保险	10.77	3.10	247.4%	5.03%
家庭财产保险	-8.23	3.67	-324.3%	-69.50%
工程保险	1.01	0.49	106.1%	3.45%
责任保险	1.88	1.37	37.2%	1.45%
信用保险	-4.90	0.30	-1 733.3%	-10.66%
保证保险	4.39	3.78	16.1%	8.23%
船舶保险	3.21	6.04	-46.9%	13.42%
货运保险	16.72	12.52	33.6%	23.01%
特殊风险保险	2.60	1.48	75.7%	28.87%
农业保险	15.96	23.02	-30.7%	8.26%

注:承保利润率=承保利润/已赚保费。
资料来源:中国保监会。

从各保险公司来看,人保股份的承保利润为68.46亿元,太保财险的承保利润为24.06亿元,平安财险的承保利润为36.12亿元,中华联合的承保利润为20.96亿元,大地财险的承保利润为2.59亿元。

3. 投资收益

在投资收益方面,2012年人保股份为200.43亿元[①],平安财险为30.77亿元,太保财险为22.96亿元,中华联合为8.10亿元,大地财险为7.05亿元。

---

① 投资收益数据来自人保股份2012年年度信息披露报告中截至2012年12月31日止年度合并利润表。

4. 各项费用支出状况

2012年,财产保险公司业务及管理费支出为1 066.08亿元,较去年同期增加172.4亿元,同比增长19.3%。

2012年,财产保险公司综合费用率为35.98%。中资财产保险公司综合费用率为35.74%,其中,人保股份综合费用率为31.95%;太保财险综合费用率为34.51%;平安财险综合费用率为36%。外资财产保险公司综合费用率为58.18%。

5. 综合成本率

2012年,从综合成本率来看,人保股份为95.59%,太保财险为95.70%,平安财险为95.42%,中华联合为90.18%,大地财险为98.33%。

(三) 净资产状况

截至2012年年末,财产保险公司净资产为2 206.51亿元,较年初增加655.6亿元,增长42.3%。同时期,全行业保险公司净资产合计7 920.02亿元,较上月末增加1 253.0亿元,增长18.8%;较年初增加2 354.3亿元,增长42.3%。

二、2012年财产保险市场业务发展问题

2012年财产保险市场总体上延续了近年来较为强劲的发展势头,展现出良好的发展潜力。但是,必须注意到,国内财产保险市场总体上还处于发展的初级阶段,矛盾较为突出,很多影响行业可持续发展的问题亟待解决。目前,国内财产保险市场存在的突出问题集中表现在以下一些方面。

第一,诚信建设严重滞后,行业形象得不到社会的积极认可。

诚信永远是保险业发展的灵魂。近年来,国内财产保险市场的诚信建设严重滞后于行业的整体发展,行业形象没有得到社会的积极认可,极大地影响了财产保险市场的可持续发展。受整个社会诚信和法制环境发展程度低、保险行业自身改革不够深入等多种因素的客观影响,国内财产保险市场的诚信状况和行业诚信目标与社会公众的期望相比,仍然存在较大的差距。

第二,服务意识和质量都较为落后,严重制约了行业可持续发展。

实际上,近年来社会公众对财产保险公司服务质量尤其是理赔服务质量方面的反应都十分强烈,理赔服务质量亟待完善。财产保险市场整体服务水平较低、质量较差,社会公众对财产保险行业的服务满意度不高,这严重地影响了社会公众对财产保险业的信心,给财产保险业的发展带来了不利影响。

第三,市场秩序需要进一步规范,数据不真实问题十分突出。

近年来,国内财产保险市场中大部分公司科学发展的意识不断增强,合规

自律能力不断提高,公司的市场竞争力不断提升。但是,受监管制度建设还不完善以及部分经营者合规意识不强等因素的影响,相当一部分财产保险公司重业务、轻管理的经营理念仍未扭转,发展方式仍较粗放,从而在实际经营中只重视眼前利益,忽视长远利益,恶性竞争和弄虚作假等问题屡禁不止。目前,财产保险市场存在虚挂应收保费、违规批退保费、制作"阴阳单"、"吃单"等方式截留保费资金,虚列成本套取资金,违规计提准备金调节利润等违法违规问题,这些问题都严重扰乱了保险市场秩序,严重损害了保险业的社会形象。

第三节 2012 年财产保险市场发展环境分析与未来展望

一、2012 年财产保险市场发展的环境分析

2012 年是中国保险业"十二五"规划承上启下的一年。财产保险市场在国内外经济形势非常严峻的情况下实现了稳步发展,保险业改革开放顺利推进,市场体系建设取得成效。

(一)经济社会因素

2012 年,在内外部复杂多变环境的考验下,我国经济保持较快增长,通货膨胀预期得到有效控制,继续朝着宏观调控的预期方向发展,运行态势总体良好。但是,经济发展中不平衡、不协调和不可持续的矛盾与问题仍然十分突出,经济增长下行压力和物价上涨压力持续存在,在经济金融等领域仍然存在着一些不可忽视的潜在风险。

1. 国际形势

2012 年,席卷全球的金融危机尚未完全消退,全球经济迎来缓慢复苏,国际经济形势主要呈现出以下特征:

第一,国际范围内应对金融危机的政策效应逐渐衰退。

2008 年全球经济的衰退是美国金融市场泡沫破灭的必然结果,而 2012 年全球经济增长势头的减弱则更为明显地表现为各国反危机政策效应的下降。在欧元区,成员国对商业银行的危机救助,导致政府主权债务率不断攀升,引起主权债务信用危机,而这一危机反过来会进一步恶化商业银行的资产质量而引起新一轮的银行危机。在美国,在 2008 年经济刺激计划之后,尽管经济增长步入了复苏轨道,但是失业问题仍未得到根本解决,相反还呈现出了失业现象长期化的趋势,而为了维持经济增长所需要采取的进一步刺激手段却遇到了

国债上限的制约。同样,2012年日本经济虽然增速尚可,但是从2011年以来,经济增长的季度波动仍然较大。发达国家的财政状况面临着主权债务危机和财政"悬崖"挑战。在货币政策上,发达国家也同样在实施进一步扩张性政策。美联储在2012年9月出台了QE3;欧洲央行在2012年2月实施了第二轮的LTRO,9月又推出了没有规模和时间限制的OMT,它被认为是欧洲版的量化宽松型的货币政策;日本央行也在2012年9月宣布增持日本国债,释放出了10万亿日元的流动性。持续的量化宽松型的货币政策,使这些国家和地区的利率处于极低的水平。

第二,调整经济失衡的增长模式与经济增长目标冲突效应凸显。

在经历金融危机的四年之后,人们逐渐在危机的原因认识上形成共识,认为全球经济失衡背景下的储蓄过剩所带来的利率下降,以及消费领域美国居民需求的过度累积是美国金融危机产生的重要原因。也正是基于此,各国在采用经济刺激政策,促进全球经济复苏的过程中,经济再平衡的重要性被不断加以强调。但是,在过去的20年乃至更长的时期中,无论是中心国家的"大缓和"现象,还是外围国家的增长"奇迹",全球经济失衡均是其经济增长的实现途径。因此,调整全球经济失衡的增长模式,就一国国内的宏观政策而言,必然与反危机政策的经济增长目标相冲突。

第三,发展中国家对宏观经济保障的力度增强。

在发达经济体的"双失灵"现象以及全球经济再平衡与世界经济增长目标相互冲突的背景下,发展中国家为了避免发达经济体宏观经济政策不确定性的外溢效应,采取一些应对策略。这种应对策略,在宏观层面通常表现为政府对金融开放程度以及汇率市场化改革进程的态度会越发谨慎;在微观层面,则表现为对传统产业投资的支持力度下降,而对新兴行业的研发扶植政策又缺乏信心。

第四,多数发展中国家经济增长出现内生性下滑。

2012年发展中国家经济增长速度的下滑主要原因在于:发展中国家财政刺激的效应也是有限的;发展中国家产业结构的升级并不是一蹴而就的短期过程。发展中国家在全球经济再平衡中不仅失去了以往的经济增长动力,同时也失去了投资的方向,经济增长停滞出现了内生性特征。

2. 国内形势①

2012年,面对复杂严峻的国际经济形势和艰巨繁重的国内改革发展稳定任

---

① 本部分宏观经济数据主要来自国家统计局(http://www.stats.gov.cn)发布的《中华人民共和国2012年国民经济和社会发展统计公报》。

务,我国继续实施积极的财政政策和适度宽松的货币政策,在保持政策连续性和稳定性的同时,提高针对性和灵活性,根据形势发展要求逐步引导货币条件向常态回归。总体来看,我国经济向着宏观调控的预期方向发展,经济平稳较快增长的态势得到进一步巩固。

根据国家统计局初步核算①,全年国内生产总值② 519 322 亿元,比上年增长 7.8%(见图 2-14)。其中,第一产业增加值 52 377 亿元,增长 4.5%;第二产业增加值 235 319 亿元,增长 8.1%;第三产业增加值 231 626 亿元,增长 8.1%。第一产业增加值占国内生产总值的比重为 10.1%,第二产业增加值比重为 45.3%,第三产业增加值比重为 44.6%。

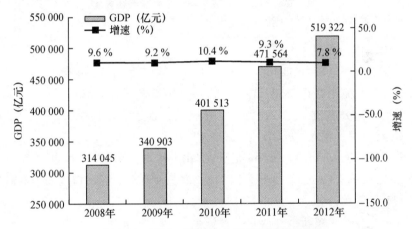

图 2-14 2008—2012 年生产总值及其增速

资料来源:国家统计局《中华人民共和国 2012 年国民经济和社会发展统计公报》。

全年居民消费价格比上年上涨 2.6%,其中食品价格上涨 4.8%(见图 2-15)。固定资产投资价格上涨 1.1%。工业生产者出厂价格下降 1.7%。工业生产者购进价格下降 1.8%。农产品生产者价格③上涨 2.7%。

年末全国就业人员 76 704 万人,其中城镇就业人员 37 102 万人。全年城镇新增就业 1 266 万人。年末城镇登记失业率为 4.1%,与上年年末持平。全国农民工④总量为 26 261 万人,比上年增长 3.9%。其中,外出农民工 16 336 万人,

---

① 数据均为初步统计数。各项统计数据均未包括香港特别行政区、澳门特别行政区和台湾省。部分数据因四舍五入的原因,存在着与分项合计不等的情况。
② 国内生产总值、各产业增加值绝对数按现价计算,增长速度按不变价格计算。
③ 农产品生产价格是指农产品生产者直接出售其产品时的价格。
④ 年度农民工数量包括年内在本乡镇以外从业 6 个月以上的外出农民工和在本乡镇内从事非农产业 6 个月以上的本地农民工两部分。

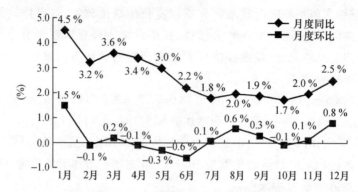

图 2-15 2012 年居民消费价格月度涨跌幅度
资料来源：国家统计局《中华人民共和国 2012 年国民经济和社会发展统计公报》。

增长 3.0%；本地农民工 9 925 万人，增长 5.4%。

年末国家外汇储备 33 116 亿美元，比上年年末增加 1 304 亿美元。年末人民币汇率为 1 美元兑 6.2855 元人民币，比上年年末升值 0.3%。

全年全国公共财政收入[1] 117 210 亿元，比上年增加 13 335 亿元，增长 12.8%；其中税收收入 100 601 亿元，增加 10 862 亿元，增长 12.1%。

全年货物进出口总额 38 668 亿美元，比上年增长 6.2%。其中，出口 20 489 亿美元，增长 7.9%；进口 18 178 亿美元，增长 4.3%。进出口差额（出口减进口）2 311 亿美元，比上年增加 762 亿美元。

全年非金融领域新批外商直接投资企业 24 925 家，比上年下降 10.1%。实际使用外商直接投资金额 1 117 亿美元，下降 3.7%。全年非金融类对外直接投资额 772 亿美元，比上年增长 28.6%。

2012 年，我国金融市场继续保持平稳运行。债券市场快速发展，在实施国家宏观经济政策、优化资源配置、加大金融支持实体经济力度等方面发挥了重要作用，具体表现为[2]：债券发行总量稳步扩大，公司信用类债券发行规模大幅增加，债券融资在直接融资中的比重增加显著；银行间市场交易活跃，货币市场利率下降；银行间市场债券指数上行，收益率曲线整体平坦化上移；机构投资者稳步增长，类型更加多元化；股票市场指数总体上行，市场交易量有所萎缩。

2012 年，国内经济形势对财产保险市场发展的影响主要表现在以下两个方面。

---

[1] 公共财政收入是指政府凭借国家政治权力，以社会管理者身份筹集以税收为主体的财政收入，与以往年份财政收入指标口径一致。

[2] 来自中国人民银行(http://www.pbc.gov.cn)发布的《2011 年金融市场运行情况》。

第一,汽车销量增速止跌回升,对机动车辆保险业务产生了积极影响。

汽车销量在 2009 年至 2010 年实现了连续两年的快速增长,增速分别达到了 47.6% 和 30.5%;在 2010 年,汽车产销量均突破 1 800 万辆。然而,随着各项刺激消费政策效果的逐步减退,2011 年,汽车销量开始出现大幅回落,同比增长仅为 2.5%。进入 2012 年,汽车销量增速出现明显上升,达到 4.3%。逐渐回暖的汽车销售市场也对机动车辆保险的业务发展产生了积极影响。2012 年,机动车辆保险保费收入达到了 4 005 亿元,较上一个年度增长 14.3%,增幅达到 500 亿元。

第二,固定资产投资规模持续增长,企业财产保险迎来发展良机。

根据国家统计局公布的数据[①],全年全社会固定资产投资 374 676 亿元,比上年增长 20.3%,扣除价格因素,实际增长 19.0%。其中,固定资产投资(不含农户)364 835 亿元,增长 20.6%;农户投资 9 841 亿元,增长 8.3%。东部地区投资 151 742 亿元,比上年增长 16.5%;中部地区投资 87 909 亿元,增长 24.1%;西部地区投资 88 749 亿元,增长 23.1%;东北地区投资 41 243 亿元,增长 26.3%。

(二)灾害事故情况

在财产保险中,保险人按保险合同的约定对所承保财产及其有关利益因自然灾害或意外事故造成的损失承担赔偿责任,因而灾害事故情况往往对财产保险市场的经营情况产生深刻影响。回顾和总结我国 2012 年灾害事故情况,对于理解 2012 年财产保险市场的发展状况有十分重要的意义。

1. 自然灾害

根据民政部、国家减灾委办公室发布的统计资料[②],2012 年我国自然灾害以洪涝、地质灾害、台风、风雹为主,干旱、地震、低温冷冻、雪灾、沙尘暴、森林火灾等灾害也均有不同程度发生,灾情较常年偏轻,但局部地区受灾严重。其中,四川、云南、甘肃、河北、湖南等省灾情较为突出。全年相继发生"5·10"甘肃岷县特大冰雹山洪泥石流灾害、6 月下旬南方洪涝风雹灾害、7 月下旬华北地区洪涝风雹灾害、8 月上旬"苏拉""达维"双台风灾害、"9·7"云南彝良 5.7 和 5.6 级地震等重特大自然灾害,给当地经济社会发展和人民生命财产安全带来较大影响。

---

① 本部分数据主要来自国家统计局(http://www.stats.gov.cn)发布的《中华人民共和国 2012 年国民经济和社会发展统计公报》。

② 数据来自民政部国家减灾办(http://www.gov.cn/gzdt/2013-01/06/content_2305958.htm)发布的《2012 年全国自然灾害基本情况》。

2012年,各类自然灾害共造成2.9亿人次受灾,1 338人死亡(包含森林火灾死亡13人),192人失踪,1 109.6万人次紧急转移安置;农作物受灾面积2 496.2万公顷,其中绝收182.6万公顷;房屋倒塌90.6万间,严重损坏145.5万间,一般损坏282.4万间;直接经济损失4 185.5亿元。

总体而言,2012年我国自然灾害主要呈现以下特点①:第一,灾害分布点多面广,局部地区受灾严重;第二,南方春汛夏汛明显,北方洪涝异常偏重;第三,台风频繁密集登陆,影响范围跨度较大;第四,风雹灾害局地较重,干旱灾情明显偏轻;第五,西部地震频繁发生,低温雪灾连袭北方;第六,贫困地区灾频灾重,灾贫叠加效应显著。

2. 安全事故

2012年全国安全生产继续保持了总体稳定、持续好转的发展态势,重点行业(领域)和大部分地区安全生产状况稳定,具体表现为"三个明显下降,一个较大提升":一是事故总量明显下降。全国各类事故起数和死亡人数同比分别下降3.1%和4.7%。二是较大以上事故明显下降。全国较大、重大和特别重大事故同比分别下降14.7%、15.7%、50%。三是主要相对指标明显下降。亿元GDP事故死亡率、工矿商贸10万就业人员事故死亡率、道路交通万车死亡率、煤矿百万吨死亡率等同比分别下降18%、13%、11%、34%。四是安全生产总体水平得到较大提升。

与此同时,形势依然严峻。2012年全国安全生产存在的主要问题集中于以下方面:一是事故总量仍然较大。2012年全国发生各类事故约33.7万起,死亡71 983人。平均每天大约发生各类事故950起,大约200人在事故中丧生。二是重特大事故时有发生。一次死亡10人以上的重特大事故发生了59起,平均五六天发生一起,频率太高。个别时段事故反弹,两起特别重大事故②均发生在8月下旬。三是各项相对指标仍然比较落后。亿元GDP事故死亡率、煤矿百万吨死亡率等,仍然是发达国家的数倍甚至十数倍。四是隐患突出。

---

① 资料来自民政部国家减灾办(http://www.gov.cn/gzdt/2013-01/06/content_2305958.htm)发布的《2012年全国自然灾害基本情况》。

② 分别为:(1) 2012年8月26日2时40分,陕西省延安市安塞县境内,内蒙古呼和浩特市运输集团公司一辆宇通牌大客车(蒙AK1475,核载、实载均为39人)由呼和浩特市驶往西安市,沿包茂高速公路由北向南行至安塞段484公里+95米处,与河南省孟州市第一汽车运输有限公司一辆解放牌大货车(豫HD6962,核载40吨,实载35吨甲醇)追尾相撞,导致甲醇泄漏起火并引燃客车,造成36人死亡,3人受伤。(2) 2012年8月29日17时38分,四川省攀枝花市西区正金工贸有限责任公司肖家湾煤矿发生特别重大瓦斯爆炸事故,造成48人死亡、54人受伤,直接经济损失4 980万元。

（三）监管环境与政策法规

2012 年，中国保监会的财产保险监管总体目标为：一是理赔服务基础建设明显加强，理赔管理和服务体系进一步健全，社会公众对车险服务的认可度和满意度明显提高；二是市场秩序继续改善，经营数据不真实问题得到有效遏制，行业发展方式不断转变；三是偿付能力监管进一步完善，风险有效防范；四是市场化导向的产品管理制度初步形成，服务和创新能力进一步加强；五是服务经济社会发展的重点领域不断扩大，保险功能作用得到进一步发挥。2012 年，与财产保险市场发展相关的监管举措及政策法规主要表现为以下方面。[①]

第一，对理赔服务的监管力度得到加强。

一是制订综合治理理赔难问题的工作方案，建立工作机制，明确工作职责。确定治理理赔难问题的工作目标、工作内容、任务分工、具体措施和时限，明确监管部门、行业协会和保险公司等各方职责。二是召开治理理赔难问题的工作会议，全面部署综合治理工作。2012 年 2 月，召开保监会综合治理车险理赔难工作会议，正式启动治理车险理赔难工作。三是加强理赔监管制度建设，强化制度约束。下发《关于加强和改进财产保险理赔服务质量的意见》，出台《机动车辆保险理赔管理指引》《车险理赔管理及服务质量监管和评价指标体系》等规范性文件，督促公司建立完整统一的车险理赔管理制度及服务体系。四是督促加强理赔标准化建设，强化行业自律规范。指导行业协会加快推进车险索赔单证、理赔服务时限标准、代位求偿制度以及理赔纠纷处理机制等建设工作；督促行业健全理赔基础服务规范和理赔服务标准，提高行业服务规范化水平；探索在部分地区试行《查勘定损人员职业认证和资格管理制度》，提高车险理赔服务人员素质。五是督促加强信息化建设，强化技术手段控制。督促公司加强信息系统建设，实现对接报案、立案、结案及其他关键环节的总公司或区域化集中管理和监督；继续推动行业车险信息平台建设；继续推进承保理赔信息客户自主查询制度。六是督促加强透明度建设，强化多层次监督约束。督促公司及时将理赔服务的标准、程序、时限等对外公开；加强对公司服务质量测评等情况的监测和总结，及时向公司董事会和监事会通报；探索建立理赔情况披露制度，将车险理赔服务和查处情况向社会公布；依法加大对恶意拖赔惜赔、无理拒赔的公司以及理赔服务投诉较多的公司的查处力度，并将处罚情况定期向公司董事会、社会公布。

---

① 具体可参考中国保监会《2012 年财产保险监管工作要点》(http://www.circ.gov.cn/tabid/106/InfoID/193815/frtid/3871/Default.aspx)。

第二,促进行业健康可持续发展的措施陆续推出。

一是继续加强监管制度建设。具体表现为研究出台《财产保险公司业务经营监管办法》;研究制定财产保险公司核心内部控制经营规范及经营标准指导性意见;研究制定引导公司加强预算管理及绩效考核监督的指导性意见;研究制定非寿险保险产品费率厘定精算规范;健全科学的监管评价指标体系。二是严查重处,提高监管约束力。具体表现为制订现场检查工作方案,部署全年现场检查工作;继续加大处罚力度;加强对总公司的质询及通报。三是继续加强法人及高管监管。具体表现为加强对公司经营情况、偿付能力、经营预算、绩效考核等情况监测,并对问题公司进行监管质询及提示,加强窗口指导;完善向公司股东、独立董事及监事长通报制度以及列席董事会、股东会制度;完善高管任职前法规测试、谈话和外调制度,完善不良信息记录档案制度及处罚信息披露制度等;将公司分支机构设立与公司偿付能力、服务能力、合规经营以及风险管控水平挂钩,引导公司从外延式发展向内涵式发展转变;完善与保监局会商联动机制,形成监管合力。

第三,行业抗风险能力不断提高。

一是继续强化资本充足性的刚性约束。二是继续加大准备金充足性监督。三是不断加强分类监管。四是加大再保险监管力度。五是探索"逆周期"监管。

第四,行业服务能力持续改善。

一是稳步推进车险条款费率管理制度改革。具体表现为下发《关于加强机动车辆商业保险条款费率管理的通知》;推动行业协会完成车险协会条款、纯损失率以及折旧率的拟订工作;推动行业协会完成代位求偿机制、投保理赔告知制度、纠纷处理机制等相关基础配套工作;下发文件,全面部署实施车险改革工作;督促公司做好新旧制度衔接、新老产品更换以及系统的调整等。二是稳步推进销售模式的改革创新。三是改进财产保险产品监管。研究建立保险产品电子化报备和管理制度。

第五,推动重点领域业务规范发展。

责任险方面,一是继续扩大相关领域的试点范围,与相关部门继续加强合作、完善制度、推动试点、扩大范围;二是制定工作机制,提升责任保险的服务水平和能力;三是加强保险知识的宣传普及,充分发挥责任保险在社会管理方面的积极作用。农业保险方面,一是推进农业保险立法,加强监管制度建设;二是抓好承保、理赔等关键环节的监督检查和风险管控;三是积极推进森林保险试点工作,探索推进农业保险在设施农业、现代农作物种业发展等方面发挥积极作用;四是积极推进在重点险种、重点区域的覆盖面和渗透度,努力提高农业保险保障程度;五是推动保险公司建立与其业务规模相匹配的基层服务体系;六是推进农业保险产品创新,不断提高服务能力和水平,确保农险健康发展。交强险方面,不断加强与公安、司法等部门的沟通与合作,推动有关法律法规的修改完善,为交强险健康发展争取政策环境。巨灾保险方面,争取政府支持,研究和推动巨灾风险体制建设,将巨灾保险制度纳入国家综合灾害防范体系,争取国家在立法保障、财政税收政策、防灾减灾等方面的支持,提升保险业的渗透度和影响力。

二、2013 年财产保险发展环境与展望

(一) 发展环境

总的来看,2013 年国内经济形势有望逐步转好,经济总量将持续增长,和谐社会建设将稳步推进。在积极的市场需求、政策和监管环境等多重因素的促进下,财产保险市场有望抓住机遇,继续促进行业转型,使市场的整体水平提升到一个新的台阶。

1. 总体形势

(1) 宏观经济

受外需疲软、楼市调控和产能过剩等多重因素叠加影响,2012 年中国经济增长逐季放缓,GDP 增速从一季度的 8.1% 回落到三季度的 7.4%,全年增长 7.8%,比 2011 年回落 1.5 个百分点。从 2013 年宏观经济增长的三驾马车来看,消费、投资与出口都有望维持比较平稳的增长,出现显著下滑的概率较低。从消费来看,中国正处于城市化的中期阶段与居民消费升级的关键时期,预计住房、汽车、教育、健康、旅游等领域将成为未来的消费热点。从投资来看,受库存较高与产能过剩困扰,2013 年中国制造业投资增速难有大的起色,但随着新的非公 36 条实施细则的逐步落实刺激民间投资的增长,预计总体上仍有望保持稳定。从出口来看,2013 年的贸易整体形势将好于 2012 年,这主要是由于:首先,美国经济弱势复苏和欧洲形势趋于稳定,有利于外需企稳;其次,中国的出口市场有望进一步多元化,特别是向新兴市场与发展中国家扩展;再次,政府出口退税、出口保险、加工贸易转型、贸易结算便利化等稳定外贸政策的效果有待进一步显现。2012 年我国物价水平温和上涨,全年 CPI 涨幅为 2.6%,比 2011 年回落 2.8 个百分点。预计 2013 年的通胀依然温和可控。

(2) 市场需求

财产保险的市场需求与宏观经济形势密切相关。随着新一届政府着力"打造中国经济升级版",明确提出要持续发展经济,今年宏观经济有望实现平稳增长。受此利好因素的影响,今年财产保险的市场需求有望延续近年的良好表现,实现持续稳定增长。

(3) 政策环境

结合近年来财产保险市场政策内容以及今年全国保险监管工作会议精神,可以预计2013年财产保险市场政策将聚焦在以下三个方面:一是继续将车险理赔难治理工作推向深入。二是整顿规范市场秩序,坚决遏制市场违规行为反弹。三是防范化解保险风险,加强非现场监管,守住风险底线。

(4) 监管环境

2013年,预计财产保险监管的工作重点将围绕财产保险市场规范与综合治理车险理赔难展开。在加强财产保险市场规范方面,监管部门可能采取的措施有:一是加强问责,严查重处,加大对违法违规问题的处罚和整顿力度;二是积极调动各保监局的积极性,提高各保监局的执行力,探索建立数据指标通报制度;三是研究加强电销管理,引导公司合规经营,防范虚假电销;四是坚持防范风险不动摇,牢牢守住风险底线;切实加强偿付能力、准备金、数据真实性特别是理赔数据真实性监管,有效预防群体性事件的发生;五是研究健全准入退出制度,加强高管任职资格的审核及后续培训;六是积极稳妥地推进费率市场化改革,建立以纯风险损失率为基础的价格形成机制、以客户需求为导向的产品动态调整机制、以成本为核心的监管机制以及市场执行费率与报批费率的验证机制,确保改革平稳。在综合治理车险理赔难方面,监管部门可能会采取以下措施:一是统一行业的执行标准和基础标准;二是尽快颁布、实施评价标准,组织向社会公布理赔服务评价结果,发挥社会监督作用,让服务好的公司脱颖而出;三是研究制定理赔违规标准和处罚依据;四是加大对违规理赔的查处力度;五是加强协调,优化外部环境。

2. 不确定因素

不确定因素主要体现在两个方面:一是宏观经济形势存在不确定性。我国经济发展中不平衡、不协调、不可持续的问题依然突出,宏观经济增长面临下行压力。国际、国内形势的变化将通过实体经济、金融市场和消费者需求等多种渠道传导至财产保险市场,对业务发展、资金运用和偿付能力等产生多方面的影响,增加了财产保险市场稳定运行和风险防范的难度与压力。二是保险市场发展存在不确定性。财产保险市场的外部环境和自身条件都发生了深刻变化,尤其是违法违规经营问题需要关注,行业发展方式亟待转型,财产保险市场有可能开始进入调整期和矛盾凸显期。

(二) 前景展望

总体而言,随着社会经济的持续平稳发展,2013年财产保险市场的前景值得期待。可以预见:一是理赔服务基础建设明显加强,理赔管理和服务体系进一步健全。二是市场秩序继续改善,行业发展方式不断转变。三是偿付能力监管进一步完善,行业抵御风险能力提高。四是服务经济社会发展的重点领域不断扩大,财产保险的社会职能得到进一步发挥。

与此同时,财产保险市场发展将面临前所未有的挑战,具体表现在以下两个方面:

一是财产保险市场供求关系改变,承保盈利前景堪忧。从财产保险市场的一般规律来看,由于供求关系的变化,财产保险市场整体呈现出明显的承保盈利周期特征。从根本上而言,偿付能力资本决定的业务供给与汽车销量主导的业务需求之间的供求关系将决定财产保险市场周期变化趋势。与此同时,相关的监管政策实际上只能在短期内对该周期具体进程产生有限的影响。就市场供给而言,财产保险公司通过自身盈利、股东投资以及发行次级债等多种方式使得资本实力持续增强,整个市场的供给能力逐步强化。就市场需求而言,由于汽车销售量持续表现低迷,企业投资活动又趋于低落,整个市场的需求力量增长并不明显。

二是市场化改革浪潮袭来,行业竞争压力骤升。交强险对外资开放和商业车险费率市场化改革,显示出未来财产保险市场监管政策将在继续强化以偿付能力监管为核心的基础上逐步实现市场化改革。就交强险对外资开放而言,短期内中小区域型中资财产保险公司或将感受到明显的竞争压力。就商业车险费率市场化改革而言,尽管长期内有利于整个市场的可持续发展,但是短期内可能导致保险责任范围扩大,费率下调,价格竞争日益激烈。所以,交强险对外资开放和商业车险费率市场化改革无疑将在未来一段时期内加剧财产保险市场的竞争态势。

第三章

人身保险市场

引 言

2012年,人身保险市场仍在经历发展的乏力期,保费收入增幅较2011年进一步下滑,退保率较2011年略有增加。在寿险、健康险和人身意外险这三大人身保险险种中,虽然后两者发展势头良好,但在人身险总保费中占比较小,健康险业务原保险保费收入在人身险市场中占比为8.49%,人身意外险原保险保费收入在人身险市场中占比仅为3.80%,因此寿险在人身险市场中占有绝对优势。而各家寿险公司在这一年里净利润增速不同程度下滑,表面上看,这是因为各公司的承保业务与投资收益均不乐观,保费收入增速进一步放缓,退保率维持在一个较高水平,投资收益率下降,资产减值损失增加,但究其原因,产品结构不合理和渠道结构不合理是问题的根源,因此,当银邮代理渠道持续受限时,寿险业务发展受到很大影响,而银保渠道、分红险产品等成为退保的主要渠道及产品。此外,对产品所针对的风险分析不深入、市场秩序不规范的问题依然突出、行业形象得不到社会认可等因素也是人身保险市场发展的阻碍。

在这样的大背景下,2012年人身险市场也呈现了一些不同的特点:一是银邮系保险公司发展迅猛;二是在艰难的渠道转型努力下,个险渠道发展初见成效。2013年,随着个人税收递延型养老保险产品试点的推进,以及《保险公司城乡居民大病保险业务管理暂行办法》等相关政策的出台,将为人身保险业带来新的业务增长点,渠道结构的进一步调整促使保险公司关注新型销售渠道,如电销和网销。这些都为2013年人身保险市场注入了积极的因素。但不确定因素的影响也不容轻视,随着2008年热销的5年期分红险产品陆续到期,2013年寿险公司面临的满期给付压力增大,而外部经济金融形势未有明显改善,可能会在一定程度上抵消投资新政逐步落实带来的收益。因此,2013年人身保险市场仍然面临诸多挑战。

第一节　2012年人身保险市场发展概况

一、人身保险市场运行格局

(一)基本情况

1. 保费收入①

(1)全国人身保险市场保费规模及增长

2012年,人身险业务原保险保费收入为10 157亿元(包含财产险公司经营的意外险、短期健康险原保险保费收入198.95亿元),较2011年增加435.57亿元,同比增长4.5%,增速较上一年度的7.1%进一步下滑。图3-1与图3-2分别显示了2012年人身险业务各月保费收入累计比较以及单月保费收入,从图中可以看出,1月、6月、8月、9月与12月的单月保费收入较上一年同期有一个

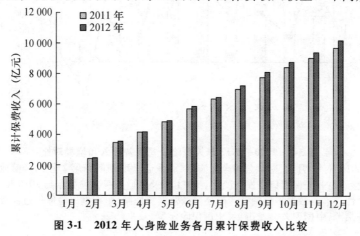

图3-1　2012年人身险业务各月累计保费收入比较

---

① 人身险业务保费包括了财产险公司经营的意外险和短期健康险的保费。

较为明显的增长,其余月份的单月保费收入与上一年同期基本持平。

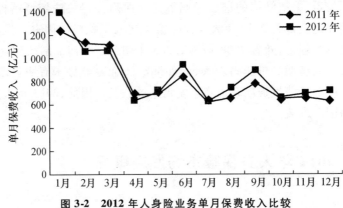

图 3-2　2012 年人身险业务单月保费收入比较

将财产险公司经营的意外险、短期健康险原保险保费收入排除在外,2012 年人身险公司实现原保险保费收入 9 958 亿元,同比增长 4.2%,占保险市场原保险保费总收入的 64.29%(见图 3-3)。

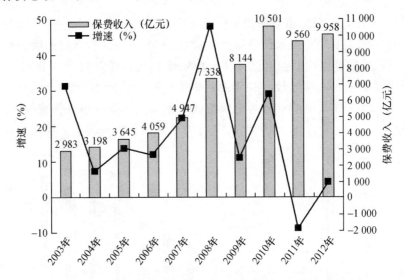

图 3-3　2000—2012 年人身险公司保费收入和增幅对比

注:2010 年 12 月起,寿险公司全面实施《企业会计准则解释第 2 号》,寿险业务、健康险业务、意外险业务保费口径发生变化。2011 年及之后人身保险数据与 2010 年及之前不具有可比性。本图数据不包括财产险公司经营的意外险、短期健康险原保险保费收入。

资料来源:中国保监会及历年《中国保险年鉴》。

分季度看,2012 年人身保险业务季度保费增速呈现出前低后高的变动趋势,前两季度保费同比增长缓慢,第三季度在产品运作策略以及销售激励的推动下,增速有了一个明显的提高,但第四季度增速又出现回落(见图3-4)。

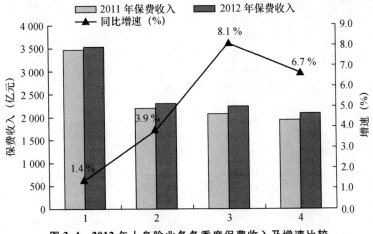

图3-4　2012年人身险业务各季度保费收入及增速比较

(2) 各地区人身保险市场保费规模及增长①

从2012年各地区人身保险市场原保险保费收入情况来看,东部地区11个省、市保费收入达5 797.24亿元,同比增长5.5%,占比57.09%;中部地区8个省保费收入为2 507.11亿元,增幅仅为1.1%,远低于全国平均水平,占比24.69%;西部地区12个省、市、自治区保费收入为1 850.93亿元,同比增长6.0%,占比18.23%(见图3-5)。

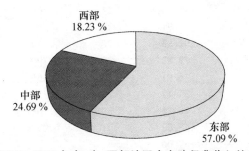

图3-5　2012年东、中、西部地区人身险保费收入结构

具体的各省人身险业务原保险保费收入规模及增长情况如表3-1所示。

---

① 东部地区包括北京、天津、河北、辽宁、上海、江苏、浙江、福建、山东、广东和海南等11个省、市;中部地区包括山西、吉林、黑龙江、安徽、江西、河南、湖北、湖南等8个省;西部地区包括四川、重庆、贵州、云南、西藏、陕西、甘肃、青海、宁夏、新疆、广西、内蒙古等12个省、市、自治区。

表 3-1　2012 年各地区人身保险原保险保费收入　　（单位：亿元）

地区	原保险保费收入	规模排名	规模比重	原保费增速	增速排名
广东省	1 120.82	1	11.04%	4.6%	19
江苏省	860.36	2	8.47%	4.9%	18
山东省	745.48	3	7.34%	5.9%	14
河南省	656.06	4	6.46%	-3.0%	31
北京市	645.36	5	6.35%	9.7%	8
四川省	564.26	6	5.56%	1.9%	27
上海市	548.02	7	5.40%	5.5%	16
河北省	540.13	8	5.32%	5.9%	15
浙江省	507.50	9	5.00%	3.2%	22
湖北省	398.06	10	3.92%	2.8%	24
辽宁省	362.14	11	3.57%	7.0%	13
湖南省	320.15	12	3.15%	-0.1%	30
安徽省	302.43	13	2.98%	4.5%	20
福建省	284.55	14	2.80%	1.1%	28
山西省	256.86	15	2.53%	2.2%	26
陕西省	249.55	16	2.46%	3.0%	23
黑龙江省	244.90	17	2.41%	5.0%	17
重庆市	235.82	18	2.32%	2.5%	25
江西省	174.22	19	1.72%	4.3%	21
吉林省	154.43	20	1.52%	0.0%	29
天津市	147.76	21	1.46%	8.1%	12
广西壮族自治区	147.37	22	1.45%	10.3%	6
云南省	146.01	23	1.44%	10.7%	5
新疆维吾尔自治区	141.88	24	1.40%	13.4%	3
内蒙古自治区	127.91	25	1.26%	13.1%	4
甘肃省	102.83	26	1.01%	8.9%	10
贵州省	79.82	27	0.79%	9.7%	9
宁夏回族自治区	36.21	28	0.36%	8.2%	11
海南省	35.12	29	0.35%	9.9%	7
青海省	16.25	30	0.16%	14.7%	2
西藏自治区	3.02	31	0.03%	61.6%	1
全国	10 157.00			4.5%	

注：本表数据口径为保险业执行《关于印发〈保险合同相关会计处理规定〉的通知》（财会[2009]15号）后口径。全国合计包括集团、总公司本级业务。集团、总公司本级业务是指集团、总公司直接开展的业务，不计入任何地区。

从保费规模来看，广东省、江苏省和山东省位列前三名，保费收入规模均超过 700 亿元；西藏自治区、青海省和海南省保费规模位列后三位，合计规模仅为 54.39 亿元。就保费规模的横向比较来看，各地区之间的规模差距较大，规模最小的西藏自治区保费规模仅为规模最大的广东省保费规模的0.27%,保费规模位列后三位的西藏自治区、青海省和海南省的总保费仅为位列前三位的广东省、江苏省和山东省的1.99%。

从保费规模占全国人身保险市场的比重来看,规模前三位的广东省、江苏省和山东省占全国人身保险市场的比重分别达到了11.04%、8.47%和7.34%,规模后三位的西藏自治区、青海省和海南省占全国人身保险市场的比重分别为0.03%、0.16%和0.35%。

从保费增速来看,各地区的增速存在较大差异:西藏自治区、青海省和新疆维吾尔自治区位列前三名,增速分别达到了61.6%、14.7%和13.4%,均远高于全国平均增速4.5%;河南省、湖南省和吉林省的增速位列后三名,增速分别为－3.0%、－0.1%和0.0%。从各地区保费增速的统计情况可以看出,市场规模较小的地区增速较快,这一方面是因为这些地区发展起步较晚,发展潜力巨大;另一方面,随着这些地区经济起步、居民收入水平提高,不断有保险公司在这些地区开设分支机构,保费收入增长逐渐加速。相比之下,市场规模较大的地区增速往往较慢,但这一情况也有例外,保费规模排名第5的北京市在2012年依然实现了较快的增长,其保费增速为9.7%,增速排名第8。

2. 赔款支出

2012年,人身险业务发生赔款与给付支出1 899.99亿元,较上一年度增加了157.55亿元,同比增长9.0%。其中,寿险业务给付金额为1 505.01亿元,同比增长15.7%,占比79.21;健康险业务赔款与给付支出298.17亿元,占比5.09%,同比下降17.1%;意外险业务赔款支出96.8亿元,同比增长18.3%,占比15.69%(见图3-6),图3-7则展示了2012年人身险业务各月累计赔付支出与上年同期的对比情况。

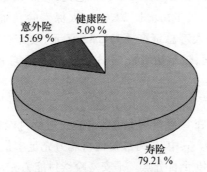

图3-6 2012年人身险业务分险种赔付支出比例

其中,寿险、健康险和意外险的赔付比率分别为16.89%、34.56%和

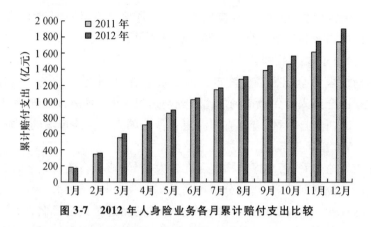

图3-7　2012年人身险业务各月累计赔付支出比较

25.07%,寿险赔付率、意外险赔付率分别高于上年同期1.9和0.6个百分点,健康险的赔付比率低于上年同期17.4个百分点。

3. 退保情况

2012年,寿险公司退保金为1 198.14亿元,同比增长25.1%,退保率为2.76%,比去年同期增加0.2个百分点,但依然低于5%的警戒线。从不同性质公司看,中资寿险公司退保金为1 154.44亿元,退保率为2.77%;外资寿险公司退保金为43.7亿元,退保率为2.51%,略优于中资公司。从险种看,分红寿险退保金为1 107.35亿元,占寿险公司退保金的92.42%;普通寿险退保金为72.66亿元,占寿险公司退保金的6.06%;投连险退保金为0.41亿元,占寿险公司退保金的0.03%;万能险退保金为0.55亿元,占寿险公司退保金的0.05%。

4. 资产状况

截至2012年年底,寿险公司总资产规模为60 991.22亿元,较年初增长22.5%。其中,国寿股份总资产18 936.72亿元,较年初增长19.9%;平安寿险总资产10 321.35亿元,较年初增长22.1%;太保寿险总资产5 580.59亿元,较年初增长21.1%;新华人寿总资产4 931.82亿元,较年初增长31.6%;泰康人寿总资产4 124.14亿元,较年初增长18.3%;人保寿险总资产3 375.50亿元,较年初增长23.2%。

5. 偿付能力充足率

截至2012年年底,在A股市场上市的寿险公司偿付能力充足率相对2011年年底均有不同程度提升。其中,国寿股份偿付能力充足率最高,为235.58%,较上年的170.12%提升65.46个百分点。平安寿险偿付能力充足率为190.60%,提升34.5个百分点。太保寿险的偿付能力充足率为312%,较上年分别提升14个百分点,新华人寿偿付能力充足率由2011年年底的155.95%提升到192.56%,上升幅度为 36.63 个百分点。在 H 股上市的人保寿险和太保寿险中,人保寿险偿付能力充足率为 130%,比上一年小幅下降 2 个百分点;太保寿险偿付能力充足率为 164%,与 2011 年相比下降 14 个百分点。除人保寿险处于保监会规定的偿付能力充足 I 类水平,其他公司均达到偿付能力充足 II 类水平。[①]

(二)竞争态势

1. 经营主体数量

截至 2012 年年底,国内人身保险市场共有 68 家人身险公司,其中,中资公司 42 家,外资公司 26 家。较上一年度,国内保险市场共新增 7 家人身险经营主体(见表3-2),分别是中资的前海人寿、华汇人寿、东吴人寿、珠江人寿、弘康人寿和吉祥人寿以及外资的复星保德信。

表 3-2 2012 年国内保险市场新增人身险公司

公司名称	简称	主要股东	注册地	资本结构	注册资本
前海人寿保险股份有限公司	前海人寿	深圳市钜盛华实业发展有限公司、深圳市深粤控股有限公司等 6 家公司	深圳	中资	10 亿元
华汇人寿保险股份有限公司	华汇人寿	沈阳煤业(集团)有限责任公司、人和投资控股股份有限公司等 6 家公司	沈阳	中资	15 亿元
东吴人寿保险股份有限公司	东吴人寿	苏州国际发展集团公司、苏州高新区经济发展集团公司等 23 家公司	苏州	中资	20 亿元
珠江人寿保险股份有限公司	珠江人寿	广东珠江投资控股集团有限公司、广东粤财信托有限公司等 5 家公司	广州	中资	6 亿元
弘康人寿保险股份有限公司	弘康人寿	中兵光电科技股份有限公司、黑龙江中兵矿业投资集团有限公司等 8 家公司	北京	中资	5 亿元
吉祥人寿保险股份有限公司	吉祥人寿	湖南财信投资控股有限责任公司、长沙先导投资控股有限公司等 9 家公司	长沙	中资	11.5 亿元
复星保德信人寿保险有限公司	复星保德信	复星集团与美国保德信金融集团 2 家公司	上海	外资	5 亿元

资料来源:根据中国保监会公布的信息整理。

---

① "险企发债融资偿付能力普升",《中国保险报》,2013 年 4 月 12 日。

2. 市场份额

市场竞争格局方面,2012年保费规模前三名、前五名、前十名公司的市场集中度分别为55.16%、70.97%和86.31%,分别比上年下降了0.5、1.8和2.0个百分点。市场份额排名前五的公司依然为国寿股份、平安寿险、新华人寿、太保寿险与人保寿险,其中,仅平安寿险的份额有所增长(见图3-8和图3-9)。另外,外资寿险公司原保险保费收入的市场份额为4.77%,较上一年同期增加0.4个百分点,在外资保险公司相对集中的北京、上海、深圳、广东等省、市,外资公司的市场份额分别达到了12.63%、13.42%、6.31%、7.65%。全年寿险公司市场集中度有所下降,市场竞争日趋激烈(见表3-3)。

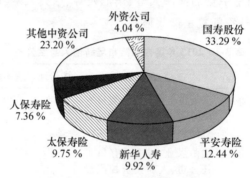

图 3-8　2011 年寿险公司市场份额

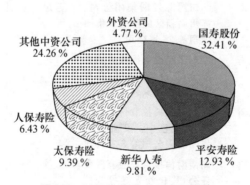

图 3-9　2012 年寿险公司市场份额

表 3-3　2009—2012 年国内寿险公司市场份额

公司名称	2012 年市场份额排名			2012 年	2011 年	2010 年	2009 年
	总体	中资	外资				
国寿股份	1	1	—	32.41%	33.29%	31.72%	36.23%
平安寿险	2	2	—	12.93%	12.44%	15.15%	16.24%

（续表）

公司名称	2012年市场份额排名			2012年	2011年	2010年	2009年
	总体	中资	外资				
新华人寿	3	3	—	9.81%	9.92%	8.92%	8.20%
太保寿险	4	4	—	9.39%	9.75%	8.76%	8.30%
人保寿险	5	5	—	6.43%	7.36%	7.85%	6.44%
泰康人寿	6	6	—	6.18%	7.11%	8.26%	8.23%
太平人寿	7	7	—	3.66%	3.29%	3.14%	2.77%
生命人寿	8	8	—	2.46%	2.44%	1.46%	0.86%
阳光人寿	9	9	—	1.58%	1.67%	1.44%	0.51%
中邮人寿	10	10	—	1.46%	0.84%	0.19%	0.00%
国寿存续	11	11	—	1.32%	1.46%	1.38%	1.86%
民生人寿	12	12	—	0.89%	1.02%	0.77%	0.60%
友邦	13	—	1	0.87%	0.86%	0.81%	0.99%
合众人寿	14	13	—	0.81%	1.04%	0.74%	0.71%
人保健康	15	14	—	0.76%	0.48%	0.88%	0.76%
华夏人寿	16	15	—	0.59%	0.54%	0.35%	0.34%
平安养老	17	16	—	0.59%	0.52%	0.49%	0.26%
建信人寿	18	17	—	0.59%	0.13%	0.10%	0.12%
幸福人寿	19	18	—	0.57%	0.53%	0.58%	0.53%
工银安盛	20	—	2	0.48%	0.17%	0.11%	0.10%
中美联泰	21	—	3	0.47%	0.33%	0.40%	0.36%
中意	22	—	4	0.43%	0.37%	0.59%	0.55%
农银人寿	23	19	—	0.42%	0.33%	0.43%	0.35%
光大永明	24	20	—	0.40%	0.38%	0.49%	0.18%
信诚	25	—	5	0.36%	0.36%	0.52%	0.49%
中英人寿	26	—	6	0.36%	0.37%	0.47%	0.51%
百年人寿	27	21	—	0.35%	0.20%	0.10%	0.04%
国华	28	22	—	0.32%	0.33%	0.38%	0.48%
华泰人寿	29	—	7	0.29%	0.32%	0.58%	0.53%
长城	30	23	—	0.28%	0.33%	0.24%	0.19%
中宏人寿	31	—	8	0.27%	0.24%	0.19%	0.20%
招商信诺	32	—	9	0.24%	0.20%	0.31%	0.10%
信泰	33	24	—	0.21%	0.24%	0.20%	0.14%
中荷人寿	34	—	10	0.18%	0.15%	0.12%	0.11%

（续表）

公司名称	2012 年市场份额排名			2012 年	2011 年	2010 年	2009 年
	总体	中资	外资				
恒安标准	35	—	11	0.15%	0.11%	0.14%	0.18%
天安人寿	36	25	—	0.15%	0.08%	0.04%	0.04%
中德安联	37	—	12	0.14%	0.11%	0.15%	0.22%
海康人寿	38	—	13	0.14%	0.12%	0.16%	0.18%
利安人寿	39	26	—	0.13%	0.05%	—	—
安邦人寿	40	27	—	0.13%	0.01%	0.00%	—
英大人寿	41	28	—	0.12%	0.07%	0.31%	0.35%
太平养老	42	29	—	0.09%	0.06%	0.00%	0.00%
中融人寿	43	30	—	0.07%	0.01%	0.09%	—
交银康联	44	—	14	0.07%	0.05%	0.07%	0.01%
汇丰人寿	45	—	15	0.05%	0.03%	0.02%	0.00%
北大方正人寿	46	—	16	0.05%	0.05%	0.04%	0.06%
国泰人寿	47	—	17	0.04%	0.05%	0.06%	0.07%
长生人寿	48	—	18	0.03%	0.03%	0.03%	0.03%
昆仑健康	49	31	—	0.03%	0.01%	0.02%	0.01%
新光海航	50	—	19	0.03%	0.02%	0.01%	0.00%
中新大东方	51	—	20	0.03%	0.03%	0.05%	0.03%
中航三星	52	—	21	0.03%	0.03%	0.03%	0.03%
前海人寿	53	32	—	0.03%	—	—	—
平安健康	54	—	22	0.02%	0.01%	0.02%	0.01%
正德人寿	55	33	—	0.02%	0.04%	0.49%	0.36%
君龙人寿	56	—	23	0.01%	0.01%	0.01%	0.00%
华汇人寿	57	34	—	0.01%	—	—	—
和谐健康	58	35	—	0.01%	0.00%	0.00%	0.00%
瑞泰人寿	59	—	24	0.01%	0.00%	0.13%	0.09%
东吴人寿	60	36	—	0.00%	—	—	—
中法人寿	61	—	25	0.00%	0.01%	0.02%	0.03%
吉祥人寿	62	37	—	0.00%	—	—	—
珠江人寿	63	38	—	0.00%	—	—	—
复星保德信	64	—	26	0.00%	—	—	—
弘康人寿	65	39	—	0.00%	—	—	—
泰康养老	66	40	—	0.00%	0.00%	0.00%	0.00%

（续表）

公司名称	2012年市场份额排名			2012年	2011年	2010年	2009年
	总体	中资	外资				
国寿养老	67	41	—	0.00%	0.00%	0.00%	0.00%
长江养老	68	42	—	0.00%	0.00%	0.00%	0.00%

注:1. 市场份额的计算主要是依据各家人身保险公司的原保险保费收入规模。
2. "0.00%"表示此数值大于零,由于小数位数保留限制,因而显示不完整。
3. 中美联泰2009年、2010年的市场份额为联泰大都会与中美大都会的市场份额之和。
资料来源:根据中国保监会公布的信息整理。

2012年,保费规模超过100亿元以上的有国寿股份、平安寿险、新华人寿、太保寿险、人保寿险、泰康人寿、太平寿险、生命、阳光、中邮10家中资保险公司以及国寿存续,市场份额合计达87.64%,比上一年度下降了1.1个百分点。保费规模在10亿至100亿元之间的有30家公司,市场份额合计为11.69%,比上一年度上升了1.1个百分点。保费规模在1亿至10亿元之间的有17家公司,市场份额合计为0.65%,比上一年度上升了0.02个百分点;保费规模低于1亿元的10家公司,市场份额合计为0.02%,与上一年度基本一致(见表3-4)。

表3-4 2012年寿险公司保费收入分布情况

保费规模	公司数目		市场份额合计	
	2012年	2011年	2012年	2011年
大于100亿元	11	9	87.64%	88.73%
介于10亿元与100亿元之间	30	27	11.69%	10.62%
介于1亿元与10亿元之间	17	17	0.65%	0.63%
小于1亿元	10	7	0.02%	0.02%

3. 市场集中度

市场集中度(ConcentrationRatio,CR)是衡量整个行业的市场结构集中程度的测量指标,用来衡量企业的数目和相对规模的差异,是反映市场垄断程度的重要量化指标。此处对于国内寿险行业市场集中度的分析是以前三家寿险保险公司的市场份额之和(CR3)为标准衡量国内寿险市场集中度。

从表3-5中可以看出,2004年至2012年国内寿险市场集中度逐渐下降,市场竞争日趋激烈。总体来看,近年来市场集中度大致维持在55%左右,这说明国内寿险市场整体竞争程度依然不够。具体来看,国寿股份、平安寿险的市场份额一直稳定在前两位,新华人寿的市场份额从2010年起超越太保财险,排名第三位。

表 3-5　2004—2012 年国内寿险市场集中度

年份	市场份额前三(从高到低)	集中度(CR3)
2004	国寿股份、平安寿险、太保寿险	74.9%
2005	国寿股份、平安寿险、太保寿险	70.1%
2006	国寿股份、平安寿险、太保寿险	71.6%
2007	国寿股份、平安寿险、太保寿险	66.0%
2008	国寿股份、平安寿险、太保寿险	63.1%
2009	国寿股份、平安寿险、太保寿险	60.8%
2010	国寿股份、平安寿险、新华人寿	55.8%
2011	国寿股份、平安寿险、新华人寿	55.7%
2012	国寿股份、平安寿险、新华人寿	55.2%

注:由于中国保监会公布的各人身保险公司原保险保费收入数据仅从 2004 年开始,故此处只分析 2004 年到 2012 年的情况。

(三) 发展层次

1. 保险密度

我国人身保险市场的保险密度已从 2000 年的 79.14 元/人增长至 2012 年的 735.43 元/人,如图 3-10 所示,这反映出人身保险产品在国内的普及程度越来越高。但与世界发达保险市场相比,这一数值依然偏低,说明国内人身保险市场未来还有很大的发展空间。

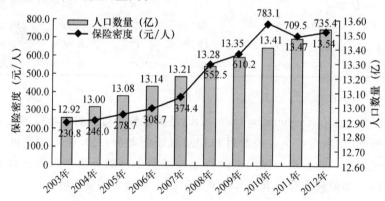

图 3-10　2000—2012 年我国人身保险市场保险密度

注:2010 年 12 月起寿险公司全面实施《企业会计准则解释第 2 号》,寿险业务、健康险业务、意外险业务保费口径发生变化。2011 年及之后人身保险市场保险密度与 2010 年及之前的不具有可比性。

资料来源:2000—2011 年人口数据来自《2012 中国统计年鉴》,2012 年人口数据来自《中华人民共和国 2012 年国民经济和社会发展统计公报》。

2. 保险深度

2012年,国内人身保险市场保险深度为1.92%,较2011年的2.02%下降了0.1个百分点,这反映出2012年我国人身保险市场的发展落后于国民经济的整体发展水平,人身保险市场在国民经济中的地位还需要加强(见图3-11)。

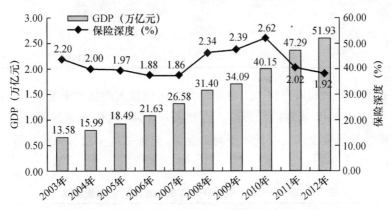

图3-11　2000—2012年我国人身保险市场保险深度

注:2010年12月起寿险公司全面实施《企业会计准则解释第2号》,寿险业务、健康险业务、意外险业务保费口径发生变化。2011年及之后人身保险市场保险深度与2010年及之前的不具有可比性。

资料来源:2000—2011年国内生产总值数据来自《2012中国统计年鉴》,2012年国内生产总值数据来自《中华人民共和国2012年国民经济和社会发展统计公报》。

二、人身保险市场业务经营

(一)业务规模与结构

1. 总体业务规模与结构

2012年,健康险、人身意外险业务依然保持着良好的发展势头,而寿险业务在银保新规、资本市场低迷等因素的冲击下,发展进一步放缓。全年人身险业务实现原保险保费收入10 157亿元,较上一年度增长4.5%。其中,寿险业务实现原保险保费收入8 908.06亿元,较上一年度增长2.4%;健康险业务实现原保险保费收入862.76亿元,较上一年度增长24.7%;人身意外险业务实现原保险保费收入386.18亿元,较上一年度增长15.6%(见表3-6)。

表 3-6　2011—2012 年人身保险市场分险种保费收入及增速

险种	保费规模排名		保费收入（亿元）		保费增速
	2012 年	2011 年	2012 年	2011 年	
寿险	1	1	8 908.06	8 695.59	2.4%
健康险	2	2	862.76	691.72	24.7%
人身意外险	3	3	386.18	334.12	15.6%
合计	—	—	10 157.00	9 721.43	4.5%

从各险种保费收入占整个人身保险市场保费收入的比重来看，受寿险业务增速放缓影响，2012 年寿险保费收入占比有所下降，但依然超过 85%，国内人身保险市场的保费收入过度依赖于寿险业务，业务结构未能与国民经济发展特征相适应（见表 3-7）。

表 3-7　2011—2012 年人身保险市场各险种的保费比重

险种	市场比重	
	2012 年	2011 年
寿险	87.70%	89.45%
健康险	8.49%	7.12%
人身意外险	3.80%	3.44%
合计	100.00%	100.00%

从新业务结构看，2012 年寿险公司人身险业务新单原保险保费收入为 4 843.27 亿元，同比下降 9.7%，占寿险公司全部业务的比例为 48.64%，占比为近 5 年来最低（见表 3-8），续期保费成为拉动行业增长的主力。进一步细分，新单期缴原保险保费收入 1 469.79 亿元，同比下降 0.6%，占新单原保险保费收入的 30.35%。在新单期缴原保险保费收入中，3 年期以下为 3.09 亿元，占比 0.2%，同比上升 0.01 个百分点；3 年期至 5 年期为 306.92 亿元，占比 19.55%，同比下降 1.39 个百分点；5 年期至 10 年期为 432.34 亿元，占比 27.54%，同比上升 2.07 个百分点；10 年期及以上为 827.47 亿元，占比 52.71%，同比下降 0.69 个百分点。

表 3-8　2008—2012 年寿险公司新业务结构

年份	新单保费占比	新单期缴保费/新单保费
2008	70.57%	19.76%
2009	66.63%	25.16%
2010	65.54%	26.22%
2011	56.11%	27.56%
2012	48.64%	30.35%

从渠道结构看,2012 年寿险公司银邮代理业务原保险保费收入 4 131.47 亿元,同比下降 9.7%,占寿险公司业务总量的 41.49%,同比下降 6.4 个百分点,拉低了行业的整体增速;个人代理业务原保险保费收入 4 835.08 亿元,同比增长 13.3%,占寿险公司业务总量的 48.56%,同比上升 3.9 个百分点;公司直销业务原保险保费收入 740.47 亿元,同比增长 37.3%,占寿险公司业务总量的 7.44%,同比上升 1.8 个百分点(见表 3-9)。

表 3-9　2012 年寿险公司各渠道业务情况表

业务渠道	原保险保费收入(亿元)	同比增长	占比	占比较去年同期增减百分点
银邮代理	4 131.47	-9.7%	41.49%	-6.4
个人代理	4 835.08	13.3%	48.56%	3.9
公司直销	740.47	37.3%	7.44%	1.9
专业代理	68.01	12.6%	0.68%	0.1
其他兼业代理	144.71	52.4%	1.45%	0.5
保险经纪	38.13	74.1%	0.38%	0.2
合计	9 957.89	4.2%	100.00%	—

2. 区域业务规模与结构

从区域看,国内人身险市场业务东部、中部和西部的差异十分明显,这与国民经济区域发展不一致性的特征相吻合。2012 年,东部地区人身险市场的保费收入达到了 5 841.67 亿元,较 2011 年增加 348.41 亿元,增长 6.3%;中部地区人身险市场的保费收入达到了 2 478.54 亿元,较 2011 年减少 1.03 亿元,下降 0.04%;西部地区人身险市场的保费收入达到了 1 835.08 亿元,较 2011 年增加 88.64 亿元,增长 5.1%。从保费收入的规模来看,2012 年,东部人身险市场排在首位,其次是中部和西部人身险市场(见表 3-10)。

表 3-10　2011—2012 年区域人身险市场保费收入　（单位：亿元）

险种	东部地区		中部地区		西部地区	
	2012 年	2011 年	2012 年	2011 年	2012 年	2011 年
寿险	5 087.10	4 870.54	2 241.41	2 285.80	1 579.37	1 538.08
健康险	528.96	429.45	167.98	132.23	165.04	129.99
意外伤害险	225.61	193.26	69.15	61.54	90.67	78.36
合计	5 841.67	5 493.26	2 478.54	2 479.57	1 835.08	1 746.44

注：不含全国本级。

从各个险种的业务规模在东部、中部和西部间的比重可以看出，东部地区在所有险种中都占据了过半份额，这进一步说明东部市场是目前国内人身险市场中最重要的组成部分（见表 3-11）。从保费收入的增速来看，2012 年，东部市场的增长速度最快，西部市场次之，中部市场出现了负增长。

表 3-11　2011—2012 年区域人身险市场保费收入比重

险种	2012 年			2011 年		
	东部地区	中部地区	西部地区	东部地区	中部地区	西部地区
寿险	57.1%	25.2%	17.7%	56.0%	26.3%	17.7%
健康险	61.4%	19.5%	19.2%	62.1%	19.1%	18.8%
意外伤害险	58.5%	18.0%	23.5%	58.0%	18.5%	23.5%

（二）主要险种经营情况

1. 寿险

2012 年，银保新政和代理人增员难问题对寿险业务的冲击仍在持续，而低迷的资本市场导致寿险公司投资收益继续下滑，产品的吸引力减弱。全年寿险业务实现原保险保费收入 8 908.06 亿元，较上一年同期增加 212.47 亿元，同比增长 2.4%，占人身险业务原保险保费收入的 87.7%（见图 3-12）。

将寿险业务进一步细分，寿险公司普通寿险业务实现原保险保费收入 969.65 亿元，同比增长 1.9%，占寿险公司全部业务的 9.74%，同比下降 0.2 个百分点；分红寿险业务原保险保费收入 7 854.29 亿元，同比增长 2.5%，占寿险公司全部业务的 78.88%，比重较上一年度下降 1.3 个百分点；投资连结保险业务原保险保费收入 4.35 亿元，同比下降 4.4%，占寿险公司全部业务的 0.04%，与上一年基本持平；万能险业务原保险保费收入 79.61 亿元，同比增长 3.2%，占寿险公司全部业务的 0.8%，同比下降 0.01 个百分点。

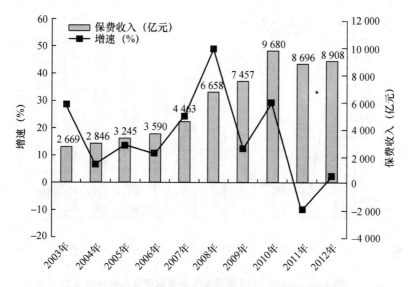

图 3-12　2000—2012 年寿险业务保费收入和增幅对比

注：2010 年 12 月起寿险公司全面实施《企业会计准则解释第 2 号》，寿险业务、健康险业务、意外险业务保费口径发生变化。2011 年及之后人身保险数据与 2010 年及之前的不具有可比性，下同。

资料来源：中国保监会及历年《中国保险年鉴》。

2. 健康险

2012 年，健康险业务发展势头良好，健康险业务实现原保险保费收入 862.76 亿元，较上一年同期增加 171.04 亿元，增幅达到 24.7%（见图 3-13）。然而，健康险业务原保险保费收入在人身险市场中占比仅为 8.49%，这一方面是由于社会医疗保险对商业健康险业务存在一定的挤出效应，另一方面则是由于我国健康险公司产品创新不足，难以满足客户多层次的需要。

从公司类别来看，产险公司健康险业务实现原保险保费收入 72.41 亿元，同比增长 29.0%，占比 8.39%；寿险公司健康险业务实现原保险保费收入 790.35 亿元，同比增长 24.4%，占比 91.61%（见表 3-12）。

表 3-12　2012 年产、寿险公司健康险业务对比

	产险公司	寿险公司
保费收入（万元）	724 120.06	7 903 487.07
增速	29.0%	24.4%
占比	8.39%	91.61%

资料来源：中国保监会。

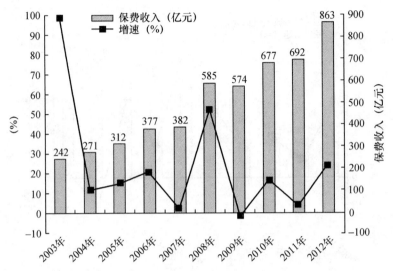

图 3-13 2003—2012 年健康险业务保费收入和增幅对比
资料来源：中国保监会及历年《中国保险年鉴》。

3. 人身意外险

2012 年，人身意外险业务实现原保险保费收入 386.18 亿元，较上一年同期增加 52.07 亿元，同比增长 15.6%（见图 3-14）。近年来，人身意外险业务一直保持了较快的增速，但其业务占比依然偏低，2012 年该比例仅为 3.8%，未来仍有很大的发展空间。

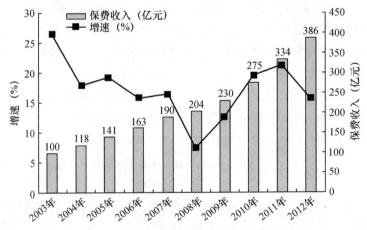

图 3-14 2003—2012 年人身意外险业务保费收入和增幅对比
资料来源：中国保监会及历年《中国保险年鉴》。

从公司类别来看,产险公司人身意外险业务实现原保险保费收入 126.54 亿元,同比增长 20.4%,占比 32.77%;寿险公司人身意外险业务实现原保险保费收入 259.64 亿元,同比增长 13.4%,占比 67.23%(见表 3-13)。

表 3-13　2012 年产、寿险公司人身意外险业务对比

	产险公司	寿险公司
保费收入(万元)	1 265 423.47	2 596 424.26
增速	20.4%	13.4%
占比	32.77%	67.23%

资料来源:中国保监会。

第二节　2012 年人身保险市场业务发展评价与问题分析

一、2012 年人身保险市场业务发展评价

(一)整体经营

1. 承保业务

2012 年人身险承保业务的特点主要表现在以下几个方面。

(1)保费增速继续下降

2012 年人身险业务原保险保费收入增速仅为 4.5%,创下近年来最低。其中,新单原保险保费收入同比下降 9.7%,其占寿险公司全部业务的比例也由 56.11% 降至 48.64%,续期保费成为拉动行业增长的主力。

市场份额居前五位的寿险公司中,平安寿险表现相对较好,保费收入实现了 8.2% 的增速,而国寿股份、新华人寿、太保寿险、人保寿险的保费增速均低于行业平均增速,人保寿险甚至出现负增长(见表 3-14)。

表 3-14　前五大寿险公司保费增速

公司名称	保费增速
国寿股份	1.4%
平安寿险	8.2%
新华人寿	3.1%
太保寿险	0.3%
人保寿险	-9.0%

资料来源:中国保监会。

2012年人身险业务保费增速放缓主要是受到以下几个因素的影响。

第一,银邮代理渠道持续受限。

随着《关于进一步加强商业银行代理保险业务合规销售与风险管理的通知》与《商业银行代理保险业务监管指引》相继颁布实施,长期以来为寿险公司所倚重的银邮渠道贡献的保费收入大幅下降,继2011年银邮代理渠道出现负增长后,2012年该渠道实现的保费收入进一步下降9.7%,收入占寿险公司业务总量的41.49%,同比下降6.4个百分点,拖累了行业的整体增速。在几家上市寿险公司中,银保渠道继续萎缩,2012年国寿股份银保渠道实现保费收入1288.6亿元,同比下降10.7%;太保寿险银保渠道实现规模保费收入345.4亿元,同比下降22.3%;新华人寿银保渠道实现保费收入521.6亿元,同比下降8%。下降最多的是平安寿险,银保渠道实现规模保费收入136.2亿元,同比下降28%。

第二,投资业绩下滑降低产品吸引力。

近年来资本市场持续低迷,寿险公司的投资收益率不断下滑,以往受到市场追捧的投资理财类产品的吸引力大幅下滑,2012年分红寿险、投资连结保险与万能险的增速分别为2.5%、-4.4%与3.2%,均低于4.5%的行业平均增幅。

(2)银邮系保险公司发展迅猛

值得关注的是,尽管全年人身保险市场整体承保业务低迷,但银邮系保险公司凭借其渠道优势表现出了迅猛的发展势头(见表3-15)。银邮系保险公司的保费增幅都达到了两位数,其中,工银安盛、建信人寿的保费收入甚至出现了196.9%与358.0%的三位数增长,远远高于行业平均水平。根据目前的监管规定,每个银行网点只能代理不超过三家保险公司的产品,这意味着银邮系保险公司通过银邮分支机构销售其产品势必会挤占其他保险公司的份额,一直以来银保业务占比高的公司的业务将受到较大的冲击,银保市场格局面临转变。

表3-15 银邮系保险公司保费排名及增速

公司名称	渠道背景	2012年保费排名	2011年保费排名	保费增速
中邮人寿	中国邮政	10	14	81.3%
建信人寿	建设银行	18	34	358.0%
交银康联	交通银行	44	44	54.8%
农银人寿	农业银行	23	24	31.1%
工银安盛	工商银行	20	32	197.0%
中荷人寿	北京银行	34	33	18.6%
光大永明	光大银行	24	19	11.3%
汇丰人寿	汇丰银行	45	47	77.8%

资料来源:中国保监会。

(3) 退保率继续上升

受投资业绩下滑影响,保险产品的分红水平、万能险结算利率低于客户预期,再加上过去销售不规范问题逐渐浮现,2012年寿险公司退保金同比增长25.1%,退保率也上升至2.8%。[①] 市场份额较大的几家寿险公司中,国寿股份退保金同比增加11.5%,退保率为2.7%,较2011年同期下降0.1个百分点[②];平安寿险业务(包含平安寿险、平安养老险及平安健康险)退保金同比增加21.2%,退保率为0.9%,与上一年度持平[③];新华人寿退保金同比增加20.2%,退保率为5.5%[④];太保寿险退保金同比增加28.5%,退保率从2011年的2.7%上升至3%[⑤]。银保渠道、分红险产品等成为退保的主要渠道及产品。

(4) 个险渠道发展初见成效

曾为寿险保费收入贡献半壁江山的银保渠道风光不再,各家保险公司纷纷选择在个险渠道发力,并初现成效。2012年,国寿股份个险渠道实现保费收入1797.6亿元,同比增长11.9%;平安寿险个险渠道实现规模保费收入1761亿元,同比增长12.9%;新华人寿个险渠道实现保费收入430亿元,同比增长19.9%。太保寿险个险渠道实现保费收入510亿元,同比增长19.1%。4家寿险公司中,国寿股份、平安寿险、太保寿险和新华人寿的营销员数量分别为69.3万、51.3万、29.5万和20.4万,同比增长了1.2%、5.3%、1%和1%。2012年个人代理渠道业务实现了13.3%的两位数的同比增长,增长点主要来自续期业务而非新单业务,5年以上续期业务成为拉动增长的主力军。

2. 投资业务[⑥]

2012年,寿险公司的投资风格较为稳健,大额存款与债券依然是寿险资金配置的重点,权益投资维持在较低仓位。受到国内资本市场持续低位运行的影响,几大寿险公司的投资业绩出现了不同程度的下滑,国寿股份实现投资收益800.06亿元,同比增长23.4%,总投资收益率由2011年的3.5%下降至2.8%;平安寿险业务(包含平安寿险、平安养老险及平安健康险)实现投资收益275.02亿元,较上一年度下降3.9%,总投资收益率由2011年的4.1%下降至2.8%;新华人寿实现投资收益183.36亿元,较上一年度增长23.7%,总投资收

---

① 资料来源:中国保监会。
② 资料来源:《中国人寿保险股份有限公司2012年年度报告》。
③ 资料来源:《中国平安保险(集团)股份有限公司2012年年度报告》。
④ 资料来源:《新华人寿保险股份有限公司2012年年度报告》。
⑤ 资料来源:《中国太平洋保险(集团)股份有限公司2012年年度报告》。
⑥ 本部分数据来自各保险公司2012年年度报告。

益率由2011年的3.8%下降至3.2%;太保寿险实现投资收益(包括报表中的投资收益和公允价值变动收益/损失)194.15亿元,较上一年度增长23.7%。

3. 盈利情况[①]

(1) 预计利润总额

受到资本市场持续低位运行影响,2012年寿险公司投资收益率进一步下降,计提的资产减值损失增加,盈利状况出现恶化,预计全年寿险公司实现利润总额为68.85亿元,同比减少305.36亿元,下降81.6%。[②]

(2) 承保利润情况

承保业务增速放缓,再加上股票市场持续低位运行导致投资损失和资产减值增加,2012年几大寿险公司盈利情况不尽如人意,国寿股份净利润由2011年的183.31亿元下降至110.61亿元,降幅达39.7%;平安寿险业务(包含平安寿险、平安养老险及平安健康险)净利润由2011年的99.74亿元下降至64.57亿元,降幅达35.3%;新华人寿实现净利润29.33亿元,同比增长4.8%,增速较上一年度的24.5%大幅放缓;太保寿险净利润由2011年的31.75亿元下降至24.95亿元,降幅为21.4%。

(二) 险种经营与公司发展

这里通过几家大型上市寿险公司的主要险种及保费收入来说明当前寿险公司经营的主流险种及份额。

2012年,国寿股份保费收入居前5位的产品中有4款为分红型产品,1款为传统型产品,这5款产品的保费收入合计占国寿股份2012年保费收入的46.29%(见表3-16)。

表3-16 2012年中国人寿保费收入居前5位的保险产品 (单位:百万元)

	保费收入
国寿鸿盈两全保险(分红型)	49 397
国寿新鸿泰两全保险(分红型)	34 020
康宁终身保险	26 640
国寿美满一生年金保险(分红型)	20 972
国寿福禄双喜两全保险(分红型)	18 372

资料来源:《中国人寿保险股份有限公司2012年年度报告》。

2012年,平安寿险保费收入居前5位的产品全为分红型保险,销售渠道都

[①] 本部分数据来自各保险公司2012年年度报告。
[②] 资料来源:中国保监会。

集中在个人代理与银行保险渠道,这 5 款产品的保费收入合计占平安寿险 2012 年保费收入的 38.8%(见表 3-17)。

表 3-17　2012 年平安寿险保费收入居前 5 位的保险产品　（单位:百万元）

	销售渠道	保费收入
金裕人生两全保险(分红型)	个人代理、银行保险	17 035
富贵人生两全保险(分红型)	个人代理、银行保险	15 913
鑫利两全保险(分红型)	个人代理、银行保险	6 563
吉星送宝少儿两全保险(分红型)	个人代理、银行保险	5 256
鸿利两全保险(分红型)	个人代理、银行保险	5 251

资料来源:《中国平安保险(集团)股份有限公司 2012 年年度报告》。

2012 年,新华人寿保费收入居前 5 位的产品全为分红型产品,这 5 款产品的保费收入合计占新华人寿 2012 年保费收入的比重高达 50.4%(见表 3-18)。

表 3-18　2012 年新华人寿保费收入居前 5 位的保险产品　（单位:百万元）

	保费收入
红双喜新 C 款两全保险(分红型)	24 457
尊享人生年金保险(分红型)	7 214
红双喜盈宝利两全保险(分红型)	7 021
红双喜金钱柜年金保险(分红型)	6 193
吉星高照 A 款两全保险(分红型)	4 331

资料来源:《新华人寿保险股份有限公司 2012 年年度报告》。

2012 年,太保寿险保费收入居前 5 位的产品中有 4 款为分红型产品,1 款为传统型产品,销售渠道也都集中在个人代理与银行保险渠道,这 5 款产品的保费收入合计占太保寿险 2012 年保费收入的 44.6%(表 3-19)。

表 3-19　2012 年太保寿险保费收入居前 5 位的保险产品　（单位:百万元）

	销售渠道	保费收入
红福宝两全保险(分红型)10 年期	银行保险	16 662
红利发两全保险(分红型)5 年期	银行保险	8 070
鸿鑫人生两全保险(分红型)	个人代理	7 705
太平盛世—长泰安康 B 款(9906)	个人代理	4 911
金享人生终身寿险(分红型)	个人代理	4 319

资料来源:《中国太平洋保险(集团)股份有限公司 2012 年年度报告》。

二、2012 年人身保险市场业务发展问题

2012 年人身保险市场无论是承保业务还是投资业务均出现了下滑态势，这一方面是由于经济增速放缓，资本市场低迷，行业发展面临的外部形势严峻，另一方面则是因为过去几年的粗放式发展累积了许多问题，随着这些问题逐步浮现，行业发展遭遇瓶颈。目前，国内人身保险市场主要存在以下几个问题。

第一，产品结构不合理。

在过去很长一段时期内，保险公司更多地关注保费规模的增长，在这样的经营导向下，分红险产品以其结构简单、便于渠道销售的特点得到了保险公司的青睐，其保费收入占比多年来一直稳定于 80% 左右。相比之下，虽然传统保障型产品利润高，受利率波动影响小，而且也正是保险公司相对于其他金融机构的优势所在，但由于其件均保费低，营销人员缺乏销售积极性，再加上不少产品需要体检，对承保环节要求较高，难以形成规模保费效应，多年来不为寿险公司所重视。而创新型产品结构复杂、销售难度较大，特别是在新会计准则实施后，万能险、投连险对保险公司规模扩张的贡献下降，保险公司对这类产品的销售也有所收缩。

分红险"一险独大"的产品结构并不有利于行业的可持续发展：一方面，市场上的保险产品创新不足，能够满足客户真实保障需求的产品有限；另一方面，分红险与银行发行的理财产品较为趋同，银行有强大的资产池，其资产负债结构和收益率具有保险公司无法比拟的优势，这些理财产品对银保渠道必然造成很大冲击。截至 2012 年年底，几家国有银行控股的保险公司保费收入增长了约 50%，市场份额上升了 1.2 个百分点；而同期，大型寿险公司的银行代理业务却平均下滑了 25%。

在分红水平不及客户预期的年份，分红险需求下降、退保上升，整个人身保险市场的承保业务也会因此出现大幅度的波动。

第二，渠道结构不合理。

银邮代理与个人代理一直是寿险公司最为倚重的销售渠道，多年来两大渠道贡献的保费收入之和基本稳定在 90% 以上（见表 3-20）。但近两年受到银保取消银保专管员"驻点销售"以及实行网点"1+3"、代理人"增员难、留存难"等因素的影响，银邮与个人代理两大渠道的发展遭遇瓶颈，新单保费收入出现大幅下滑。虽然最近几年来具有低成本、交易便捷、符合年轻客户群体的消费习惯等优势的电销、网销渠道逐渐得到了寿险公司的重视，但由于这类渠道建设

需要大规模的前期投入,同时对公司的软硬件要求较高,在短期内还难以形成有力的业务支撑。过于集中的渠道结构往往容易造成大幅度的业务波动,随着银邮代理与个人代理渠道续期保费的拉动作用逐渐减弱,未来几年内整个行业将面临很大的增长压力。

表3-20 2008—2012年个人代理与银邮代理渠道业务占比

年份	个人代理渠道占比	银邮代理渠道占比	占比之和
2008	42.0%	48.9%	90.9%
2009	43.8%	47.7%	91.5%
2010	41.1%	50.0%	91.0%
2011	44.6%	47.9%	92.5%
2012	48.6%	41.5%	90.1%

资料来源:中国保监会及历年《中国保险年鉴》。

第三,对产品所对应的风险分析不深入。

产品设计符合需求的前提是要有充分的风险分析,但很多公司由于对我国人身保险市场上的一些风险缺乏足够的评估,使得产品开发出现滞后。如健康险市场虽然近年来一直处于高位增长态势,占人身险总保费的比重也在不断提升,但已经走过8年艰辛历程的专业健康险公司依然在蹒跚前行,原因之一就是对于疾病的发病率缺乏足够经验和数据,对医疗风险的识别、评估能力较弱。市场上健康险产品种类虽有近千种,但主要分为重大疾病定额给付保险、住院医疗费用补偿型保险和住院津贴等几类保险,险种相似度高,缺乏竞争力。

第四,市场秩序不规范的问题依然突出。

近年来,保监会不断加强改进监管措施,加大查处力度,规范人身保险市场秩序。经过一系列治理整顿,行业的经营环境得到优化,但仍有不少寿险公司缺乏合规经营、可持续发展的理念,在经营过程中屡屡出现弄虚作假、违规操作等不规范行为。目前,销售误导、账外暗中支付手续费、非法集资、团体年金业务违规等问题依然突出,这些问题严重扰乱了市场秩序,损害了人身险行业的形象,对行业的持续健康发展造成了负面影响。

第三节 2012年人身保险市场发展环境分析与未来展望

一、2012年人身保险市场发展的环境分析

（一）经济社会因素

1. 国际形势[①]

2012年，全球经济依然处于深度转型调整期，经济复苏曲折缓慢，全年全球经济增长3.2%。美国经济温和复苏，但经济复苏的基础还不够稳固，全年GDP增长率为2.2%。自欧洲央行推出二级市场直接货币交易计划后，欧元区债务危机有所缓解，但实体经济依旧疲弱，GDP较上一年下降0.6%。受外需萎缩和国内消费需求疲软影响，日本经济从二季度开始急速下滑，同时政府债务规模持续增加推升财政风险，全年GDP增长1.9%。新兴经济体增速放缓，全年GDP增长5.1%，增速下降1.3个百分点，其中巴西、印度、俄罗斯GDP增速较上一年分别回落1.8、3.7和0.9个百分点。部分新兴市场国家出现了资本流动波动加剧、通胀风险上升的趋势，经济发展面临的不确定性上升。

2012年，国际金融市场波动较大：(1) 随着经济形势的变化，资本在主要发达经济体和新兴市场间配置，跨境资本流动波动加剧，主要国际货币间汇率宽幅震荡；(2) 2012年年内传统避险国美国、德国、日本国债收益率低位盘整，但在美国"财政悬崖"谈判进展缓慢等不确定因素的影响下，年底主要避险国国债利率回升，而随着欧债危机的缓解，重债国国债收益率有所下降；(3) 全球主要股市震荡上行，年内受希腊形势恶化、美国"财政悬崖"问题、日本政局更迭等因素影响，主要股市波动加剧，但随着主要发达经济体加大宽松货币政策力度，美欧日股市出现反弹，其中美国股市已恢复到危机爆发前的水平；(4) 国际原油价格先跌后升，年末伦敦布伦特原油价格与年初基本持平，黄金价格高位震荡。

[①] 本部分数据来自中国人民银行发布的《中国金融稳定报告2013》。

2. 国内形势①

（1）国内宏观经济运行情况

2012年,我国经济呈现出稳中有进的良好发展态势。初步核算,2012年全年国内生产总值为519 322亿元,同比增长7.8%。

第一,消费需求稳定,固定资产投资平稳较快增长,出口增速回落。

城乡居民收入较快增长,全年城镇居民家庭人均可支配收入24 565元,比上年增长12.6%,扣除价格因素,实际增长9.6%;农村居民人均纯收入7 917元,比上年增长13.5%,扣除价格因素,实际增长10.7%。随着收入的提高,居民消费意愿增强,消费需求有所回升,全年社会消费品零售总额210 307亿元,比上年增长14.3%,扣除价格因素,实际增长12.1%。

固定资产投资平稳较快增长,全年全社会固定资产投资374 676亿元,比上年增长20.3%,扣除价格因素,实际增长19.0%。

受外需疲软影响,出口增速回落,全年货物进出口总额38 668亿美元,比上年增长6.2%,其中,出口20 489亿美元,增长7.9%,增速较上年回落12.4个百分点。

第二,农业生产形势良好,工业生产缓中趋稳。

农业生产保持稳定发展势头,全年粮食产量58 957万吨,比上年增加1 836万吨,增产3.2%,实现连续9年增产。

工业生产增速回升,全年全部工业增加值199 860亿元,比上年增长7.9%。规模以上工业增加值增长10.0%。规模以上工业企业实现利润55 578亿元,比上年增长5.3%。

第三,物价涨幅回落,就业形势基本稳定,国际收支渐趋平衡。

随着国内经济增长有所放缓和稳健货币政策效果进一步显现,物价涨幅得到有效控制,回落至目标区间内,全年居民消费价格比上年上涨2.6%,涨幅较上年回落2.8个百分点。固定资产投资价格上涨1.1%。工业生产者出厂价格下降1.7%。工业生产者购进价格下降1.8%。农产品生产者价格上涨2.7%。

就业形势基本稳定,年末全国就业人员76 704万人,其中城镇就业人员37 102万人。全年城镇新增就业1 266万人,年末城镇登记失业率为4.1%,与上年年末持平。

国际收支状况继续改善,经常项目收支继续保持基本平衡,资本和金融项

---

① 本部分数据若无说明,均来自国家统计局发布的《中华人民共和国2012年国民经济和社会发展统计公报》以及中国人民银行发布的《2012年第四季度中国货币政策执行报告》。

目呈现净流出。初步核算,全年经常项目总顺差2 138亿美元,同比增长6%,资本和金融项目(含误差与遗漏)逆差1 173亿美元。

第四,财政收入增长放缓,社会保障水平提高。

全国公共财政收入117 210亿美元,比上年增加13 335亿元,增幅为12.8%,增速比上年下降12.2个百分点,其中,税收收入100 601亿元,增加10 852亿元,增长12.1%。

社会保障水平进一步提高,年末全国参加城镇职工基本养老保险、城乡居民社会养老保险的人数分别为30 379万人、48 370万人,企业退休人员月人均基本养老金提高至1 721元[①];参加城镇基本医疗保险的人数53 589万人,新型农村合作医疗参合率98.1%。

(2) 国内金融市场运行情况

2012年,我国金融市场继续保持健康平稳的运行态势,充分发挥了优化资源配置、支持实体经济发展的积极作用,为国家宏观经济政策的有效实施提供了有力支持。

第一,货币市场交易活跃,市场利率整体下降。

银行间回购、拆借市场交易活跃,债券回购累计成交141.7万亿元,日均成交5 691亿元,同比增长43.1%;同业拆借累计成交46.7万亿元,日均成交1 876亿元,同比增长40.2%。

货币市场利率在波动中总体回落,12月质押式债券回购和同业拆借加权平均利率分别为2.62%和2.61%,比上年同期分别下降75个和72个基点。

第二,债券发行规模稳步扩大,成交量大幅增加,债券指数总体上行。

2012年累计发行各类债券(不含中央银行票据)79 721亿元,同比增长24.3%。其中,公司信用类债券发行量增加显著,全年累计发行37 365亿元,比上年同期增加13 817亿元。

银行间市场成交量同比大幅增加,2012年全年累计成交75.2万亿元,日均成交3 020亿元,同比增长18.6%。

全年债券指数总体上行,中债综合全价指数由年初的111.28点上升至年末的111.66点,交易所市场国债指数由年初的131.44点升至年末的135.79点。

第三,股票市场融资额减少,成交量萎缩,股票指数总体上行。

股票市场筹资额减少,全年上市公司首次公开发行A股154只,筹资1 034亿元,减少1 791亿元;A股再筹资(包括配股、公开增发、非公开增发、认股权

---

① 资料来源:《2013年国务院政府工作报告》。

证)2 093亿元,减少155亿元。

股票市场成交量萎缩,全年沪、深两市累计成交31.5万亿元,同比下降25.4%;日均成交1 291亿元,同比下降25.4%。

全年股票市场指数震荡下行,11月份跌至底部后有所反弹,年末上证综合指数和深证成分指数分别收于2 269点和9 116点,比上年年末分别上升70点和198点。

第四,外汇市场交易平稳,掉期交易快速增长。

2012年,人民币外汇即期成交3.36万亿元,同比下降5.6%。人民币外汇掉期交易累计成交金额折合2.52万亿美元,同比增长42.2%。

总体来看,2012年全年我国依然保持了经济增长企稳回升、金融运行总体平稳的良好态势。然而,经济企稳的基础还不够稳固,结构不平衡问题仍比较突出,经济增长下行压力和物价上涨压力并存。国内外形势的变化通过实体经济、金融市场和消费者需求等多种途径传导至保险业,再加上行业过去长期积累的一些矛盾和问题逐渐浮现,在内外部因素的影响下,行业面临业务增速下滑、投资收益下行、经营效益下挫、偿付能力下降等多重压力。

(二)自然与社会风险因素

2012年,洪涝、地震、雪灾、台风等自然灾害频频出现,全年相继发生"5·10"甘肃岷县特大冰雹山洪泥石流灾害、6月下旬南方洪涝风雹灾害、7月下旬华北地区洪涝风雹灾害、8月上旬"苏拉""达维"双台风灾害、"9·7"云南彝良5.7和5.6级地震等重特大自然灾害。全年各类自然灾害共造成2.9亿人次受灾,1 338人死亡,192人失踪,1 109.6万人次紧急转移安置。[①]

2012年全国安全生产继续好转,但形势依然严峻。全年各类生产安全事故共死亡71 983人,比上年下降4.7%。亿元国内生产总值生产安全事故死亡人数为0.142人,下降17.9%;工矿商贸企业就业人员10万人生产安全事故死亡人数为1.64人,下降12.8%;道路交通万车死亡人数为2.5人,下降10.7%;煤矿百万吨死亡人数为0.374人,下降33.7%。[②]

频频发生的自然灾害与生产安全事故对经济社会发展和人民的生命安全带来了较大影响,作为专业的风险管理机构,寿险公司应积极探索开发相关的保障型产品,充分发挥保险业的社会风险管理职能。

近年来,我国人口老龄化问题日益突出。截至2012年年末,我国60周岁

---

① 资料来源:国家减灾网(http://www.jianzai.gov.cn/)。
② 资料来源:《中华人民共和国2012年国民经济和社会发展统计公报》。

及以上人口为19 390万人,占总人口的14.3%,其中,65周岁及以上人口12 714万人,占比进一步上升至9.4%(见表3-21)。根据2010年第六次全国人口普查资料,我国人口平均预期寿命达到74.83岁,比2000年的71.40岁提高3.43岁。① 与发达国家相比,我国人口老龄化发展的速度快,且超前于经济增长,人口快速老龄化与高龄化、空巢化等因素的相互交织给我国应对长寿风险增加了新的难度。面对人口老龄化的趋势,一方面,寿险公司应积极地参与到社会养老与医疗保障制度的建设当中,并加大对商业养老、医疗保险产品的开发以及对养老社区等相关领域的投入,牢牢地把握住这一发展机遇;另一方面,加速发展的老龄化趋势给寿险产品的定价以及资产负债的匹配带来了挑战,寿险公司应加强产品、精算、投资等方面的基础研究,不断提高自身的风险管理能力。

表3-21　2012年年末我国人口年龄分布

年龄	年末数(万人)	比重(%)
0—14岁(含不满15周岁)	22 287	16.5
15—59岁(含不满60周岁)	93 727	69.2
60周岁及以上	19 390	14.3
其中:65周岁及以上	12 714	9.4

资料来源:《中华人民共和国2012年国民经济和社会发展统计公报》。

(三) 监管环境与政策法规

第一,综合治理寿险销售误导。

2012年,保监会按照"突出重点、长短结合、标本兼治、综合治理、惩防并举"的原则,加大了对寿险销售误导的查处力度。一是建立了客观评价综合治理销售误导工作的机制,明确界定了销售误导行为及处罚措施,强化保险机构的主体治理责任。二是要求寿险公司对照销售过程中的7大业务环节158个自查点逐一开展自查自纠,对于自查发现的各类违法违规问题和内控缺陷及时整改。三是针对电话销售业务、银行代理保险业务,组织开展专项检查。经过一系列综合整治,销售误导行为在一定程度上得到遏制,销售行为的规范性有所增强。

第二,推进条款费率管理制度改革。

保监会于2011年年末、2012年年初相继颁布了《人身保险公司保险条款和保险费率管理办法》(以下简称新《办法》)及相关通知,相较于以往的规定,新

---

① 资料来源:国家统计局网站(http://www.stats.gov.cn/tjgb/rkpcgb/qgrkpcgb/t20120921_402838652.htm)。

《办法》主要有以下几个特点：一是进一步明确了险种定名、设计与分类的相关规定。二是强化了保险条款和保险费率的审批与备案要求。三是规范保险公司变更与停止使用保险条款和保险费率的行为。四是强化保险公司和相关负责人的主体责任。新《办法》旨在加强对人身保险公司保险条款和保险费率的监督管理，维护保险市场秩序，鼓励保险公司创新，引导行业进一步发挥人身保险的风险保障和长期储蓄的优势。

第三，完善寿险公司全面风险管理制度和风险监测指标体系。

保监会制定了《人身保险公司年度全面风险管理报告框架》，要求各人身保险公司每年提交的年度全面风险管理报告必须包括六部分内容：(1) 公司的全面风险管理情况；(2) 公司的总体风险战略；(3) 公司当前面临的前五大风险事件；(4) 公司的资本充足性；(5) 公司面临的各类风险及相应的定性和定量披露；(6) 下年度重要风险管理工作。同时，保监会还制定了涵盖保险风险、市场风险、信用风险、流动性风险、操作风险、战略风险六类风险共33个风险监测指标，要求人身保险公司定期监测并上报。

第四，提升人身保险行业服务经济社会的能力。

2012年，保监会积极推动人身保险行业充分发挥社会管理功能，提升服务经济社会发展的能力。一是会同有关部委联合出台《关于开展城乡居民大病保险的指导意见》，由政府主导、商业保险机构承办的大病保险制度正式全面铺开，开辟了保险业服务医疗保障体系建设的新途径。二是加大与财政、税务等部门及上海市政府的沟通协调力度，初步确定了上海个人税收递延型养老保险试点方案，商业养老保险发展迎来新机遇。三是在总结前期试点的基础上制定《全面推广小额人身保险方案》，在全国范围内推广小额人身保险服务，为低收入家庭提供坚实的风险保障。

二、2013年人身保险发展环境与展望

（一）发展环境

1. 总体形势

（1）宏观经济

展望未来一段时期，欧债危机、美国"财政悬崖"、发达经济体量化宽松货币政策效应外溢、贸易和投资保护主义抬头、地缘政治风险增加等风险因素依然存在，但总体来看全球经济可能继续缓慢复苏，预计2013年全球经济增长

2.4%,其中,高收入国家经济增长1.3%,发展中国家经济增长5.5%。①

国内方面,我国发展依然处于可以大有作为的重要战略机遇期,经济发展具备很多有利条件,也面临不少风险和挑战。2013年,国家将加快转变经济发展方式,促进经济持续健康发展;强化农村农业发展基础,推动城乡发展一体化;以保障和改善民生为重点,全面提高人民物质文化生活水平。对于未来一年的经济发展,政府提出的预期目标是:国内生产总值增长7.5%左右,居民消费价格涨幅3.5%左右,城镇新增就业900万人以上,城镇登记失业率低于4.6%。②

(2) 市场需求

十八大报告提出了"2020年实现国内生产总值和城乡人均收入比2010年翻一番"的收入倍增计划以及积极稳妥推进新型城镇化的战略目标,这两大目标的实现将通过提升居民收入水平、推动流动人口市民化、提高保险产品收益率等多个途径推动居民人身保险产品需求的进一步释放。过去的经验表明,城镇化率每提高1个百分点,保险密度将提高5个百分点,若2020年城镇化率从目前的51%上升至60%,寿险市场规模可扩大85%③,行业发展将迎来重大利好。此外,不断加快的老龄化趋势也将拉动居民对养老、医疗等保险产品的需求,而商业保险公司承办大病保险也将为行业的发展带来新的契机。

(3) 政策环境

2013年,人身保险市场相关有利政策有望出台:一方面,自2009年5月提出在上海开展个人税收递延型养老保险产品试点以来,保监会加大了与财政、税务等部门及上海市政府的沟通协调力度,目前试点方案已初步确定;另一方面,《关于开展城乡居民大病保险工作的指导意见》公布后,保监会加紧制定配套文件,2013年3月,保监会印发了《保险公司城乡居民大病保险业务管理暂行办法》,明确了大病保险市场的准入和退出条件以及业务经营规范。这些政策的出台将为人身保险公司带来新的业务增长点,促进行业服务经济社会发展功能的有效发挥。

---

① 资料来源:The World Bank,The Global Outlook in Summary,2011—2015 (http://web.worldbank.org/external/default/main? contentMDK = 23327491&menuPK = 612510&theSitePK = 612501&piPK = 2904598&page PK = 2904583)。

② 资料来源:《2013年国务院政府工作报告》。

③ 资料来源:搜狐网(http://money.sohu.com/20130131/n365146369.shtml)。

（4）监管环境

2013年的人身保险监管工作将围绕以下几个方面展开：一是确保人身保险市场平稳运行，牢牢守住不发生系统风险和区域性风险的底线，重点关注寿险满期给付和退保风险，加强风险的动态监测和预警，增强风险应急处置能力；二是大力规范市场秩序，着力解决销售误导、恶性竞争、财务核算不规范等突出问题，培育一个规范、有序的竞争环境；三是切实改善行业服务，高度重视人身保险服务中存在的态度不佳、拖赔惜赔、无理拒赔等问题，完善对寿险服务监管的制度和手段，切实保护消费者合法权益；四是继续推进改革创新，促进行业转变发展方式，引导行业回归长期储蓄与风险保障的核心功能，支持行业创新营销体制，有序推进寿险产品定价机制改革；五是提升人身保险行业服务经济社会的能力，加大工作协调力度，争取国家对消费者购买养老、医疗保险产品的税收支持政策，加强对大病保险配套制度的研究制定，服务于国家多层次社会保障体系的建设。

2. 不确定因素

从长期来看，我国人身保险市场面临着许多有利契机，未来发展前景广阔，但也必须注意到，人身保险市场面临的外部经济金融形势依然严峻，特别是随着长期以来的粗放式经营在产品、渠道等方面积累的矛盾逐步显现，2013年人身保险市场面临的不确定性增加：银保新政和代理人"增员难、留存难"问题带来的负面影响仍将持续，而新型渠道短期内难以形成规模，随着续期红利逐渐减弱，行业面临着较大的增长压力；过去几年投资业绩下滑，保险产品的分红水平、万能险结算利率不及客户预期，再加上外部经济金融形势未有明显改善，前期销售不规范的问题逐渐浮现，2013年人身保险市场面临的退保风险可能进一步上升；随着2008年热销的5年期分红险产品陆续到期，2013年寿险公司面临的满期给付压力增大，部分公司可能面临流动性不足和偿付能力下降的风险；虽然2012年保监会出台了多项投资新政，险资的投资范围和比例得到了极大的拓宽，但短期内资金运用结构不会有太大变动，保险公司的投资业绩依然取决于资本市场的表现，而退保和满期给付的上升也增加了保险资金的配置难度。

(二) 前景展望

第一，政策利好拓宽行业发展前景，业务结构进一步优化。

我国人身保险市场面临着许多有利的发展契机：城镇化率的提高和流动人口市民化的过程将拉动保险需求，而随着老龄化趋势的加速，居民对养老、医疗、护理产品的需求也将得到进一步拓宽；城乡居民大病保险的开展赋予了保险公司参与医疗保障体系建设的机会,同时也扩大了健康险业务的发展空间;个人税收递延型养老保险试点有望近期内在上海展开并逐步推向全国,成为未来保险公司业务的新亮点;小额人身保险在全国范围内的推广也将为保险公司开拓新的客户群体;保险资金运用渠道的放开将有助于提升保险公司的投资业绩,为公司下调费率、开发新产品提供有力支撑。以上政策利好不仅能够拓宽保险公司的业务范围,为行业营造更为广阔的发展空间,同时也有助于推动人身保险业务结构调整,鼓励行业回归长期储蓄与风险保障两大核心职能,提升行业的综合竞争能力。

第二,市场秩序继续好转,行业形象不断提升。

近年来,保监会出台了多项措施规范人身保险市场秩序,经过一系列治理整顿,市场秩序有所好转,保险公司合法合规经营的意识得到强化,业务和财务数据的真实性有所提高,非理性竞争行为得到一定程度的遏制。在未来一段时间内,整顿规范市场秩序仍将是监管工作的重点。从长远来看,这些规范举措有助于树立全行业诚信经营、规范经营的理念,营造健康有序的市场竞争环境,提升行业的服务能力和综合竞争能力,改善行业的整体形象,为行业的可持续发展提供有力支撑。

第三,行业风险管理水平不断提高,市场平稳健康发展。

人身保险行业过去多年的粗放式发展积累了不少经营风险,而伴随着近年来宏观经济增长放缓、服务领域和投资渠道的放宽以及集团化、综合经营趋势的不断推进和深入,行业面临的风险日益复杂多变,如何防范和化解风险已成为监管机构工作的重点。《中国保险业发展"十二五"规划纲要》提出要充分发挥保险机构风险防范的主体作用和保险监管的主导作用,建立保险机构全面风险管理体系,切实增强保险监管约束力和有效性,建立健全有效的风险防范化解机制。随着相关措施的出台和落实,行业的风险管理意识将不断增强,对风险的识别、防范、预警和处置能力也将不断提升,人身保险市场有望走上健康、平稳发展的运行轨道。

第四章

保险中介市场

引 言

对于中国保险市场来说,刚刚过去的2012年是极不容易的一年。老龄化问题的加剧、人口红利即将消失、经济发展放缓以及通货膨胀等诸多因素的叠加使得保险公司在展业上面临着更多的困难和更大的挑战。具体对保险中介行业而言,物价的上升使得保险公司的劳动力成本提高,使得部分保险公司以代理人员销售为主题的营销模式受到了挑战。一些保险公司通过降低营销员的准入门槛来降低人工成本,虽然增加了营销员的人数,但大大地降低了营销员队伍的素质,不仅造成许多保险销售误导事件,而且也影响了整个保险业的声誉。因此,如何转变保险业固有的展业方式,利用创新的手段来开辟新的保险营销渠道将是我国保险业在"十二五"期间,甚至未来若干年内需要解决的问题。

第一节 保险中介市场基本情况

一、总体情况

2012年,我国的保险中介市场依然保持上升的发展趋势,市场整体走势良好,经营状况和业务发展较为稳定。在注册资本和总资产方面,全国保险专业中介机构的注册资本和总资产都较前一年有了较大的增加,截至2012年年底,全国保险专业中介机构注册资本160.75亿元,相比2011年增加50.03亿元,同比增长45.2%;总资产230.49亿元,相比2011年增加59.55亿元,同比增长34.8%。

2012年,全国保险公司通过各种保险专业中介机构共实现保费收入1 007.72亿元,相比2011年增加97.9亿元,同比增长10.8%。其中,全国保险专业代理机构实现保费收入586.66亿元,相比2011年增加56.94亿元,同比增长10.8%。全国保险经纪机构实现保费收入421.06亿元,相比2011年增加40.96亿元,同比增长10.8%。尽管实现保费收入仍在增加,但是相比前几年的同比增长率有较大幅度的下降。从实现保费收入的具体金额来看,在过去的5年时间中,全国的保险中介市场基本保持了一个比较平稳的增长,但2012年的实现保费收入同比增长率有所下降,创近6年来的新低(见表4-1)。

表4-1 2007—2012年全国保险公司通过保险专业中介机构实现保费收入金额及增长率

	2007年	2008年	2009年	2010年	2011年	2012年
保费(亿元)	357.46	515.04	573.53	794.75	909.82	1 007.72
同比增长(%)	53.24	44.08	11.75	38.57	14.48	10.76

业务收入方面,全国保险各类专业中介机构在2012年共实现业务收入181.45亿元,相比2011年增加30.80亿元,同比增长20.4%,增速也有所放缓。其中,全国保险专业代理机构实现业务(佣金)收入102.09亿元,相比2011年增加20.56亿元,同比增长25.2%;全国保险经纪机构实现业务收入63.68亿元,相比2011年增加8.20亿元,同比增长14.8%;全国保险公估机构实现业务收入15.68亿元,相比2011年增加2.04亿元,同比增长14.9%。

机构数量方面,截至2012年年底,全国共有保险专业中介机构2 532家,相比2011年减少了22家。其中,保险中介集团公司有3家[①],全国性保险专业代理机构数目为92家,区域性保险专业代理机构为1 678家,保险经纪机构434家,保险公估机构325家,分别占0.1%、3.6%、66.3%、17.2%和12.8%。保险代理法人机构在全国保险中介法人机构中依然保持主导地位,占总数的70.0%[②],与2011年占比的71.2%基本持平。绝对数量上,除区域性代理机构

[①] 三家保险中介集团分别为民太安保险公估集团、泛华保险销售服务集团和英大长安保险经纪集团。
[②] 包括保险中介集团、全国性和区域性保险专业代理机构。

的数目有所下降外,其他类型的专业中介机构数量均有所上升,并出现了3家保险中介集团公司。保险专业中介机构开始向集团化和集中化发展。

  尽管近些年来中西部的保险代理机构有了很快的发展,代理机构数量增长迅速,但就整体发展速度而言,东部沿海地区①的代理机构还是占据主要地位,尽管中西部地区发展速度较快,但是整体发展格局仍然延续东高西低。目前,东部沿海地区的法人机构数已经达到 1 867 家,占机构总数的 71.3%,相比 2011 年占比 70.3% 略有升高;西部地区和中部地区的机构数分别为 467 家和 283 家,占比分别为 17.8% 和 10.8%。表 4-2 为全国保险代理法人机构和分支机构在各个省、市、自治区的分布的具体情况。

表 4-2 全国保险代理法人机构和分支机构在各个省、市、自治区的分布情况

	法人机构				分支机构			
	总计	代理	经纪	公估	总计	代理	经纪	公估
全国	2 617	1 857	435	325	4 405	3 372	787	246
北京市	379	166	168	45	788	307	453	28
天津市	60	45	9	6	10	7	1	2
河北省	108	88	7	13	532	530	1	1
山西省	69	65	0	4	19	11	8	0
内蒙古自治区	42	39	2	1	53	53	0	0
辽宁省	147	121	10	16	123	108	8	7
吉林省	39	29	4	6	82	80	0	2
黑龙江省	58	50	5	3	64	61	3	0
上海市	219	115	62	42	460	337	81	42
江苏省	143	126	6	11	207	179	17	11
浙江省	98	73	16	9	164	149	9	6
安徽省	52	39	3	10	37	12	2	23
福建省	69	49	6	14	52	51	0	1
江西省	20	13	5	2	15	14	1	0
山东省	188	143	18	27	181	162	8	11
河南省	60	54	2	4	202	198	0	4

---

  ① 本报告所称省市限指设立保监局的 31 个省、市、自治区(其中深圳、大连、宁波、青岛和厦门市数据被分别计入各属省)。东部沿海地区包括北京、天津、河北、辽宁、上海、江苏、浙江、福建、山东、广东、广西、海南,共 12 个省、市;中部地区包括山西、吉林、黑龙江、安徽、江西、河南、湖北、湖南、内蒙古,共 9 个省、市;西部地区包括四川、重庆、贵州、云南、陕西、新疆、甘肃、青海、宁夏、西藏等 10 个省、市、自治区。

(续表)

	法人机构				分支机构			
	总计	代理	经纪	公估	总计	代理	经纪	公估
湖北省	59	44	9	6	86	65	20	1
湖南省	68	54	9	5	44	44	0	0
广东省	368	241	57	70	824	667	52	105
广西壮族自治区	28	27	0	1	35	35	0	0
海南省	60	54	4	2	37	6	31	0
重庆市	25	18	2	5	7	7	0	0
四川省	85	72	7	6	157	152	5	0
贵州省	10	4	2	4	1	0	0	1
云南省	38	28	6	4	89	83	6	0
西藏自治区	2	2	0	0	0	0	0	0
陕西省	88	67	12	9	134	52	81	1
甘肃省	10	8	2	0	0	0	0	0
青海省	2	1	1	0	0	0	0	0
宁夏回族自治区	6	6	0	0	2	2	0	0
新疆维吾尔自治区	17	16	1	0	0	0	0	0
东部	1 867	1 248	363	256	3 413	2 538	661	214
中部	467	387	39	41	602	536	34	30
西部	283	222	33	28	390	296	92	2

从分省数据上看，全国的保险法人机构在各个地区的分布也较为不均，不仅集中在东部沿海，而且主要集中在少数省份。截至2012年年底，法人机构达到100家的地区为7个，且均为东部沿海省份，相比前几年没有发生什么变化。其中北京市以379家处于榜首，广东省和上海市分别以368家和219家位居第二和第三。在所有的31个地区中，排名前十位的地区共有保险法人机构1 823家，占总机构数的69.7%。在这十个地区中，除分别位于第九和第十名的四川省和陕西省之外，其余均为东部沿海地区，集中程度相当高。这与当地的经济发展状况基本适应。而后十名的保险法人机构总和为158家，占总机构数的6.1%，而且其中有8个西部地区。除了法人机构集中度较高外，一些保险代理机构也会集中在中心城市设立，其他城市设立较少。

从分支机构的发展来看，各地分支机构的发展十分迅速，截至2012年年底，全国保险代理公司共开设分支机构4 405家，相比2011年增加了1 071家，同比上升32.1%。但是，与法人机构类似，分支机构分布的集中度也相当高，同样集中在东部沿海地区。其中东部沿海地区开设分支机构达到了3 413家,占总数的77.5%,相比2011年占比60.3%有了大幅的提升。而中部地区和西部地区的分支机构只有601家和390家,占总数分别为13.7%和8.9%。在排名前十位的地区中分支机构总数为3 649家,占总分支机构数的82.8%,其中仅有3家在西部地区和中部地区。

二、保险代理机构业务概况

(一)保险专业代理机构

2012年,全国保险专业代理机构共实现保费收入为586.66亿元,相比2010年增加56.94亿元,同比增长10.8%。按不同业务分类,实现财产险保费收入446.49亿元;实现人身险保费收入138.17亿元,分别占总保费的76.5%和23.6%,相比2010年,同比增长15.4%和-2.1%(见图4-1)。与2011年实现保费收入的增长率9.9%相比,2012年的保费收入增长率略有上升,主要体现在财产险保费收入增加,而寿险保费收入部分甚至出现负增长率。

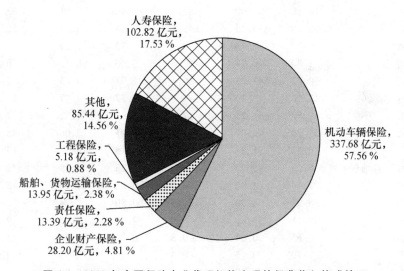

图4-1 2012年全国保险专业代理机构实现的保费收入构成情况

在保费收入分布方面,地区分布结构极度不平衡(见表4-3)。主要保费收入仍然集中在几个经济较为发达地区,其中保费收入排名前四位的广东省、河北省、湖南省和山东省实现保费收入均超过了40亿元,四川省和北京市实现保费收入也接近40亿元,这六省市实现保费收入总和为314.17亿元,占总实现保费收入的53.6%,超过全国总实现保费收入的一半。这说明保险代理业务在区域分布呈现高度集中的特征仍然很明显。相比2011年,有14个省、市、自治区的实现保费收入出现负增长,其中江西省和山东省的增长率分别是-57.4%和-30.1%。这说明各地区的专业代理业务发展水平参差不齐。

表4-3 全国保险专业代理机构业务运行情况

	实现保费收入(亿元)		增长率(%)	佣金收入(亿元)		增长率(%)
	2011年	2012年		2011年	2012年	
北京市	31.72	39.70	25.2	7.60	9.82	29.3
天津市	18.05	19.94	10.5	2.19	3.34	52.6
河北省	46.91	54.55	16.3	7.64	10.36	35.6
山西省	8.27	8.54	3.3	1.13	1.38	22.3
内蒙古自治区	15.24	17.18	12.7	1.37	1.23	-10.1
辽宁省	18.52	19.17	3.5	3.12	3.74	20.0
吉林省	11.53	19.90	72.6	1.14	2.61	129.2
黑龙江省	7.20	5.93	-17.7	1.08	0.87	-19.7
上海市	21.46	28.17	31.3	4.73	9.95	110.4
江苏省	28.73	28.10	-2.2	4.12	4.04	-2.1
浙江省	18.80	24.90	32.4	2.40	3.91	63.1
安徽省	2.68	25.45	849.5	0.54	0.63	16.9
福建省	8.73	7.94	-9.1	1.73	1.57	-9.2
江西省	1.80	0.77	-57.4	0.36	0.18	-50.0
山东省	60.42	42.23	-30.1	5.97	5.83	-2.3
河南省	13.10	12.49	-4.6	2.37	2.77	17.1
湖北省	9.58	11.25	17.4	1.69	1.82	7.9
湖南省	55.00	45.99	-16.4	4.01	2.06	-48.6
广东省	70.37	91.87	30.6	14.15	16.31	15.2
广西壮族自治区	5.03	5.50	9.4	0.75	0.99	32.4
海南省	1.74	1.82	4.5	0.22	0.26	18.7
重庆市	6.95	8.38	20.6	0.80	1.24	55.0
四川省	40.18	39.83	-0.9	7.05	7.72	9.5
贵州省	0.65	0.64	-0.8	0.09	0.10	11.9
云南省	9.79	9.75	-0.4	1.33	2.83	112.5
西藏自治区	0.43	0.42	-2.1	0.09	0.09	2.4
陕西省	11.92	10.49	-12.0	1.62	1.82	12.4
甘肃省	1.01	1.05	4.3	0.14	0.17	22.1
青海省	0.14	0.14	-4.2	0.02	0.02	2.9
宁夏回族自治区	0.73	0.62	-14.3	0.12	0.11	-9.3
新疆维吾尔自治区	3.41	3.93	15.1	0.53	0.69	28.6

在实现业务(佣金)收入方面,2012 年,全国保险专业代理机构实现业务收入 102.09 亿元,相比 2011 年增加 20.56 亿元,同比增长 25.2%(见表 4-3)。其中,实现财产险佣金收入 71.74 亿元;实现人身险佣金收入 30.35 亿元,分别占实现业务总收入的 70.3% 和 29.7%。相比 2010 年,同比分别增长 35.1% 和 6.7%。人身险的实现业务收入增长略有放缓,财产险的实现业务收入仍然在专业代理机构中占主导地位。

在实现业务收入结构分布方面,实现业务收入同样分配十分不均,排名前五位的广东省、河北省、上海市、北京市和四川省的实现业务收入总和为 54.16 亿元,占总收入的比例为 53.1%,也超过了全国总佣金收入的一半。相比 2011 年,有 8 个省、市、自治区的实现业务收入出现负增长,其中江西省和湖南省的增长率分别是 -49.9% 和 -48.6%。

截至 2012 年年底,全国各个省、市、自治区共批设专业保险代理公司 1 857 家,分支代理机构 3 370 家。其中专业保险代理的法人机构相比 2011 年年底增加了 52 家,分支代理机构也增加了 868 家。总增量上看,这是我国保险专业代理公司数量在连续两年下降后出现上升,分支代理机构也大面积铺开。表 4-4 为从 2003 年至今的保险专业代理机构的数目。近年来保监会一直在加强对代理市场的监管,资金投资代理市场也日趋理性,这使得近些年来专业代理机构的数目一直保持在一个较为稳定的水平。

表 4-4 2003—2011 年全国保险专业代理机构数目

	2003 年	2004 年	2005 年	2006 年	2007 年	2008 年	2009 年	2010 年	2011 年	2012 年
数目(家)	508	921	1 313	1 563	1 755	1 822	1 903	1 853	1 805	1 857
增长率(%)		81.3	42.6	19.0	12.2	3.8	4.5	-2.6	-2.6	2.9

(二)保险兼业代理机构

截至 2012 年年底,全国共有保险兼业代理机构为 206 528 家,相比 2011 年,增加了 7 010 家,同比增长率为 3.5%,略低于前一年的增幅。在 2003—2005 年间,机构数量增长数量比较平稳,基本保持在 12 万家左右;2006—2009 年间,机构数量有所提升,在 13 万至 14 万左右;从 2009 年开始,保险兼业代理机构有了明显的增加;近两年的兼业代理机构数量增长有放缓迹象(见表 4-5)。从地区分布来看,东部地区共有保险兼业代理机构 100 916 家;中部地区共有保险兼业代理机构 54 360 家;西部地区共有保险兼业代理机构 51 252 家。共有 21 个省、市、自治区超过5 000家,其中5个省、市、自治区超过1万家。①

表4-5 2003—2012年全国保险兼业代理机构数目

	2003年	2004年	2005年	2006年	2007年
数目(家)	117 185	114 935	120 650	141 278	143 113
增长率(%)		-1.9	5.0	17.1	1.3
	2008年	2009年	2010年	2011年	2012年
数目(家)	136 634	148 971	189 877	199 518	206 528
增长率(%)	-4.5	9.0	27.5	5.1	3.5

2012年,在兼业代理机构中,银行类机构的数目为116 161家,占比为56.3%,邮政类机构数目为28 812家,占比为13.9%,车商类机构数目为30 902家,占比为14.9%,其他类机构数目为30 653家,占比为14.9%(见图4-2)。

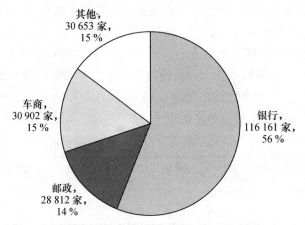

图4-2 2012年各类兼业代理机构占比情况

表4-6为2010—2011年兼业代理机构数量和占比的变化。2011年,银邮类机构的数目为140 322家,占总机构数目的比例为71.8%。2012年,银邮类机构数目增加到144 973家,同比增长3.3%,占比下降了约1.6%。尽管银邮类兼业代理机构占比仍然较大,但相对趋于平稳,连续两年占比略有下降。随着国内汽车工业的迅速发展,汽车消费增长很快,车商类代理机构数量增长较快,占比也有所提升,接近总机构数的15%。

---

① 此处统计包括五个市级保监局:大连、宁波、厦门、青岛和深圳。

表 4-6 2011—2012 年兼业代理机构数量及占比变化

	2011 年		2012 年		所占份额占比增长数(%)
	机构数目(家)	占比(%)	机构数目(家)	占比(%)	
银邮类	140 322	71.8	144 973	70.2	-1.8
车商类	25 282	12.9	30 902	15.0	2.0
其他类	29 914	15.3	30 653	14.8	-0.5
总计	199 518	100	195 518	100	0

注:2011 年统计数据并未区分银行和邮政的渠道。

全国各个省市中保险兼业代理机构的分布参见表 4-7。

表 4-7 全国保险兼业代理机构在各个省市自治区的分布情况

	保险兼业代理机构				
	总计	银行类	邮政类	车商类	其他类
北京市	7 216	3 462	405	2 245	1 104
天津市	3 057	2 216	285	254	302
河北省	12 228	7 449	1 576	1 784	1 419
山西省	5 321	2 988	1 038	535	760
内蒙古自治区	4 127	3 107	30	445	545
辽宁省	7 867	4 944	880	255	1 788
吉林省	5 711	3 500	60	572	1 579
黑龙江省	6 812	3 633	1 386	488	1 305
上海市	4 636	2 397	190	1 017	1 032
江苏省	15 109	7 358	1 938	3 341	2 472
浙江省	10 249	6 387	389	1 425	2 048
安徽省	5 744	2 600	1 395	698	1 051
福建省	6 867	4 154	931	989	793
江西省	8 098	4 900	1 086	1 528	584
山东省	13 721	9 839	2 435	876	571
河南省	8 503	3 687	2 225	1 418	1 173
湖北省	5 094	3 331	667	620	476
湖南省	9 077	6 093	2 115	328	541
广东省	18 464	6 367	1 697	5 693	4 707
广西壮族自治区	6 126	3 930	925	807	464

（续表）

	保险兼业代理机构				
	总计	银行类	邮政类	车商类	其他类
海南省	1 502	842	134	308	218
重庆市	5 461	3 558	1 438	123	342
四川省	11 147	5 757	2 702	1 750	938
贵州省	2 736	963	295	1 261	217
云南省	5 602	3 098	642	878	984
西藏自治区	192	90	40	45	17
陕西省	6 172	3 952	1 042	461	717
甘肃省	4 708	2 339	38	370	1 961
青海省	722	462	112	78	70
宁夏回族自治区	1 364	861	185	156	162
新疆维吾尔自治区	2 895	1 897	531	154	313

从保费分布的方面来看，通过保险兼业代理机构收缴保费总额为5 465.87亿元，其中银行类、邮政类、车商类和其他类分别收缴保费为3 029.77亿元、958.51亿元、909.28亿元和568.30亿元（见图4-3）。这四类不同渠道的占比分别为55%、18%、17%和10%，其中银行类渠道仍占据主导位置，超过整体保费收入的一半。车商渠道实现的保费金额已经接近邮政渠道。全国各个省、市、自治区中保险兼业代理机构的分布见表4-8。

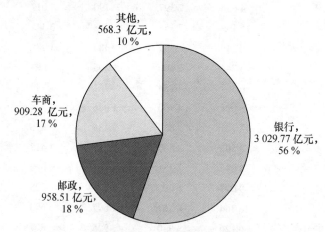

图4-3　2012年各类兼业代理机构保费占比情况

表 4-8　全国保险兼业代理机构在各个省、市、自治区的保费分布情况

（单位：亿元）

	保险兼业代理机构				
	总计	银行类	邮政类	车商类	其他类
北京市	475.40	298.94		176.46	
天津市	72.53	33.09	8.83	18.09	12.52
河北省	269.61	137.50	65.96	39.06	27.09
山西省	123.75	68.36	26.17	8.30	20.91
内蒙古自治区	44.95	15.40	0.41	13.91	15.22
辽宁省	155.97	91.64	29.91	13.46	20.96
吉林省	72.60	38.92	10.33	21.91	1.44
黑龙江省	128.01	42.55	59.29	5.99	20.18
上海市	344.52	234.79	18.94	54.00	36.80
江苏省	527.87	266.04	138.39	80.38	43.06
浙江省	247.16	106.08	46.43	59.74	34.91
安徽省	176.53	97.46	27.82	44.66	6.59
福建省	142.95	67.76	16.06	29.21	29.92
江西省	79.11	50.55	20.15	6.68	1.73
山东省	324.68	183.30	98.92	17.82	24.64
河南省	397.93	182.54	142.70	32.28	40.41
湖北省	129.06	72.40	42.76	3.28	10.62
湖南省	169.90	95.60	36.65	35.20	2.45
广东省	653.47	412.66	51.18	107.30	82.32
广西壮族自治区	86.66	51.61	7.47	25.93	1.65
海南省	22.02	10.53	2.20	4.19	5.10
重庆市	142.63	77.17	14.10	10.09	41.27
四川省	292.95	177.90	61.53	37.68	15.84
贵州省	57.94	32.80	0.23	15.99	8.93
云南省	92.24	44.24	7.29	18.16	22.56
西藏自治区	0.59	0.14	0.02	0.24	0.19
陕西省	132.17	81.73	21.00	14.81	14.63
甘肃省	35.82	18.56	0.86	5.03	11.37
青海省	5.72	2.10	0.03	1.60	2.00
宁夏回族自治区	18.47	9.30	0.40	4.00	4.78
新疆维吾尔自治区	42.65	28.13	2.50	3.82	8.20
合计	5 465.87	3 029.77	958.51	909.28	568.30

（三）保险营销员

截至 2012 年年底,全国共有保险营销员 3 785 528 人[1],比 2011 年增加了近 43 万人,同比增长 12.76%,有了大幅度的提升。

如图 4-4 所示,自 2003 年以来,全国保险营销队伍由调整转为加速发展。2003 年,全国保险营销员为 143.23 万人,同比增长 11%。随后的 4 年间,营销员的增速趋于稳定。从 2007 年开始,随着保险业对社会经济发展贡献度的提高,营销员队伍又有了快速的增长,同比达到 29.32%,并保持了连续 4 年的快速增长。从 2006 年年底到 2010 年年底,营销员数目增加了 173.97 万,约为 2006 年总营销员人数的 2.12 倍。2011 年,由于保险营销员体制改革的加速,一些素质较差的营销员被市场淘汰,营销员数量的增速明显放缓。但是在 2012 年,保险营销员的数目再次以超过 10% 的速度上升。这说明各个保险公司仍然需要靠保险营销员的销售来推动产品的营销。营销员数量在 2011 年放缓是因为保险营销员体制改革,而在 2012 年由于改革制度并没有完全推出,之前的政策效果减退,各个公司又加大了保险营销员的招聘,使得人数上涨超过 10%。

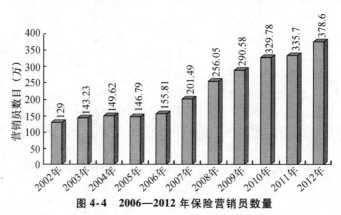

图 4-4　2006—2012 年保险营销员数量

分地区来看,全国各个省、市、自治区的保险营销员人数具有不同程度的上升,其中九个省、市、自治区的营销员人数增长超过 20%[2],主要集中在中部和西部地区,说明在 2012 年中西部地区的营销员发展相当快速。这有利于推动中西部地区的保险行业发展,缩小与东部地区的差距。全国各个省、市、自治区保险营销员数量分布见表 4-9。

---

[1] 本章数据来自中国保监会中介部,数据统计口径与其他各章有别。
[2] 包括内蒙古自治区、吉林省、安徽省、江西省、湖南省、广西省、四川省、西藏自治区和陕西省。

表 4-9 全国保险营销员在各个省、市、自治区的分布情况

	保险营销员数目		增长率(%)
	2011 年	2012 年	
北京市	70 515	80 076	13.6
天津市	43 621	43 777	0.4
河北省	213 757	219 319	2.6
山西省	102 744	119 140	15.9
内蒙古自治区	67 278	86 007	27.8
辽宁省	145 773	151 248	3.8
吉林省	77 567	97 614	25.8
黑龙江省	94 863	102 369	7.9
上海市	61 288	64 520	5.3
江苏省	284 961	322 007	13.0
浙江省	126 483	140 832	11.3
安徽省	114 669	137 810	20.2
福建省	105 315	108 684	3.2
江西省	61 475	77 642	26.3
山东省	374 411	409 272	9.3
河南省	290 338	308 592	6.3
湖北省	167 489	195 882	16.9
湖南省	140 971	169 726	20.4
广东省	252 179	273 070	8.3
广西壮族自治区	59 718	72 828	21.9
海南省	13 864	15 423	11.2
重庆市	81 009	89 281	10.2
四川省	144 445	187 404	29.7
贵州省	31 206	35 196	12.8
云南省	57 097	68 033	19.2
西藏自治区	929	1 211	30.4
陕西省	58 972	78 118	32.5
甘肃省	48 465	57 310	18.3
青海省	5 653	5 924	4.8
宁夏回族自治区	19 694	20 024	1.7
新疆维吾尔自治区	40 288	47 189	17.1

三、保险经纪机构业务概况

全国保险经纪机构在2012年实现保费总收入为421.06亿元,相比2011年增加40.96亿元,同比增长10.8%。按不同业务分类,实现财产险保费收入340.24亿元,人身险保费收入64.99亿元,再保险业务类保费收入15.83亿元,分别占总保费的80.8%、15.4%和3.8%。相比2011年,同比分别增长10.7%、4.9%和47.8%(见图4-5)。

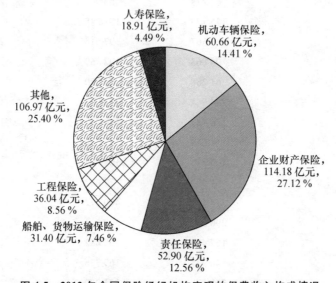

图4-5 2012年全国保险经纪机构实现的保费收入构成情况

2012年,全国保险经纪机构实现业务收入63.688亿元,相比2011年,同比增长14.8%。其中,实现财产险业务收入48.48亿元,实现人身险业务收入8.01亿元,实现再保险业务类业务收入1.20亿元,实现咨询费收入5.99亿元,占总业务的百分比分别为76.1%、12.6%、1.9%和9.4%,比例与上一年基本持平。相比2011年年底,实现财产险、人身险、再保险业务类和咨询费的业务收入同比增长分别为14.4%、13.5%、64.4%和14.5%。

全国经纪机构实现保费收入和营业收入分布分别参见表4-10和表4-11。

表 4-10　全国保险经纪机构实现保费收入情况

	实现保费收入（亿元）		增长率（%）
	2011 年	2012 年	
北京市	110.77	221.70	100.1
天津市	3.83	1.99	-48.1
河北省	4.37	2.31	-47.0
山西省	2.24	—	—
内蒙古自治区	0.95	0.07	-92.4
辽宁省	7.04	1.54	-78.1
吉林省	3.48	0.63	-82.0
黑龙江省	3.39	2.02	-40.4
上海市	71.87	76.46	6.4
江苏省	14.81	5.74	-61.2
浙江省	12.00	6.97	-41.9
安徽省	5.61	2.03	-63.9
福建省	5.11	0.86	-83.3
江西省	4.58	0.79	-82.8
山东省	16.80	14.44	-14.1
河南省	3.8	0.50	-86.9
湖北省	14.23	7.65	-46.2
湖南省	8.13	4.10	-49.6
广东省	42.74	47.96	12.2
广西壮族自治区	2.12	—	—
海南省	3.43	7.56	120.4
重庆市	4.29	1.65	-61.6
四川省	9.79	2.36	-75.9
贵州省	0.78	0.02	-97.1
云南省	3.82	2.99	-21.8
西藏自治区	8.99	—	—
陕西省	10.31	76.46	641.6
甘肃省	3.67	0.94	-74.4
青海省	1.23	0.23	-81.0
宁夏回族自治区	0.86	—	—
新疆维吾尔自治区	4.65	0.86	-81.4

注：西藏自治区实现保费收入单位为万元。

表 4-11　全国保险经纪机构营业收入情况

	营业收入(亿元)		增长率(%)
	2011 年	2012 年	
北京市	16.98	32.65	92.3
天津市	0.66	0.31	-52.3
河北省	0.94	0.47	-50.1
山西省	0.37	—	—
内蒙古自治区	0.16	0.02	-89.8
辽宁省	0.99	0.26	-73.4
吉林省	0.58	0.09	-84.8
黑龙江省	0.59	0.29	-50.8
上海市	9.93	8.86	-10.8
江苏省	1.55	0.64	-58.8
浙江省	1.93	1.14	-41.0
安徽省	0.72	0.27	-62.4
福建省	0.85	0.22	-74.6
江西省	0.61	0.16	-74.1
山东省	1.50	1.04	-30.5
河南省	0.60	0.08	-85.9
湖北省	2.00	0.80	-60.1
湖南省	1.30	0.78	-40.2
广东省	6.31	5.88	-6.8
广西壮族自治区	0.28	—	—
海南省	0.41	1.00	143.1
重庆市	0.51	0.13	-75.0
四川省	1.88	0.42	-77.4
贵州省	0.31	0.00	-98.5
云南省	0.66	0.80	21.1
西藏自治区	1.35	—	—
陕西省	1.48	8.86	498.7
甘肃省	0.55	0.14	-74.6
青海省	0.23	0.06	-73.0
宁夏回族自治区	0.13	—	—
新疆维吾尔自治区	0.56	0.15	-72.9

注:西藏自治区营业收入单位为万元。

四、保险公估机构业务概况

2012年,全国保险公估机构实现业务收入15.68亿元,相比2011年增加2.04亿元,同比增长14.9%(见表4-12)。其中,实现财产险公估服务费收入15.00亿元,实现人身险公估服务费收入0.0915亿元,实现其他收入0.5897亿元,分别占总业务收入95.7%、0.6%和3.8%。

表4-12 全国保险公估机构业务收入情况

	营业收入(万元)		增长率(%)
	2011年	2012年	
北京市	1.20	1.89	57.3
天津市	1 400.00	1 435.11	2.5
河北省	2 358.20	3 010.36	27.7
山西省	284.89	490.18	72.1
内蒙古自治区	—	0.00	—
辽宁省	5 265.3	1 571.47	-70.2
吉林省	1 024.55	332.42	-67.6
黑龙江省	1 067.07	364.73	-65.8
上海市	2.93	3.22	9.9
江苏省	6 098.19	2 488.29	-59.2
浙江省	3 894.59	2 714.37	-30.3
安徽省	1 313.73	2 156.34	64.1
福建省	3 007.96	1 420.46	-52.8
江西省	527.27	97.32	-81.5
山东省	7 201.74	6 720.90	-6.7
河南省	1 239.18	719.37	-41.9
湖北省	1 073.58	794.40	-26.0
湖南省	1 635.94	1 350.77	-17.4
广东省	4.78	7.59	58.8
广西壮族自治区	553.44	61.02	-88.9
海南省	701.42	112.60	-83.9
重庆市	1 324.65	546.04	-58.8
四川省	2 876.58	1 478.61	-48.6
贵州省	207.72	114.03	-45.1
云南省	1 970.64	818.44	-58.5
西藏自治区	—	—	—

(续表)

	营业收入(万元)		增长率(%)
	2011年	2012年	
陕西省	2 194.01	1 098.74	-49.9
甘肃省	—	—	—
青海省	—	—	—
宁夏回族自治区	—	—	—
新疆维吾尔自治区	—	—	—

注:北京市、上海市和广东省实现业务收入单位为亿元。

五、保险中介监管基本情况

(一)相关监管办法及通知

保监会在2012年颁布了一系列有关保险中介风险的监管条令或指导办法,将工作重心设定为关注市场和加强监管,强调落实保险公司自身责任,鼓励各地保监局发挥自身主观能动性,政策上有新措施,工作上有新突破,进一步完善了我国保险中介市场。其中较为关键的政策和指导办法有以下几个。

2012年1月16日,保监会为进一步规范保险中介市场秩序,印发《关于开展2012年保险公司中介业务检查和保险代理市场清理整顿工作的通知》(保监发[2012]3号),阐明了保监会在2012年对保险公司中介业务和保险代理市场的工作重点,也就2012年中介业务检查工作做出全面部署,并提出了明确的要求。其中要求从1月至5月,各保监局需要着力推进保险公司中介业务的现场检查工作,规定以辖区内1家省(市)级公司为检查对象,对其及至少2家所属相关基层营业机构开展现场检查。

2012年1月31日,保监会发布了《2012年保险中介监管工作要点》。其中指出2012年中国保险中介工作的六个要点,包括继续深入开展保险中介业务检查工作、继续清理整顿保险代理市场、推动兼业代理专业化和专业代理规模化、稳步推进保险营销员管理模式的改革工作、密切关注市场中可能出现的风险并加以防范和化解、继续加强监管基础建设。主要的指导思想是:全面贯彻落实全国保险监管工作会议精神,坚持"抓服务、严监管、防风险、促发展",继续深入开展保险公司中介业务检查,通过清理整顿代理市场、探索推进兼业代理专业化和专业代理规模化,有效提高代理市场的专业化水平和综合服务能力,积极稳妥推进营销员管理体制改革,密切关注、及时防范和化解风险,全面推进保险中介市场持续健康发展。

2012年3月27日,保监会发布了《关于暂停区域性保险代理机构和部分保险兼业代理机构市场准入许可工作的通知》(保监中介[2012]324号)。由于我国有关保险中介市场准入的规定一直处于原则性阶段,各地在实施中政策尺度不一致,这使得准入的主体水平参差不齐。该通知主要是为了规范保险代理市场的准入和退出制度,以确保我国的保险代理市场可以切实有效地开展清理整顿工作。在此基础上,保监会在2012年6月26日又下发了《关于进一步规范保险中介市场准入的通知》(保监发[2012]693号),进一步规范和完善保险专业机构的准入机制。这一系列通知表明保监会准备加大力度完善中介市场的准入机制,从而解决现阶段保险中介市场准入门槛较低的问题,可以推动保险中介市场向专业化转型升级,有效提高保险中介公司的专业水平和服务能力。

2012年9月24日,保监会下发了《关于支持汽车企业代理保险业务专业化经营有关事项的通知》(保监发[2012]82号),旨在推动保险中介市场中兼业代理专业化的进程。我国的汽车生产、销售、维修和运输等相关企业一直在通过兼业代理的形式办理保险业务。近年来由于车商兼业代理造成的纠纷和投诉问题比较多,这主要是因为车商兼业代理保险业务时缺乏保险专业知识。尽管车商兼业代理可以帮助保险公司扩大保险覆盖面,但是造成的负面问题同样显著。因此,车商的兼业代理专业化有助于促进汽车保险中介服务的规范化和规模化发展,也有利于防范经营风险,规范市场应有的秩序,从而更有效地保护保险消费者的权益。

2012年10月8日,保监会下发了《关于坚定不移推进保险营销员管理体制改革的意见》(保监发[2012]83号)(以下简称《意见》)进一步强调了推进保险营销员管理体制改革的必要性和紧迫性,明确了改革的基本原则和工作目标,提出了推进改革的主要任务和政策措施。该《意见》肯定了自保监会在2010年下发的《关于改革完善保险营销员管理体制的意见》(保监发[2010]84号)以来保险营销员的管理体制改革的效果,并强调了现行保险营销员管理体制关系不顺、管理粗放、队伍不稳、素质不高等问题,给出了3年、5年和更长时间的改革阶段性目标和整体目标。其中提出推进改革的六项主要任务和政策措施:一是鼓励探索保险营销新模式、新渠道;二是强化保险公司对营销员的管控责任;三是提升保险营销队伍素质;四是改善保险营销员的待遇和保障;五是建立规范的保险营销激励制度;六是持续深入地开展总结和研究工作。

(二)相关业务工作检查及措施

在2012年,根据保监会2012年《关于开展2012年保险公司中介业务检查和保险代理市场清理整顿工作的通知》的总体安排,保监会针对保险公司和保险中介公司存在的一些违规问题,进行了彻底的检查。

2012年年底,保监会公开了《关于2012年保险公司中介业务违法行为查处情况的通报》,披露了保险公司中介业务在2012年的处罚情况。全国36个保监局共派出42个检查组,投入人力285人次,检查保险基层机构104家,涵盖22家保险公司法人机构和38家省级分支机构,延伸检查保险中介机构80家。查实违法违规套取资金5 553.59万元,涉及保费2.68亿元。依法处理保险公司各级各类管理人员90名、保险机构56家、保险中介机构29家。

针对保险中介市场中的违法违规问题,除在政策上规定限制之外,严格执法和从重处罚也是必不可少的。现在是保监会从2009年开始展开保险公司中介业务检查的第四年。总体来说,保监会在这几年对保险中介市场的监督和查处是有效的。通过严查狠打的检查和治理,一些保险公司利用中介业务和中介渠道大范围违法违规的态势有所遏制,一些通过虚构中介业务、虚假列支中介费用等方式非法套取现金的状况已经得到改善。然而,由于这些违法违规的利润较高,一些保险公司和保险中介机构仍然铤而走险。这要求保险监管部门必须坚持做好保险中介业务的检查工作,尽量杜绝保险公司与保险中介机构之间业务和财务关系不真实、不合法、不透明的问题。

除此之外,我国的保险营销员管理模式改革也在2012年有所进展。2012年4月12日,保监会下发了关于征求对《关于坚定不移推进保险营销体制改革的思路和措施(征求意见稿)》有关意见的文件,并在10月8日下发了《关于坚定不移推进保险营销员管理体制改革的意见》,坚定了对保险营销员制度改革的决心和勇气。目前保险营销员管理体制改革主要强调改善保险营销员的待遇和保障,保险公司应当以更加灵活的形式,为营销员提供应得的法律身份、薪酬待遇和社会保障。具体的改革措施还在研究中,但改革的方向和目标已经基本明确。

另外,保监会逐步开始重视兼业代理专业化的进程,并计划以汽车企业为出发点。开展兼业代理专业化可以提高兼业代理的整体专业水平,避免一些不必要的保险纠纷和销售误导现象。可以说,2012年,监管部门不仅在实际业务工作上做到了严查中介市场中的违法违规现象,也开始设计相应的体制改革措施来从根本上解决目前存在的问题和漏洞。

第二节 保险中介市场的特点及问题

一、2012年保险中介市场特点

(一) 保险中介市场保持增势,但增速放缓

在2012年,我国保险中介市场在业务量上仍然保持稳定的增长。全国保险公司通过各种保险专业中介机构共实现保费收入1 007.72亿元,同比增长10.76%。但相比2011年实现保费收入同比增长率的14.48%有了较大程度的回落,这个增长速度是近六年来的最低点。尽管实现保费收入的比例下降,但是超过10%的增速还属于高速增长,这说明我国的保险中介市场仍然处于一个稳定增长的过程中。随着我国保险市场和保险中介市场的不断成熟,居民购买保险的意识,尤其是通过保险中介市场购买保险的意识会不断增强,通过保险专业中介机构实现的保费收入会不断增长。除保险专业中介机构之外,全国通过保险兼业代理机构收缴保费总额为5 465.87亿元,仍然在我国的保险中介市场中扮演主要的角色。

从机构的数量上看,尽管全国共有保险专业中介机构相比2011年年末减少了22家,为2 532家。但其中主要减少的是一些区域性保险专业代理机构,而且增加了3家保险中介集团公司,总体市场并明显没有缩水。值得注意的是3家保险中介集团公司的建立。我国的保险中介市场一直给大家一种"小、乱、散、差"的印象。成立保险中介集团可以更好、更专业地管理一个区域甚至多个区域内的保险专业中介代理,不仅可以解决因为中介公司分散的管理难问题,而且有利于提高保险中介代理的专业水平,更好地为消费者服务。

在兼业代理和营销员方面,由于保监会从2010年起开始推动兼业代理专业化和营销员制度改革,兼业代理机构的增长速度有所放缓,2012年的增幅只有3.5%。营销员人数虽然在2012年的增长率超过10%,但相比2010年之前每年20%多的增速也有所下降。尽管增速放缓,这两种营销渠道在我国保险中介市场中依然发挥着举足轻重的作用。

总体而言,我国保险中介市场从业务量和机构数量上都在2012年保持了稳定的上升态势。这种稳定发展的态势保证我国保险中介市场不会因为某些政策的出台或是某些特殊事件的发生而产生过大的波动。这说明我国的保险中介市场已经进入了相对较为成熟的发展时期,稳中有升的态势十分有利于我

国保险中介市场的成长。

（二）保险兼业代理销售渠道结构大体一致，可推动车商代理专业化进程

尽管我国的保险中介市场一直在推动兼业代理专业化的进程，但是在目前阶段，银行销售和邮政销售仍然在整个兼业代理销售中处于绝对主导地位。这一结构在2012年略有变化，大体一致。2012年中，银邮类机构的数目为144 973家，比2011年增加了4 651家，占兼业代理总数的比例为70.2%，相比2011年占比71.8%下降了1.6%。车商类兼业代理的比例继续增加，从2011年的12.9%增加至2012年的14.9%。这主要是因为我国汽车消费水平的提高，车商类代理渠道的主动权增加。

从实现保费收入的角度来看，通过保险兼业代理机构收缴保费总额为5 465.87亿元，其中银行类、邮政类、车商类和其他类分别收缴保费为3 029.77亿元、958.51亿元、909.28亿元和568.30亿元。这四类不同渠道的占比分别为55%、18%、17%和10%，其中银行类和邮政类渠道的收缴保费总额仍然占73%左右，处于主导地位。而车商渠道实现的保费金额也已经接近1 000亿元，占比17%，已经接近邮政渠道。

从近些年的兼业代理发展轨迹来看，尽管银邮类的兼业代理仍然在市场中占据很大的份额，但车商类的销售渠道开始逐渐兴起，业务量在不断上升。我国车商渠道的业务质量一向很好，而且随着业务量越做越大，令车商渠道很适合进行专业化改制。由于我国车商代理渠道目前仍主要采用兼业代理的经营模式，这使其管理比较混乱，侵害消费者权益的问题比较明显，迫切需要向专业化转型，以防范经营风险、规范市场秩序。在银邮类仍处于兼业代理主导地位的环境中，车商类渠道可以推动专业化进程，一方面提升自身的专业水平和服务品质，维护消费者利益，另一方面也可以减少与银邮类的竞争压力，将更多的精力投入到拓展业务和提高服务中。

（三）保险营销员队伍增长加速

2011年，受到保险营销员制度改革消息的影响，保险营销员的增长放缓，仅为1.80%。而在2012年，全国保险营销员比2011年增加了近43万人，达到了3 785 528人，同比增长12.76%，有了大幅度的提升。保监会在2012年强调深化保险营销员管理体制的改革，并出台了相关的文件《关于坚定不移推进保险营销员管理体制改革的意见》，这增加了保险公司和保险营销员对改革实施力度的信心。保险营销员制度改革不仅有助于提升我国保险中介市场保险营销员的整体水平，也有利于提升保险营销员的福利水平，同时还可以提升保险公司的声誉,减少负面影响。当然,各个保险公司也会根据具体的管理体制改革措施,依据自身情况进行调整,会更理性地雇用保险营销员。而且,2012年的高增长率中含有2011年人数较少的因素,这种高增长率很难在今后持续。

(四)保险中介市场发展速度不平衡的现象仍然存在

长期以来,我国的保险市场和保险中介市场都呈现东高西低的局面。东部沿海地区通常经济比较发达,居民收入水平比较高,保险市场和保险中介市场的发展相对比较容易。相比而言,中部和西部的一些省份由于经济水平落后,保险中介市场的发展也比较缓慢。在2012年,保险中介市场仍然存在东部地区占绝对优势的情况。

从总的中介机构数量上来看,东部沿海地区的代理机构还是占据主要地位。截至2012年年底,东部沿海地区的法人机构数已经达到1 867家,占机构总数的71.34%,相比2011年占比70.3%还有所增加。其中北京市以379家处于榜首,广东省和上海市分别以368家和219家位居第二和第三。这三个省、市的法人机构总数占全国的51.74%,超过一半。在分支结构的铺设上,东部沿海地区达到了3 413家,占总数的77.48%,也超过了2011年的占比60.3%。

保险中介市场的不平衡现象在我国一直存在。由于东部的确经济水平相对较高,保险公司更愿意投入资本到经济发达的市场。保险中介市场也如此。这说明我国的保险中介市场仍然处于发展初期。即使在东部相对发达的地区,保险市场也处于不饱和状态,允许更多的机构和公司铺设代理机构。这也造成了近些年东部地区无论是从绝对数量还是从增长数量上都远远超过中西部地区。如果想改善这一状况,除了要大力发展中西部的保险业务之外,还需要在政策上给予一定的扶持,使更多公司愿意在中西部设置代理机构或分支机构,从而推动保险市场在一些相对落后的地区发展。

二、2012年保险中介市场的热点问题

(一)保险业仍然面临消费者投诉的形势十分严峻,其中代理销售误导投诉高居不下

在2012年,保险公司面临的消费者投诉的形势仍然十分严峻。数据显示,2012年保监会共收到保险消费者有效投诉案件16 087件,同比增长205.78%。从投诉量的事项方面来看,消费者投诉主要为两类。一类是对于财产险公司而言,主要的投诉集中在理赔问题上,主要表现为:一是损失核定争议;二是保险责任争议;三是拖延理赔等其他问题。另外一类则是对于人身险公司而言,主要的投诉集中在销售代理的销售误导。

与销售代理有关的投诉主要集中在人身险产品，2012年人身险公司销售误导投诉共计2 979件，占违法违规投诉总量的85.28%，同比增长128.10%。从销售渠道来看，银邮代理的投诉量占总销售误导投诉的46.49%，而个人代理的投诉量也占到了34.44%，两者之和超过总误导投诉的80%。从产品类型来看，主要集中在带有投资功能的新型险种，其中分红型保险占销售误导的60.89%，万能险占6.34%，投连险占2.42%，合计占比为69.65%。无论是兼业代理机构还是保险营销员，销售误导的情况都是存在的。一部分银邮渠道的专管人员将投资型、分红型的保险产品与银行存款和基金产品进行不正当比较，混淆产品之间的差异，夸大保险预期收益，诱导消费者选择与自身风险状况不相适应的保险产品。还有的保险公司为了扩展业务，对银邮渠道的专管人员通过"激励"的方式鼓励进行不正当竞争，导致不正当交易。一些保险营销员也由于自身素质不高，在缺乏基本的保险法规和专业知识的情况下，向消费者推荐保险产品，加大销售误导的风险。

可以说，销售误导主要是由于对保险营销员或是兼业代理机构的销售监管不严造成的。总结起来，目前人身险市场的销售误导主要表现为：一是承诺高收益或不如实告知收益情况；二是将保险与其他金融产品进行片面比较，甚至故意误导成存款、基金或其他理财产品；三是代客户签字，隐瞒合同有关重要内容。这不仅侵害了投保人的消费者权益，而且严重影响了保险公司的声誉。

因此，治理销售误导的问题需要同时从两个方面入手。一是从监管部门入手。保监会需要进一步加强对保险中介市场的管理。由于新型保险市场的一些消费误导是因为保险产品的形态比较复杂，以至于大多数投保人甚至部分销售人员都无法理解不同产品之间的区别。体制机制或是产品的创新的确是保险中介市场的助推器，但随之而来的是创新带来的风险。因此，提高保险营销人员或兼业代理渠道的专业水平和职业道德是监管机构亟待解决的问题。从监管部门角度来看，保监会目前已经颁布了多项针对销售误导的销售行为规范，但问题似乎并没有得到解决。下一步，保监会应当出台更加严格的举措来规范市场，并加大监管的投入，提高监管工作的效率和效果，努力解决与投保人的权益密切相关的销售误导问题。在兼业代理渠道方面，需要推行专业化进程。无论是银邮渠道，还是车商渠道，都需要加强专管人员的保险专业水平。即使不成立专业代理机构，也要让销售人员的保险水平达到专业化。在保险营销员方面，要更严格地管理保险营销员的资格审查，严格准入机构，并通过专业的考试体系来审核保险营销员的专业知识。同时，对销售误导的监管也不应当只局限在销售终端渠道上,保监会也应当督促保险公司在产品设计上进行一些调整。如果保险公司在产品设计环节上可以提高保险产品的吸引力,销售人员则能更容易推销自己的产品,减少误导销售的出现。

二是从公司的层面入手。保险公司和中介机构需要切实转变自身的经营理念和指导思想。保险公司和中介机构不能仅仅关注业务量,导致不计后果地拉业务,甚至不惜通过误导销售来提高业务量,而需要更加注重业务的品质,通过诚信进行展业。在兼业代理和营销员的管理上,也应该健全公司内部的考核制度,除销售量外,增加诸如保单品质、续保比率、退保比率、投诉数量等指标来综合管理和评价销售人员,不断完善各个渠道保险销售人员的绩效考核体系,利用奖惩制度来约束营销员或专管销售人员。同时,通过合规配需来提高销售人员的诚信合规意识和保险专业知识,并通过改善佣金分配制度的方式来鼓励销售人员靠诚信的销售来获得收入,从而达到降低销售误导的目的。

(二)营销员管理体制改革需要进一步落实

我国现行的保险营销员体制自20世纪90年代开始采用后,促成了我国寿险业长达20年的快速发展。尽管在发展之初我国保险营销员不过几百人,但随着20年的增长,目前人数已经超过378万。这对我国保险业的发展起到了举足轻重的作用,贡献的利润占比是其他渠道无法比拟的。然而近些年,保险营销员造成的销售误导的问题屡禁不止,严重影响了保险行业的声誉。保监会曾将现行保险营销员管理体制总结为:关系不顺、管理粗放、队伍不稳、素质不高,不适应保险行业转变发展方式的需要,不适应经济社会协调发展的时代要求,不适应消费者多样化的保险需求。

的确,保险营销员管理体制在我国保险业发展初期的作用不可忽视。但是,现行的保险营销员管理体制已经不再适应保险业转变发展方式的需要,也不适应消费者多样化的保险需求。因此,需要进一步加快保险营销员体制的改革步伐。

保监会曾经在2010年下发了《关于改革完善保险营销员管理体制的意见》,2012年又出台了《关于坚定不移推进保险营销员管理体制改革的意见》(以下简称《意见》)。其中提出了要引导保险公司采取多种灵活形式,为营销员提供劳动者基本的法律身份、薪酬待遇和社会保障。保监会还一直鼓励各地区、各保险机构采用创新的方式,提升营销队伍素质,在营销队伍建设中大胆创新。在实际操作中,一些保险公司已经开始在"产销分离"的道路上寻求创新和突破,并着手建立自己的保险中介公司,培养专属的保险营销员,也收到了一定的成效。

然而，目前在营销替代机制和承接渠道上还存在着一些问题，改革的推进并不顺畅。一些改革方案在理论上讲是可行的、有效的，但是一旦投入实际操作就会困难重重。例如，在保险营销员招聘的问题上，无论是保监会还是保险公司都清楚应该提高招聘的门槛，提升营销员的素质，但这样做会很难招聘到合格的营销员。尤其是一些中小型的保险公司基础本来就比较薄弱，急需大量营销员扩展市场，强制性地对保险营销员制度进行改革可能会影响这些企业的发展。

这方面的改革路程还比较漫长，尽管其中问题很多，毕竟我国现行的保险营销员制度在实施多年后已经获得了多方的认可，想要一下子改革并不容易。因此，保监会在下一步的工作中要尽快落实有关保险营销员改革的政策，可以参考一些国际上发达保险市场的经验，并且需要着重开展试点工作，按照2012年《意见》写的，"用3年至5年和更长时间，分别实现阶段性目标和整体目标"。

（三）兼业代理专业化进程稳步推进

兼业代理专业化是我国保险中介市场在近些年来讨论很热烈的一个问题。从2011年开始，一些车商渠道兼业代理公司为了挖掘车险市场的潜力，开始进行专业化的试点。部分车商从之前的兼业代理转化为专业代理，在这两年中取得了不错的效果。一方面提高了销售人员的素质，达到优胜劣汰，通过市场的力量来调节准入和退出的条件，留下优秀的销售人员，同时淘汰不合格的销售人员。另一方面通过专业机构的大型化，产生了一些兼并重组，杜绝了之前的"小、散、乱、差"的情况，并通过市场和资本的力量拓展专业中介的平台，降低了中介公司的运行成本。

通过了2011年的试点，车商兼业代理专业化的进程在2012年继续稳步前进。在2012年，保监会下发了《关于暂停区域性保险代理机构和部分保险兼业代理机构市场准入许可工作的通知》，这从政策的层面严格了兼业代理公司的准入机制，并向市场表明了兼业代理专业化和专业代理规模化的目标。我国目前保险市场准入和退出机制不健全，影响了保险市场资源配置效率，妨碍了保险市场的健康运行。我国目前保险兼业代理机构目前已超过20万家，除14万多家银行邮政兼业代理机构外，其他近5万家机构大多只代理机动车辆保险。加强对这些兼业代理机构的管理，可以在清理整顿的同时推动保险代理市场的专业化和规模化，严格控制增量机构。对一些希望加入保险中介市场的兼业代理商，可以寻求和一些现有的兼业代理商进行兼并重组。一些希望拓展规模的兼业代理商也可以利用这个机会收购更多的小代理商，并建立专业代理公司，甚至中介集团公司，从而最终达到整合兼业代理机构的目的。

（四）保险中介集团化初现端倪

2012年,在保监会的推动下,保险中介市场资源整合的趋势日渐明显,其中一个最重要的变化就是出现了一系列的保险中介集团公司。据统计,我国目前共有三家保险中介集团公司。2012年5月,我国首家保险中介集团民太安保险公估集团股份有限公司成立。同年10月,泛华保险销售服务集团成为保险中介领域首家挂牌成立的保险销售服务集团。另外一家英大长安保险经纪集团也在2012年12月获批成立。

保监会曾经在2011年发布的《中国保险业发展"十二五"规划纲要》中提到"鼓励市场主体多样化发展,推动业务结构持续优化,积极发展保险中介市场,支持保险中介上市融资突破资本'瓶颈',鼓励建立全国性服务网络,发挥规模经济效应"。保监会的思路是通过保险中介集团化、专业化的发展,使一批资本实力雄厚、商业模式清晰、品牌声誉度好的机构脱颖而出。采用保险中介集团化的发展路径,有助于提高市场主体的服务效率和加快保险中介市场的发展。而且保险中介集团化的发展方向能够有助于更好地保护消费者利益,改善保险公司的声誉。

可以说,依托大型中介服务集团,将一些"小、乱、散、差"的中小机构通过并购整合的方式建立起更加专业、更加规范的保险中介集团公司,实施集团化管理,不仅有助于改善目前保险中介市场中存在一些混乱的情况,而且有利于监管部门进行统一的监管。

当然,我们也需要注意这里的专业集团化的发展道路不能仅仅局限在表面上的业务集团化和多元化。专业的中介集团不是规模大了就代表规范了,也不是业务多元了就代表专业了。专业中介集团真正要做到的是提高中介业务的品质,其实质是深层次、根本性地转变行业的发展方式。尽管集团化是未来我国保险中介市场发展的必然趋势,但现阶段我国的保险中介集团刚刚起步,还需要借用更多的金融资本,进一步推动行业的重组和并购,加速金融资本集中。这些需要政府给予政策扶持和资本支持,以确保保险中介集团可以具备充足的资金,发挥其集团化的效果,使之带领我国保险中介市场的产业结构升级。

接下来面临的将是更大规模、更高层次的竞争。这将不再是一些专业机构和兼业代理机构的竞争,而是保险中介集团之间的竞争。随着集团化成为保险中介市场中的常态,国家的政策和风投公司给予支持,兼并重组会使资源进一步地集中。当然,在发展保险中介集团的同时,也需要防止出现市场中一家独大或是几家独大的情况。这样会有保险中介集团操作价格的可能性,因此,在鼓励保险中介集团化的同时,还需要做好监管政策的配套,需要出台相应的配套政策来防止潜在的垄断风险。

第三节　保险中介市场的未来发展与展望

近年来,我国的保险中介市场无论在注册资本的规模上还是在实现业务的收入上都有了显著的增加,但是,在这快速的发展过程当中也产生了不少的问题。保险中介是整个保险市场中重要的一环,由于我国保险中介市场发展的时间较短,基础比较薄弱,这使得一些中介机构的专业化水平不高,服务水平不高,影响了保险中介市场的发展。从中介机构的自身来看,现有保险中介营销模式需要进一步改革。现有一些兼业代理机构需要进行整合并向专业化发展,营销员制度也需要继续进行调整。从保险监管的层面来看,目前市场准入和退出机制不健全,保险中介公司的经营很不规范,仍然存在着一定程度的违规问题。如何解决这些问题并引导我国保险中介市场的健康发展是未来一段时间内的重要议题。

一、加强对兼业代理渠道的监督和管理

兼业代理渠道一直是保险中介市场的一柄"双刃剑"。从每年实现保费收入的角度来看,兼业代理渠道占绝大部分;从每年消费者投诉的数量来看,兼业代理又是"重灾区",尤其是银行类和邮政类的兼业代理。在我国,银行保险销售已经有二十多年的历史,银行类兼业代理在客户数量和销售渠道等多方面都有着个险营销无法比拟的优势。邮政类、车商类的兼业代理效果也强于个险营销。因此,兼业代理渠道已经成为我国保险中介市场中不可或缺的一部分。然而,由于我国目前的保险产品设计问题和监管条件的限制,在目前我国兼业代理制度中,诸如销售误导、违规支付利益、风险跨行业传递等问题依然严重。虽然保监会一而再、再而三地颁布管理条令,并严格整顿治理,各类违法违规问题仍然是屡见不鲜,而且已经成为保险中介市场的一大顽疾。

形成这一顽疾的原因有很多。首先,保险机构认识不足,重业务轻管理,部分兼业代理机构只是看中现阶段的保费收入,并没有从长远考虑发挥业务增长渠道作用,使得一些基层销售人员误导销售现象严重。其次,监管人员不足,监管效率低。我国的兼业代理机构数目庞大,截至2012年年底,全国共有保险兼业代理机构206 528家,这一数字还一直在上升。而目前各地保监局的监管岗位的人数有限,无法较为深入细致地开展监管工作。而且很多地方的监管技术

手段落后,资格管理信息系统不健全,影响了监管的效率。最后,制度不健全,监管依据不足。目前针对保险兼业代理机构实施的是 2008 年年初颁布的《保险兼业代理机构管理规定》,尽管才过去 4 年时间,但其中条款的规定已经发生变化,需要进行调整。而且一些有关兼业代理机构职业行为的管理标准不清,日常行为的监管缺乏相应的法律法规依据。

当然,社会各界和保监会对兼业代理渠道潜在的问题越来越重视,并逐步出台了许多适当的监管规定以约束兼业代理机构的日常行为,还设立了社会公众监督的机制。这些措施对兼业代理渠道的监管有很大的帮助,情况得到了一定程度的缓解。然而,完善兼业代理渠道的任务并不可能一蹴而就,需要监管部门一直保持对兼业代理渠道的监督和管理。除了监管部门要继续严格对兼业代理渠道的管理之外,还可以在以下两方面着重加强。第一,建立与其他部门的合作机制。由于兼业代理机构通常依托银行、邮政、车商等渠道,因此,各地保监局需要与银监局、工商部门和税务部门建立有效的合作机制,利用多机构的人力优势,资源共享,共同监管。第二,利用先进技术,提高监管水平和效率。随着网络化的普及,在包括资格申请、许可证有效性管理方面可以通过网络实施非现场监管的方式,逐步实施自动化操作,提高管理效率。

二、深入开展保险营销员制度的改革

保监会在 2010 年发布了《关于改革完善保险营销员管理体制的意见》,对我国保险营销员制度的改革提出了具体的方向。在 2011 年 4 月,保监会又出台了《保险销售从业人员监管规定(征求意见稿)》,对我国保险营销员制度的进一步改革提出了具体的要求。在 2012 年又下发了《关于坚定不移推进保险营销员管理体制改革的意见》(以下简称《意见》)。其中指出即将推进的改革主要包括六个方面:一是鼓励探索保险营销新模式、新渠道;二是强化保险公司对营销员的管控责任;三是提升保险营销队伍素质;四是改善保险营销员的待遇和保障;五是建立规范的保险营销激励制度;六是持续深入开展总结和研究工作。这一系列的措施预示着改革势在必行,也引起了社会上广泛的讨论。毕竟我国的保险营销员队伍有三百多万人,这一个大刀阔斧的改革必然会涉及许多人的切身利益。如果按照分流、淘汰、择优、走专业化的路线进行整编,不仅会使得大量保险营销员失去收入来源,而且会影响我国保险市场的发展,绝非易事。

事实上,为了化解营销体制改革难题,目前保监会正在鼓励保险销售专业化、职业化经营,如推动邮政企业、汽车企业代理保险业务专业化经营,同时也支持保险公司成立自己的保险销售公司,以实行产销分离,对营销员队伍进行分流。近两年来,我国的保险市场上已经有不少保险公司都在成立自己的保险代理销售公司,尤其是一些中小型的保险公司。而近期几家大型保险公司,例如平安寿险和国寿股份也开始筹备自设保险中介机构,这意味着目前保险业的营销员体制已经开始加速变革。

同时,我国目前的一些保险公司已经开始集团化,实施混业经营,这使得越来越多的保险公司将不再受制于业务的限定,不仅经营寿险业务,还会涉及财产保险业务,甚至跨多领域混合经营,形成保险集团。这也是未来的发展趋势。而集团内部的资源共享、队伍共建等问题也进一步要求加速我国保险营销员制度的改革,以适应时代发展的要求。

需要注意的是,在《意见》中,之前呼声较高的"员工制"的保险营销人员制度并未被提及。在之前的征求意见稿中,员工制可谓是重中之重,希望可以通过员工制来为保险营销员合法提高社会福利待遇和工薪水平。很多专家和学者也都认为员工制是一个比较合适的办法。不可否认,现行的保险营销员制度并没有给保险营销员的福利提供法律保障,这使得保险营销员处于一个十分尴尬的社会地位,基本社会福利无法得到保证。在日本和美国等具有发达保险市场的国家,部分保险公司会采用员工制,将保险营销员定位为公司的正式员工,以此提高员工对公司的归属感和忠诚度。这些经验值得我们借鉴,这也是在征求意见稿中强调该制度的原因。但是,由于各种原因,新出台的文件并未涉及员工制的改革措施。的确,员工制的改革措施可以更好地提升保险营销员福利,但无疑会增加保险公司的经营成本,这对目前处于转型阶段的保险市场而言是极大的考验。尤其是对一些中小企业,过高的营销员成本会影响其业务的扩展,使其很难在竞争激烈的保险市场中生存。一些有能力的保险公司应当根据自身情况将保险营销员代理制采用灵活的方式转为员工制,提高营销员的福利待遇。监管部门也应当出台相应的政策和制度来鼓励这种改革。

下一阶段,一方面,监管部门需要继续推动保险营销员体制改革的发展进程;另一方面,保险公司和中介机构也需要更积极地发挥改革主体的作用。毕竟监管部门只能起到监督和管控的作用,从政策上进行引导、鼓励和支持改革的进程。保险公司和中介机构才是直接利益的主体,直接承受改革过程中的得与失。因此,保险公司和中介机构应当直面目前保险营销员制度存在的问题,不能讳疾忌医,避重就轻。也许保险营销员制度的改革在现阶段涉及面较广,牵扯的利益较多,但在面对目前经济不景气、保费收入增长放缓的威胁时,保险公司更应该尽早解决问题,积极推动保险营销员制度改革,才能及时防范风险,为未来保险业的发展铺平道路。

三、继续推动汽车企业代理保险业务专业化经营

汽车企业代理保险业务的专业化经营主要是针对目前我国普遍采用的汽车企业兼业代理保险业务模式而言。截至 2012 年，我国汽车保险兼业代理已经超过了 3 万家，并且还处于一个增长的过程中。尽管数目众多，但业务水平参差不齐。而且这些汽车保险兼业代理与合作的保险公司关系松散，存在着非常严重的信息不透明、服务不到位和违规问题，也不利于监管部门的监督和管控。

通过汽车企业出资设立保险代理或经纪公司，实现汽车企业代理保险业务专业化可能是改革的方向之一。这样做，一方面可以更好地提供专业的机构和人员为投保人提供更加规范的保险服务，减少保险公司与投保人之间由于沟通不畅而产生的纠纷；另一方面也可以增加汽车企业的保费收入和利润收入，可谓双赢。而对于监管机构而言，汽车保险中介服务的规范化和专业化会更加便于监督和管理，有利于防范经营风险。2012 年，保监会也出台了相应的政策，采用了疏堵结合的方式。在"堵"的方面，保监会下发了《关于暂停区域性保险代理机构和部分保险兼业代理机构市场准入许可工作的通知》（保监中介[2012] 324 号），暂停审批汽车企业保险兼业代理许可证。对于一些管理混乱、专业素质不高的汽车兼业代理采取了限制代理险种范围的措施，严重的甚至予以取缔。在"疏"的方面，保监会下发了《关于支持汽车企业代理保险业务专业化经营有关事项的通知》，旨在推动保险中介市场中兼业代理专业化的进程，为汽车企业设立专业化经营的保险代理和经纪机构给予政策支持。

需要指出的是，汽车保险代理业务的专业化改革，抑或今后可能出现的其他渠道兼业代理专业化的改革都是一个渐进的过程。保监会在通过政策推动的过程中也应该注意采用分阶段、分步骤的方式。一些省、市已经开始试点，一些车商已经成立了保险代理公司。保险监管部门接下来除了要创造良好的外部环境，在政策上给予扶持以外，在监督和管理上仍然要严格执法，保证专业的汽车保险代理公司可以健康地运转。随着越来越多的车险销售由兼业代理转为专业代理，这些专业的代理机构将会更加专注于产品、专业化服务和风险管控，逐步完善我国的保险市场和保险中介市场。

四、完善保险中介市场的信息化建设，通过科技实现转型

随着保险专业市场的发展，我国保险中介业务规模在不断扩大。无论是法

人机构还是分支机构的数目都在不断攀升，这些都会加大保险中介市场管理上的难度。传统的管理方式已经不适应今日在机构发展、经验管理、风险防范和行业间数据交流的需要。而如果保险中介公司建立信息化平台，则可以实现保险中介公司的集中化管理。对保险中介公司而言，信息化建设可以将不同地区、不同级别分支机构的经营管理数据归入统一平台进行管理，可以帮助保险中介机构自身加强内部管理，起到防范风险的作用。同时，内部管理的信息化建设还有利于监管部门进行监督和管控，降低风险隐患。除此之外，产品一体化服务也有利于保险中介公司对自身客户的统一管理。目前很多较为成熟的信息管理系统都可以实现这项功能，这一方面可以使客户更清楚地了解保险中介公司所经营的产品；另一方面也开始使保险中介公司了解自己的客户，便于推广和销售。一些保险中介机构，甚至保险公司自身都在探索网络代理销售保险产品。2012年，由腾讯、阿里巴巴和平安寿险三家共同联手建立的众安在线财险公司就是为了打造一个网络保险销售平台，推动中介信息化的进程。

随着科技的进步，目前"大数据"的应用，智能手机的应用，网络、微博、微信的应用等技术发展更新很快。保险中介也需要与时俱进，加快完善保险中介市场的信息化建设。例如，"大数据"的应用可以使保险公司和代理公司尽快地了解自己的客户群，提供与之相适应的服务；网络的应用可以缓解传统"电销扰民"的问题，通过网络渠道来向客户宣传产品；智能手机的应用更是使代理公司或营销员可以更好地与客户进行沟通，增强客户忠诚度。

由此可见，未来保险中介市场的发展一定离不开信息化的建设。保险中介市场的信息化建设将成为增强保险中介竞争力的重要力量。当然，这需要保险中介机构尽快把信息化建设纳入发展规划中，逐步形成适应业务发展及客户需要的信息化管理和决策机制。关键核心就是"以客户为中心"，保险中介公司在构建信息化平台时，除了要保证交易安全和信息安全，还要让信息化建设深度参与客户管理，从客户的角度出发，扩大客户服务内容，丰富客户服务方式，提高客户服务质量。

总体来说，保险中介公司要尽快完善信息化平台的建设，同时提高信息化服务水平，加快相应信息化人才建设，以确保未来保险中介市场可以向多层面、多元化的方向发展，相信这将是未来我国保险中介市场发展的必然趋势。

第五章

保险资金运用

引　言

　　2012年是保险资金运用历史上一个极不平凡的年份。一方面，伴随着保险业年均20%以上的高速增长红利期的逐渐潮退和资本市场的持续低迷，尽管保险资金一面顽强地在股市和债市中积极发掘机会，一面在基础设施、保障房和未上市股权等另类投资中艰难地探索着出路，然而，尝尽辛酸苦辣，投资收益率水平却依然延续了前几年的下降趋势，全年资金运用收益率仅为3.39%，虽然跑赢了2.6%的通货膨胀率，却令人遗憾地低于两年期的银行基准存款利率，更不能满足5.5%左右的寿险产品精算假设对收益率的要求。另一方面，改革发展和投资新政的春风又给保险资金运用带来了新的希望。2012年6月，保险投资改革创新闭门讨论会在大连召开，会议针对保监会拟发布的13项保险资金投资征求意见稿进行研讨；2012年7月，第一批四项投资新政出台；2012年10月，第二批六项新政落地，10项投资新政几乎囊括了保险业所有能预期的投资工具，而如此高密集、大力度地出台保险资金运用的政策堪称史无前例。保险资金运用就是在这样的极度压力和希望的交织之中走过了一个极不平凡的年份。

第一节 回望 2012 年：保险资金运用的基本状况

2012年，国内外宏观形势依然严峻。国际上，欧债危机余震不断，并从经济层面蔓延至政治领域，威胁欧元根基，导致全球恐慌；美国"财政悬崖"造成两党争论不休，解决过程一波三折，金融市场信心屡受打击；新兴国家外需下滑，内需不振，复苏乏力。在国内，中国经济主动适应国际环境变化，及时调整增长目标，虽然在一定程度上缓解了恶劣的国际形势对国内经济的压力，但房地产调控和通胀预期仍然制约着经济的扩张步伐，资本市场则依旧低迷不振。在这充满内忧外患的一年中，我国保险资金运用克服了重重困难，通过稳健的投资策略和积极的资产防御配置基本上实现了资产的保值增值，与此同时，我国保险资金管理规模也再上新的台阶，资金运用余额继续稳步增长，首次超过 6 万亿元。然而，资金运用收益率仍处下滑趋势，压力不容忽视。

一、背景：经济金融环境严峻复杂①

2012年，全球经济减速，国内经济转型，资本市场制度改革，种种不利因素笼罩下的经济金融环境复杂严峻，使得保险资金运用的难度加大。

（一）国际债务危机仍未落幕，全球经济复苏乏力

2012年，全球经济依然笼罩在债务危机的阴影中。欧洲方面，究竟是选择降低政府债务规模，抵御违约风险，还是扩大财政支出，推进经济发展，债务国与债权国一直未能达成共识，而在此之前两年就开始实施的财政紧缩政策已导致欧洲各国经济复苏举步维艰。

2012年，欧元区经济增长率仅为 0.9%，远低于 2011 年 2.7% 的水平，各主要国家经济增长率基本呈下滑趋势（见图 5-1）。与此同时，欧元区各国的失业率继续上升，希腊和西班牙的失业率更是高达 20% 以上（见图 5-2）。经济不振、失业率高企使得欧洲的经济问题逐步向政治领域蔓延，屡次爆发的民众抗议活动表明民众在欧债危机下对经济紧缩政策的反感。更值得重视的是，欧洲各国国内的危机正在颠覆着欧元生存的根基。虽然 2012 年欧洲央行采取了一系列积极措施，但如果欧洲各国的经济始终无法同步，那么欧元的未来仍将扑朔迷离。

---

① 除特殊注明外，本节数据均来自 Wind 资讯。

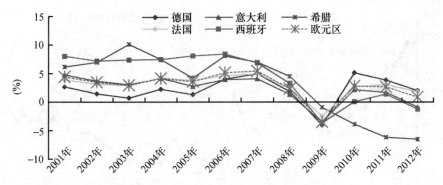

图 5-1　2001—2012 年欧洲各国 GDP 增长率

资料来源：Wind 资讯。

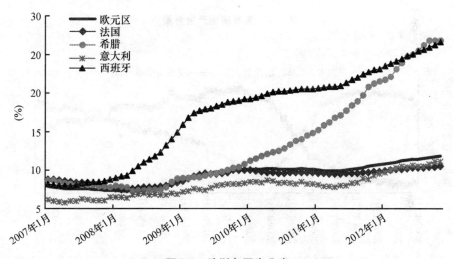

图 5-2　欧洲各国失业率

资料来源：Wind 资讯。

美国经济在 2012 年缓慢复苏，主要得益于美联储实施的极其宽松的货币政策以及能源领域带来的意外之喜。为了给市场提供充足、廉价的资金，降低企业资金成本，2012 年，美联储实施了第三轮量化宽松政策（QE3）和第四轮量化宽松政策（QE4）。除了量化宽松这剂猛药之外，美联储还保持了极低的利率政策，使利率长期保持在 0 到 0.25% 的低水平。受宽松货币政策的刺激，美国房地产已逐渐走出次贷危机的阴影（见图 5-3）。

同时，美国工业领域，尤其是以"页岩气"为代表的能源领域成为美国经济发展的新亮点，带领美国制造业强势复苏，失业率继续回落（见图 5-4）。

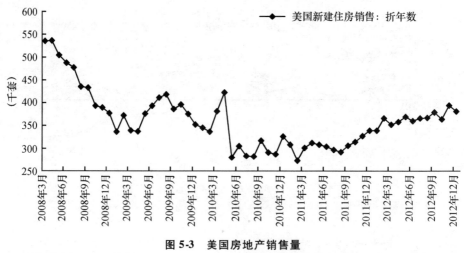

图5-3　美国房地产销售量

资料来源：Wind 资讯。

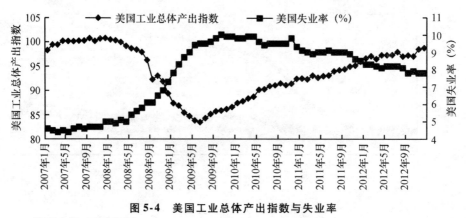

图5-4　美国工业总体产出指数与失业率

资料来源：Wind 资讯。

在以上两方面因素推动下，2012年美国经济实际增长2.2%，增幅大于2011年的1.8%。但2012年美国"财政悬崖"①问题仍然对金融市场的稳定造成不小打击。由于在此之前几年的高额经济刺激与政府收支的脱节使美国政府财政状况面临崩溃，债务问题成为影响美国经济平稳发展的隐忧。虽然2012年12月31

---

① 财政悬崖（United States fiscal cliff），指美国政府财政状况恶化。此概念由美国联邦储备委员会主席伯南克提出，意指2012年年末，美国政府减税优惠措施到期，同时美国国会也将启动减赤字机制，将会造成政府财政支出猛然紧缩，导致2013年美国财政赤字将会如悬崖般陡然直线下降，或令企业生产力及个人消费急剧减少，或影响美国经济复苏步伐。

日美国民主、共和两党在"财政悬崖"问题上达成妥协议案,但美国政府财政赤字问题并没有得到根本解决,未来美国政府仍将面临"去杠杆"的困扰(见图5-5)。

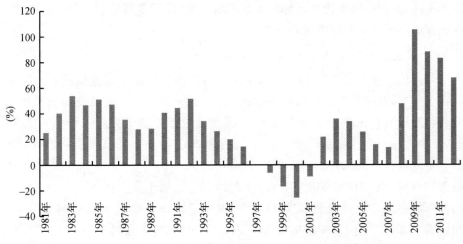

图5-5 美国联邦政府财政赤字占GDP比重

资料来源:Wind资讯。

2012年,新兴国家的经济复苏再度受挫。例如,除中国以外的其他金砖四国经济虽都有增长,但均低于预期。年初预测,印度和巴西将分别增长7.3%和3.3%,实际上两国的经济增长率仅为5.4%和0.9%(见图5-6)。

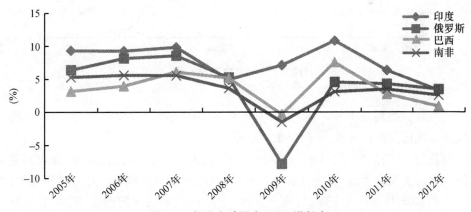

图5-6 部分金砖国家GDP增长率

资料来源:Wind资讯。

这一方面是因为金融危机后,高额的经济刺激政策已让政府和民众难以负担,财政赤字扩大,通胀高企使得经济刺激政策充满争议;另一方面是因为欧洲危机导致的发达国家经济复苏乏力极大地影响了新兴国家的出口贸易。更重要的是,虽然世界第一大经济体美国经济开始复苏,但与此前历次复苏有着本质的不同,美国市场本轮复苏让制造业不断回流,而资金回流、工厂回迁使得新兴国家的经济发展面临困境。

(二)国内经济主动减速,结构调整成绩显著

与其他新兴国家类似,2012 年,中国国内经济同样处于减速通道。不同之处在于,中国政府在年初已选择主动减速,以更好地促进产业结构调整和产业升级。2011 年年末的中央经济工作会议确定的经济工作两大任务——"稳增长、稳物价",把全年经济增长目标定位为 7.5%,物价上涨水平控制在 4% 之内。实际运行结果,2012 年国内 GDP 全年增长 7.8%,CPI 2.6%,实现了年初的既定目标,但 GDP 较 2011 年 9.2% 的增速已大幅下滑。从季度数据来看的趋势更加明显。中国经济从 2011 年一季度开始后连续七个季度增长下滑,2012 年三季度已达 7.7% 的增长水平,创三年来最低值(见图 5-7)。

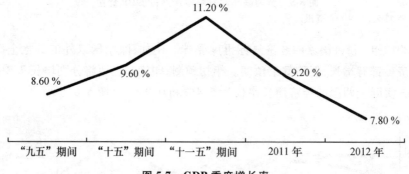

图 5-7 GDP 季度增长率

资料来源:Wind 资讯。

纵观我国经济本轮减速,可以发现经济结构调整是政策主线,传统的经济发展方式已发挥到极致,空间越来越有限。

首先,从经济"三驾马车"来看,一方面,过去十多年投资始终是推动我国经济发展的主要推动力,然而过去两年中,消费对 GDP 的贡献率已超过投资贡献,并占据 GDP 构成的主要部分;另一方面,过去十年,随着中国加入 WTO,对外贸易成为推动 GDP 增长的重要力量,然而经过多年高速增长,我国贸易总额已跃居全球第一①,随之而来的贸易争端和人民币升值的内在要求使我国必须降低

---

① 根据中国海关统计,2012 年我国贸易总额为 38 667.6 亿美元,而同年美国商品贸易总额为 38 628.59 亿美元,我国外贸总额已小幅超越美国,跃居世界第一。

出口速度,保持经常账户的平衡。金融危机之后,对外贸易对 GDP 的拉动作用已非常微弱,过去两年中净出口贡献甚至为负(见图 5-8)。

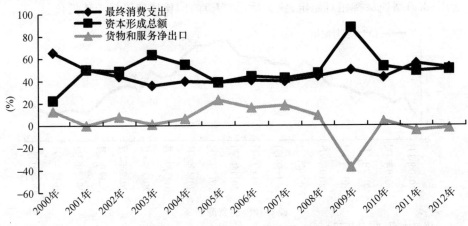

图 5-8 "三驾马车"对 GDP 的贡献率

资料来源:Wind 资讯。

其次,2012 年房地产市场调控依然严厉,2011 年遗留的限贷、限购、限价政策继续执行,导致全社会房地产开发和投资意愿继续下降。从数据来看,2012 年,房地产投资增速下降显著,已接近十年来的最低值(见图 5-9)。同时,由于 2012 年年初商品房销量跌至冰点,在调控政策整体依然严厉的背景下,水泥、建材等周期性行业持续不景气。

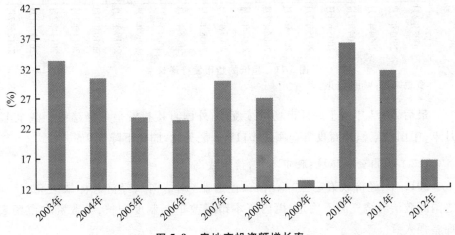

图 5-9 房地产投资额增长率

资料来源:Wind 资讯。

2012年,通货膨胀基本得到治理,货币增速仍然维持较低水平(见图5-10、图5-11)。2012年全年,M_1及M_2同比增长6.49%及14.39%。全年来看,广义货币(M_2)增速保持相对稳定,狭义货币(M_1)的同比增速维持十年低位。

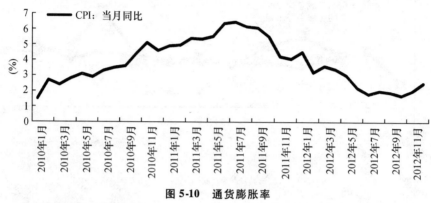

图5-10　通货膨胀率

资料来源:Wind资讯。

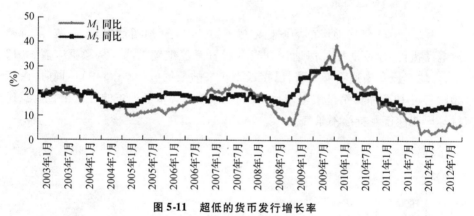

图5-11　超低的货币发行增长率

资料来源:Wind资讯。

最后,2012年由于海外市场持续疲软,外国直接投资呈下降趋势。截至12月末,中国的累积外商投资金额达1117.2亿美元,同比下降3.7%。

(三)国内金融环境:股市不振,债市波澜

2012年,经济政策定位"稳增长、控通胀、调结构",经济总体缺乏亮点,加之国际政治经济充满不确定,国内资本市场改革与制度调整,导致资本市场表现差强人意。

股市方面,2012年上证综指全年整体微涨3.17%,报收于2 269点,终结了过去两年整体下跌的趋势(见图5-12)。但从运行节奏上来看,全年股指除了年初和年末的超跌反弹外,其余时间基本维持下跌走势,全年最高跌幅高达24%。行情的剧烈波动对机构投资者的运作形成了挑战,尤其对保险公司等大型机构投资者来说更是难以适应。

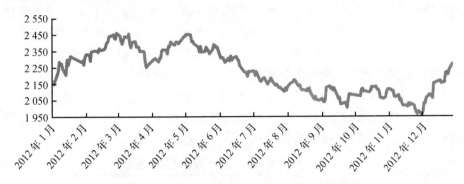

图 5-12　2012 年上证综指走势

资料来源:Wind 资讯。

深证成分指数、中小板指数和创业板指数相较于上证指数表现更为惨淡,中小板指数和创业板指数整体下跌(见图 5-13)。从个股来看,沪深两市 2012 年之前上市的 2 298 只股票中,在 2012 年全年实现上涨的股票 1 042 只,略低于 50%。

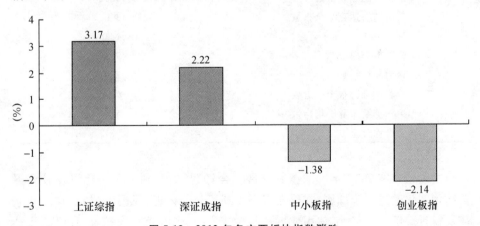

图 5-13　2012 年各主要板块指数涨跌

资料来源:Wind 资讯。

2012 年中国股市与世界主要国家相比,表现几乎垫底(见表 5-1)。我们认为造成国内股市低迷的原因主要有以下几点。首先,宏观经济增速下滑直接导致股市表现低迷。其次,近两年的宏观调控对投资者的信心造成了负面的影响:一是因为货币供应增速逐渐放缓,缺乏新增资金流入资本市场;二是因为政府对房地产市场调控久而未解,未来房地产市场是否会回归理性仍然是个未知数,投资者信心不足。再次,2012年A股诸多的不诚信事件,也对投资者信心造成打击:先是少数医药企业用工业明胶替代医用明胶制作药物胶囊,导致胶囊药物铬超标,引起部分企业股价出现剧烈下跌;后是白酒企业被爆添加塑化剂,引起酒类股全面大跌。而此前,酒类股始终是A股市场公认的优质、抗跌蓝筹领军类板块。最后,2012年是A股的改革之年,这一年以"放松管制、加强监管"为主要指导方针的资本市场改革如火如荼,给资本市场带来了许多新气象。然而改革不可避免要冲击旧有的利益格局。如建立完善退市制度、严打内幕交易和老鼠仓行为等,都震慑了资本市场许多旧有的利益集团,但同时也不可避免地挤出了部分资金,使得A股出现波动和下跌。

表5-1 2012年全球主要国家证券指数表现 （单位:%）

各国指数	涨跌幅
德国法兰克福DAX指数	29.06
恒生中资企业指数	23.07
日经225指数	22.94
巴黎CAC40指数	14.57
恒生中国企业指数	14.51
美国纳斯达克综合指数	13.63
标普100	11.45
韩国KOSPI指数	9.38
台湾加权指数	8.87
伦敦金融时报100指数	6.34
道·琼斯工业平均指数	5.9
上证综合指数	3.17

资料来源:Wind资讯。

国内债市在2012年可谓蓬勃发展。金融脱媒化、利率市场化以及社会融资结构变化的进一步加剧,在债券市场得到了充分体现(见图5-14)。这一年新债发行量突破8万亿元,信用债更是井喷式发行,债券市场大扩容,存量规模达到了25.6万亿元,与股票市场旗鼓相当。行情方面,2012年债市起伏不定,急涨急跌。总体来看,2012年债市分为四个特征鲜明的阶段:在1—4月,受春节影响资金面紧张,同时通胀压力上行及PMI指数持续上升导致债券收益率居高不下,指数震荡下行;5—7月,宏观经济增速放缓,GDP和工业增加值数据回落,央行调低准备金率后,又两次降息,导致债券收益率陡峭下行,中债指数快速上升,出现一轮小牛市行情;8—9月,虽然宏观经济进一步放缓,但随着十八大临近,财政政策更加积极,投资增速回升,进出口增速触底反弹,消费数据稳步增长,加之美国 QE3 推出,使得市场预期逆转,经济不断表现出向好势头,同时,货币政策较为谨慎,资金面总体并不宽裕,导致收益率快速上行,债券价格极速下跌;9—12 月,经济触底企稳,预期兑现,通胀走势也因季节性影响出现小幅反弹。同时,随着十八大召开,政策上逐渐平稳,债券收益率小幅上行,指数小幅震荡微跌。

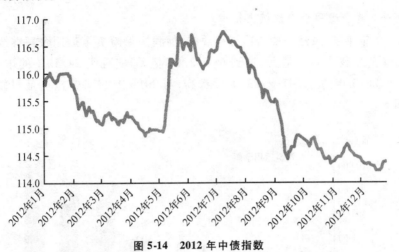

图 5-14　2012 年中债指数

2012 年基金表现较好,QDII 基金和债券型基金成为全行业亮点,股票基金也由于蓝筹股行情推升了基金整体业绩(见表 5-2)。

表 5-2　2012 年各类基金表现　　　　　　　　　　　　　　(单位:%)

名称	各类基金平均涨跌幅
QDII 型	9.87
封闭式	8.49
债券型	7.04
开放式指数型	6.75
股票型	5.57
保本型	4.04
混合型	3.95
货币型	3.95

另类投资方面,2012 年中国风险投资(VC)与私募股权(PE)行业经历了最为艰难的一年,募资、投资、退出环节都陷入了历史低谷。由于股市低迷,IPO 暂停发行,导致行业退出、渠道收窄和收益降低。2010 年私募股权投资回报收益率超过

100%,而2012年行业年化账面回报率已降至70%左右,行业逐渐回归理性。

二、保险资金运用的基本情况

在国际、国内严峻的经济金融环境下,我国保险资金运用克服了重重困难,依靠稳健得到的投资策略,基本实现了资产的保值增值,但仍然没能改变投资收益率继续下滑的颓势。

(一)资金运用余额继续大幅增加

2012年年末,虽然保费增速继续放缓,但我国保险资金运用余额继续大幅增加,首次突破了6万亿元,达到68 542.58亿元,实现了24.19%的增长,较2009年、2010年的22.47%、23.06%都高,与2011年17.3%比更是明显提高(见图5-15)。

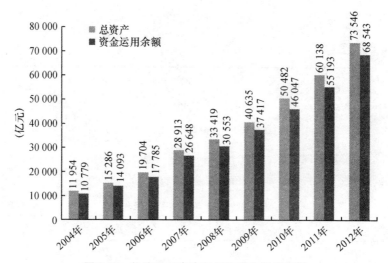

图5-15 保险业总资产与保险资金运用余额

资料来源:2004—2010年数据来自《2011中国统计年鉴》,2011年与2012年数据来自中国保监会。

(二)资金运用结构保持稳中微调

如表5-3所示,在2012年的保险资金运用余额68 542.58亿元中,银行存款23 446亿元,占比为34.21%,较上年增加了2.15个百分点;债券30 563.83亿元,占比44.59%,较上一年下降2.48个百分点;证券投资基金3 625.58亿元,占比5.29%,较上一年微增0.02个百分点;股票投资4 454.61亿元,占比6.50%,较上一年下降0.37个百分点。

表 5-3　2011 年与 2012 年保险资金运用结构对比

	2012 年	2011 年	变动
银行存款	34.21%	32.06%	2.15%
债券	44.59%	47.07%	-2.48%
证券投资基金	5.29%	5.27%	0.02%
买入返售金融资产	0.24%	0.45%	-0.22%
股票	6.50%	6.86%	-0.37%
长期股权投资	3.14%	3.50%	-0.36%
投资性房地产	0.53%	0.55%	-0.03%
保险资产管理公司产品	0.19%	0.09%	0.10%
金融衍生工具	0.00%	0.01%	0.00%
贷款	4.59%	3.58%	1.00%
拆借资金	0.00%	0.00%	0.00%
其他投资	0.73%	0.54%	0.19%

资料来源:中国保监会。

(三) 资金运用收益率持续下降

2012 年,保险公司的投资收益率水平依然延续了前几年的下降趋势,全年资金运用收益率仅为 3.39%,不及银行 3.75% 的两年定期存款基准利率(见图 5-16),相比一般 5.5% 左右的寿险产品精算假设,收益率缺口较大。

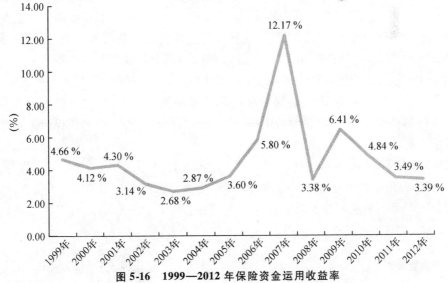

图 5-16　1999—2012 年保险资金运用收益率

资料来源:中国保监会及历年中国统计年鉴。

第二节 保险资金运用的分析与评价

2012 年,我国保险资金投资交出了一份不尽如人意的成绩单,这里面有资金运用环境不利的客观因素,也有保险公司自身的原因。

一、保险资金运用余额变动情况分析

2012 年,保险资金运用余额为 68 542.58 亿元,较年初增加 13 349.60 亿元,同比增长 24.19%,增速较 2011 年的 17.3% 有较大的上升,与 2009 年的 22.47%、2010 年的 23.06% 基本持平,其中的主要原因还是保费收入的增长。虽然 2012 年人身险保费增速依旧低迷,财产险保费增速与 2011 年相比有所下滑,但全年依然实现了 15 487.93 亿元的保费收入,因此带动保险资金运用余额大幅上升。分月度看,1—11 月保险资金运用余额变化不大,但到 12 月,资金运用余额大幅增加了 4.54 万亿元,这一方面是因为 12 月资本市场反弹,投资资产市值有所回升;另一方面则是由于定期存款与债券利息在年底集中发放。[①]

二、保险资金运用结构变动情况分析

2012 年,保险资金运用依然以固定收益类投资为主导,银行存款与债券投资占比之和达到 78.8%。长期以来,银行大额协议存款一直都是保险资金配置的重点。2011 年,全年大额协议存款利率一直维持在较高的水平上,国有商业银行大额协议存款利率一度甚至升至 5.6%,而部分城商行开出的利率甚至高达 7.0%[②],在这样的高利率环境中,大额存款对保险公司的吸引力大幅上升。但是,从 2012 年年初开始,协议存款利率开始回落。尽管如此,在资本市场持续低迷的环境下,协议存款收益率相对而言依然可观,于是,上半年保险公司继续加大对协议存款的配置,6 月底银行存款余额达到 2.26 万亿元,较年初增加了 4 841 亿元,投资占比达到 36.53%,为全年最高。[③] 6 月以来,央行两度降息,同时随着经济放缓,企业的融资需求下降,协议存款利率逐渐降至 5% 以下,保险公司不得不相应减少了对协议存款的配置。因此,7—11 月银行存款余额均

---

① 资料来源:中国保监会。
② 资料来源:新浪财经(http://finance.sina.com.cn/money/insurance/bxdt/20121008/084813302173.shtml)。
③ 资料来源:中国保监会。

低于 6 月份的水平,而 12 月银行存款余额明显回升主要是受到定期存款利息集中发放这一因素的影响。年末银行存款余额为 2.34 万亿元,占比 34.21%。

与 2011 年相比,2012 年保险公司债券投资占比有所下降,年底债券投资占比 44.59%,较年初下降 2.48 个百分点,其中,国债投资与金融债投资占比均出现下降,而企业债投资(包括企业债、公司债、可转换公司债、短期融资券、中期票据和其他企业债)占比则微增 0.04 个百分点。2012 年国债与金融债震荡走弱,再加上收益率相对较高的大额协议存款以及基础设施债权计划的分流作用,从而使得国债与金融债投资占比下滑。企业债投资占比轻微上升则主要受到以下几个因素的影响:(1) 2012 年企业债、公司债、中期票据、短期融资券等信用债的发行量都出现大幅增长,市场规模的迅速扩大使得信用债在期限和收益等方面均较好地满足了保险公司的资产配置需求;(2)《保险资金投资债券暂行办法》的颁布实施增加了可供投资的债券品种,放宽了债券投资的比例限制,并降低了相应的偿付能力要求,保险公司对债券投资,特别是对信用债投资的需求得以释放;(3) 2012 年信用债收益率陡峭化下行,导致存量信用债投资市值增加。

2012 年,A 股市场整体呈现震荡下行走势。年初大盘强势上扬,2 月 27 日,大盘达到 2478.38 的全年最高点,随后行情出现了反复,进入 5 月后,A 股开始了近 7 个月的下跌,并一度跌破 2000 点。在上半年股市震荡低迷的行情下,保险公司股票投资较为谨慎,股票投资仓位维持在较低水平上,选股上也倾向于估值较低且业绩优良的大盘蓝筹。下半年,出于对年底经济见底企稳回升的预判,险企增持了周期股、地产股,同时减持了医药、食品等消费股。在年末的一波反弹行情的拉动下,保险公司股票投资市值有所回升,年末股票投资余额较年初上升 17.57%,占比略降 0.36 个百分点。

2012 年年末,证券投资基金投资余额为 3625.58 亿元,较年初增长 24.59%,与年初基本持平。投资余额的大规模增长一方面是因为年中保险资金低位抄底,大规模加仓证券投资基金,另一方面则是因为年底行情的反弹带动基金净值上升。

在资本市场持续低迷以及投资新政进一步放宽保险资金投资渠道和比例约束两大因素的作用下,2012 年另类投资受到了保险资金的热捧。其中,基础设施债权投资计划更是备受青睐。截至年底,债权计划投资余额达 1886.97 亿元,较年初大幅上涨 53.13%;投资性房地产与长期股权投资余额也分别上升了 18.5% 与 11.29%,占比分别为 0.53% 与 3.14%。

三、投资收益变动分析

2012年全年保险公司的投资收益率为3.39%,为2009年以来的最低值,与一般5.5%左右的寿险产品精算假设相比,收益率缺口较大。①

分类来看,虽然2012年下半年大额协议存款利率有所回落,但在2011年至2012年上半年这一期间内,保险公司已经大幅增加了对大额协议存款的配置,从而提前锁定了较高的收益水平。全年大额协议存款收益率达到5.3%,带动银行存款收益率由2011年的4.13%上升至2012年的4.63%,银行存款对整体收益的贡献度达到46.68%,其中协议存款贡献了34.35%,均高于上一年的水平。

债券投资方面,2012年利率债市场震荡走弱,国债与金融债的公允价值均出现不同程度的下跌,但在利息收入的拉动下,两类债券投资依然分别实现了4.26%与4.69%的收益率,对整体投资收益的贡献度分别为14.26%与48.51%。相比之下,信用债市场则走出一波牛市行情,带动企业债市值上扬,全年企业债投资收益率达到4.93%,对整体投资收益贡献了37.46%。综合起来,全年保险公司债券投资实现4.69%的收益率,略高于2011年的4.33%,对整体收益的贡献度达到了61.62%。

2012年A股市场基本以震荡下行为主,上证综指于11月27日跌破2 000点,并在12月4日盘中创出1 949.46点的年内新低,随后大盘强势反弹,年末上证综指与深成指分别收于2 269.13点和9 116.48点,较上一年年末分别上涨了3.17%和2.22%。②几乎贯穿全年的低迷行情给参与的投资者造成了严重的亏损,再加上前两年累积的浮亏需要消化,全年保险公司投资股票和证券投资基金的收益率分别为-7.26%和-7.28%,拖累了整体的投资收益率。

另外,2012年长期股权投资、投资性房地产和债权计划分别实现了7.48%、8.51%和5.49%的收益率,对整体投资收益的贡献度分别为6.91%、1.32%和4.46%,另类投资的开展对于稳定投资收益发挥了积极的作用。③

四、保险资金运用的新特点

2012年,保险公司的资金运用呈现出的新特点主要表现在以下几个方面。

---

① 资料来源:保监会网站(http://www.circ.gov.cn/web/site0/tab40/i236173.htm)。
② 资料来源:锐思数据库。
③ 资料来源:中国保监会。

(一) 资金运用新政密集出台

2012年6月,保险投资改革创新闭门讨论会召开,会上保监会推出了13项保险投资新政(征求意见稿),从7月开始,保监会陆续出台了《保险资金投资债券暂行办法》等10项规范性文件(见表5-4)。根据新政规定,商业银行理财产品、银行业金融机构信贷资产支持证券、信托公司集合资金信托计划、股指期货等投资领域首次向保险公司开放,而债券投资、股权投资等已开放投资领域也得到了进一步拓宽。此外,根据投资新规,保险公司可以委托证券公司和基金公司进行投资,这意味着中小保险公司可以充分利用券商、基金的专业投资能力,提高资金运用收益水平。

表5-4 2012年出台的投资新政

时间	资金运用新政
2012年7月	《保险资金投资债券暂行办法》
2012年7月	《保险资金委托投资管理暂行办法》
2012年7月	《关于保险资金投资股权和不动产有关问题的通知》
2012年7月	《保险资产配置管理暂行办法》
2012年10月	《关于保险资产管理公司有关事项的通知》
2012年10月	《关于保险资金投资有关金融产品的通知》
2012年10月	《基础设施债权投资计划管理暂行规定》
2012年10月	《保险资金境外投资管理暂行办法实施细则》
2012年10月	《保险资金参与金融衍生产品交易暂行办法》
2012年10月	《保险资金参与股指期货交易规定》

资料来源:根据保监会网站资料整理。

新政的密集出台为保险投资提供了更为宽松灵活的政策环境,对于推动保险资金的市场化运营具有重要意义。新政实施后,保险公司可以根据市场的变化以及自身的资金状况更加灵活地配置资产,充分地把握投资机会,提高投资收益水平,改善资产负债匹配程度,同时分散投资组合,减少对资本市场的依赖。

毫无疑问,新政红利必将给保险资金运用注入新的活力,新渠道和新机制的引入也将有助于改变保险资金运用中的痼疾,引领保险资金运用走出困境,迈入市场化进程。但值得关注的是,高风险投资领域的逐渐放开对保险公司的风险管控能力也提出了更高的要求。

(二) 地产投资稳健起步

2012年,保险公司积极布局商业地产和养老地产。6月,平安寿险联合嘉新投资、联诚投资以23亿元拿下杭州钱江新城单元E-03商业用地,创造了杭州的地王纪录[1];同月,位于北京昌平的泰康之家旗舰养老社区正式奠基开工,该社区计划于2015年正式入住[2];7月,中国太平集团宣布将投资20亿元在上海设立养老社区[3];11月,合众人寿在沈阳拍得13块土地,其中7块将用作养老社区开发[4];同月,上海外滩滨江综合开发有限公司与太保财险组成的联合体以27.7亿元竞得上海黄浦区一地块,刷新上海单价地王纪录[5]。年末投资性房地产投资余额为361.76亿元,较年初增加18.5%,实现的收益率水平达到了8.51%。[6]

投资商业地产和养老地产可以给保险公司带来长期、稳定的回报,同时也有利于险企分散投资组合、匹配长期负债。特别地,对于寿险公司而言,投资开发养老地产可以与公司的医疗、养老、护理等保险产品形成有效对接,充分发挥业务的协同优势,形成新的业务增长点。然而,地产投资蕴含的风险也不可小觑。商业地产的价值与宏观经济形势紧密相连,每当经济进入下行区间,高价拿地的企业往往面临资金链断裂的风险。而投资养老社区需要大规模的前期资金投入,"只租不售"的经营模式将这类投资的回收期拉长至10年,甚至20年以上,资金的流动性较差,投资前景充满不确定性,再加上目前还缺乏相应的政策支持,保险公司投资养老地产需要承担较高的土地成本和税负,这也在一定程度上缩小了投资的盈利空间。

(三) 基础设施债权计划备受青睐

为了稳定增长,从2012年下半年开始,发改委陆续批复了多个大型基础设施建设和市政项目,为保险公司提供了大量的投资标的,而随着投资新政的颁布实施,保险公司投资基础设施类债权计划的审批流程简化,可供投资的项目范围也得到了拓宽。在以上两大因素的共同推动下,2012年多家保险资产管理公司陆续发起设立债权投资计划,投资领域主要集中于水利、核电、水电、风电、公路、铁路等基础设施领域。截至2012年年末,保险机构累计发售83项基础设施投资计划、11项不动产债权计划,备案金额达到3 025亿元,平均投资年限

---

[1] 资料来源:经济观察网(http://www.eeo.com.cn/2012/0601/227533.shtml)。
[2] 资料来源:金融界(http://stock.jrj.com.cn/2012/06/29024213625932.shtml)。
[3] 资料来源:网易房产(http://gz.house.163.com/13/0225/08/8OI19UOM00873C6D.html)。
[4] 资料来源:网易房产(http://gz.house.163.com/13/0225/08/8OI19UOM00873C6D.html)。
[5] 资料来源:网易财经(http://money.163.com/12/1129/08/8HFE9AEF00253B0H.html)。
[6] 资料来源:中国保监会。

为7年,平均收益率6.36%。① 从保险公司持有的投资这一角度看,年底债权计划投资账面余额为1 886.97亿元,较年初增长了53.13%,全年实现了5.49%的投资收益率。②

基础设施债权计划提供的收益率通常高于同期存款以及债券的利率,且较为稳定、有保障,此外,这类项目投资周期长、受资本市场短期波动的影响小,有利于保险公司匹配资金久期、分散资产组合风险。随着城镇化进程的不断深入,相信保险资金在这一领域将大有可为。不过,这类投资流动性较差,而且我国的基础设施建设领域往往存在着重复建设、效益低下等问题,保险公司投资此类项目还应做好相应的风险控制。

(四) 未上市股权投资踟蹰不前

2010年8月,保监会发布《保险资金投资股权暂行办法》,保险资金投资未上市公司股权的渠道正式放开,保险公司表现出极大的热情。然而,一方面由于对保险机构资质条件和可投资项目范围的限制较为严格,另一方面尚未出台配套的管理细则,从而使得险资股权投资一直是雷声大,雨点小。2012年7月,保监会《关于保险资金投资股权和不动产有关问题的通知》新政出台,进一步放宽保险机构的资质要求和投资范围限制,增加保险公司投资运作空间。然而,2012年中国中国风险投资(VC)与私募股权(PE)市场整体低迷状态以及未来行业格局调整的风险,均对保险公司投资PE构成负面影响。虽然在申请PE投资牌照方面,各家保险公司依然积极踊跃,但真正入市的步伐却十分谨慎缓慢。如在间接投资方面,自2010年至今仍仅有国寿股份认购弘毅二期基金、平安集团参与设立西部能源股权投资基金、人保财险旗下的人保资本参与设立兵器产业基金等少数几起案例。可以说,新政从政策层面调动了保险公司的投资意愿,但保险资金参与PE投资的实质行动尚未调动起来。

五、保险资金运用中存在的主要问题

2012年,投资收益率偏低、收益波动大、资产负债不匹配和投资管理能力不足依然是保险业资金运用中所存在的最主要的问题。

长期以来,保险投资收益率偏低和波动大一直困扰着保险业。前文图5-16显示在多数年份保险投资收益率都低于五年期银行存款利率,进一步计算可以

---

① 资料来源:保监会网站(http://www.circ.gov.cn/web/site0/tab40/i236173.htm)。
② 资料来源:中国保监会。

得到:2001年至2012年间,保险资金运用的平均收益率仅为4.45%,若排除2007年特殊情况下的高收益后,平均收益率降至3.86%,低于2012年连续两次降息后的银行三年定期存款4.25%的利率。收益率没有超过银行存款利率,必然会极大地削弱保险产品的竞争力,当前寿险业所面临的困境不能不说与此有一定联系。为了解决上述问题,多年来保监会不断出台新的政策,放松管制,拓宽投资渠道,为保险投资组合和提高收益率创造更大的空间。遗憾的是,2012年保险投资收益率依然维持在低位。收益率偏低,不能覆盖负债成本,使得保险公司不得不更多地倚重证券市场投资以获得超额收益,而波谲云诡、大起大落的证券市场则增加了保险投资的风险,从图5-16中可以看出,自从2004年监管部门允许保险资金入市后,保险资金投资收益率的波动大大增加。

资产与负债不匹配的缺口太大也是保险行业长期存在的问题。保险资金中寿险资金占据了绝大部分,其平均期限多在10年至20年以上,而几乎占据保险资金运用半壁江山的债券投资中,债券的期限多为5—10年,特别是收益率相对较高的企业债和中期票据,其期限通常只有5年。这导致保险业的资产和负债在收益率和期限方面存在着较为严重的不匹配。2012年年末,保险行业15年以上的资产负债缺口近20 225亿元,其中,传统险约8 814亿元,分红险约8 161亿元,万能险约3 250亿元[1],照此下去,从长远发展看,保险资产负债不匹配的程度还可能加大。资产与负债在总量、期限和性质等方面实现一定程度的匹配是保险投资管理的核心要求,也是保险公司稳健经营的重要基础,相对于其他金融机构而言,保险公司资产和负债的结构更加复杂,匹配难度也更大。当前,保险行业的资产负债匹配工作做得不好,虽然有受到资本市场上投资品种较少限制的原因,但保险机构自身所存在的对资产负债管理工作重视程度不足、投资理念不够成熟、资产配置管理能力不够强等问题也难辞其咎。

上述所有问题归根到底,核心问题还在于保险公司投资管理的能力不够强,不能满足现实环境下保险业发展对资金运用的要求。这之间的逻辑关系很清楚,无需多加解释,从现实中保险公司对投资新政的种种反应也可略见一斑。以往,不少保险公司往往将投资收益下降归咎于保险投资政策限制多,而一旦新政放开限制后,却发现自己并没有做好充足的准备,人才储备和经验不足,缺乏完整的运作思路,相关制度和机制尚不健全,面对即将来临的竞争感觉压力很大。

---

[1] 陈文辉副主席在2013年保险资金运用监管政策通报暨培训会议上的讲话,中国保监会网站。

第三节 展望 2013 年：保险资金运用面临的机遇与挑战

2013 年，一方面，保险资金运用的外部形势依然复杂多变，另一方面，资本市场和保险业改革将产生新的制度红利，对保险资金运用而言，机遇与挑战并存。

一、2013 年国际经济展望：宽松货币将继续利好经济

展望 2013 年，全球经济维持调整和复苏格局是大概率事件，但区域之间复苏进程仍不平衡，为金融市场带来许多变数。从 OECD 发布的先行指标来看，除了北美地区先行指标处于景气区域（高于 100）之外，欧洲和亚洲的经济前景均不乐观（见图 5-17）。

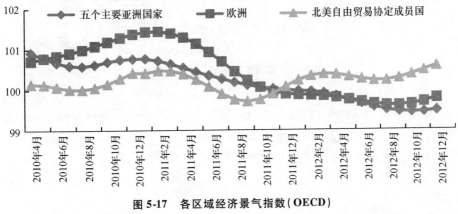

图 5-17 各区域经济景气指数（OECD）

资料来源：Wind 资讯。

美国方面，美国经济复苏态势在 2012 年基本确立，连续 13 个季度的正增长已让美国经济在危机后逐渐恢复元气，走入良性发展轨道。2012 年四季度的"财政悬崖"问题虽然在一定程度上给美国经济前景蒙上阴影，但回头看来，这基本上属于政治领域的博弈，到关键时刻美国两党仍会保持灵活性，妥协一致。

展望 2013 年，我们认为美国经济将继续保持复苏的态势。这是因为，首先，美国宽松的货币政策已基本定局。在此前历次量化宽松政策推出时，美联储已多次确认要将 0—0.25% 的低利率政策维持到 2015 年年中，在美国经济稳步复苏，且失业率仍处于高位，通胀水平又较低的情况下，很难想象美联储会轻易改变当前的货币政策。其次，美国房地产与金融市场将对整体经济的复苏起

到支撑作用。次贷危机后,房地产、金融两市场均受到重大打击,目前美国地产与金融两大市场已基本恢复,道·琼斯指数已接近历史高点。最后,美国制造业也显示出强劲的复苏势头,实体经济的内生增长将承担起接力宽松货币政策的任务,成为带动经济复苏的新动力。从实体经济领先指标——采购经理人指数(PMI)来看,无论是制造业 PMI 还是服务业 PMI 都已长期位于扩张区域(高于 50),显示未来美国经济的增长基础依然坚实(见图 5-18)。

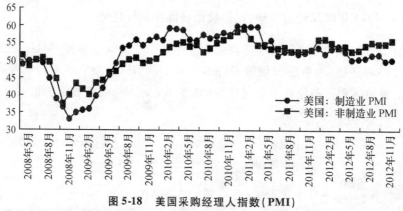

图 5-18 美国采购经理人指数(PMI)

资料来源:Wind 资讯。

欧洲方面,2012 年虽然没有出现大的违约危机,但是过去两年的财政紧缩政策已对经济造成实质打击(见图 5-19)。展望 2013 年,我们认为欧洲的问题仍然不会有根本好转,不过由于欧洲央行的救助和协调机制,整体违约风险已大大降低。

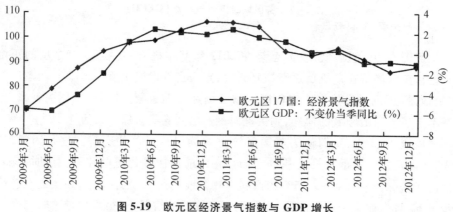

图 5-19 欧元区经济景气指数与 GDP 增长

资料来源:Wind 资讯。

与美国不同的是,产业空心化、竞争力下降与高福利之间的矛盾是欧洲,尤其是欧债五国经济结构中隐含的最大问题。解决这一问题必须紧密依靠劳动力市场和科技进步带来的新的竞争力,而非积极的货币政策。从图 5-20 中可以看出,欧元区的实际利率已连续三年为负值,货币政策对实体经济的推动效果并不显著,且政策空间已极其有限。

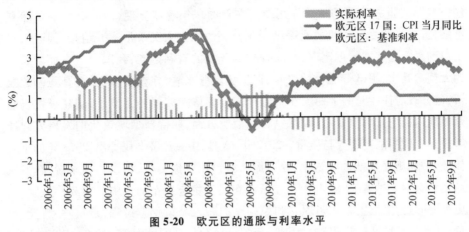

图 5-20　欧元区的通胀与利率水平

资料来源:Wind 资讯。

当然,虽然欧洲经济的复苏还有待时日,但我们对欧洲的前景并不像前几年那般悲观。因为经过欧洲央行在近几年来对金融市场的调整,已让系统性风险大幅降低。从欧洲各国国债信用违约掉期(CDS)价格来看,2012 年基本处于下滑趋势,显示违约风险不断降低。

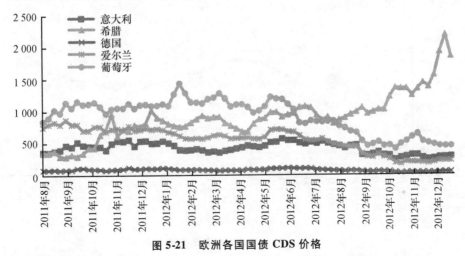

图 5-21　欧洲各国国债 CDS 价格

资料来源:Wind 资讯。

二、2013年国内经济展望:期待新型城镇化

展望2013年,随着新一届政府领导班子上台,我们对新一轮的经济增长有着更多的期待。就经济增长率而言,全年GDP 7.5%的目标应该会有保障。这是因为,首先,2013年外部环境将进一步好转,美国量化宽松带来的溢出效应和经济复苏对世界经济的带动作用应能在新的一年逐步显现,而欧洲经济虽然复苏缓慢,但发生全面危机的概率已微乎其微。加之人民币汇率升值接近均衡,对出口的影响已基本接近尾声,伴随着外部环境的有利因素,我国出口方面增长应为无忧。其次,2013年是换届之年,以历史经验来看,在投资方面,尤其是基建投资,地方政府往往充满干劲。在当前经济复苏依然偏弱的背景下,基建投资仍然是短期内稳增长的重要力量。最后,在消费方面,期待新型城镇化的发展方向能够提升全国的消费规模与质量。2012年12月,中央经济会议提出,2013年的重点任务是"积极稳妥推进城镇化,着力提高城镇化质量"。从会议精神来看,新型城镇化将有别于过去的"城市化",在城市布局上将合理布局大中城市和小城镇,且更重要的是,要把生态文明理念和原则全面融入城镇化全过程,走集约、智能、绿色、低碳的新型城镇化道路。因此,新的城镇化应该是集住房、教育、卫生、环保、通信等各项服务为一体的综合性民生工程,对消费的推动作用不可小视。

当然,2013年中国经济也有一定隐忧。一方面,过去多年对房地产市场的调控依然没有达到良好效果,随着"国五条"颁布,预计房地产市场又将进入一轮新的调整,从目前房企的反应来看,普遍对后市较为谨慎,房地产市场何去何从将影响国内经济短期的复苏进程(见图5-22)。

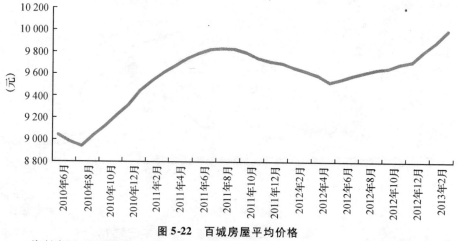

图5-22 百城房屋平均价格

资料来源:Wind资讯。

另一方面,2009年启动的"四万亿"投资让许多行业出现产能过剩,到目前仍然未能完全消化,钢铁、水泥、航运、太阳能等产业尤为严重,2013年伊始曾经辉煌的无锡尚德宣布破产,还有更多的太阳能企业仍处于水深火热之中。我们判断未来国内部分行业"去产能"的过程将在一段时间内仍将延续,对经济有一定负面影响(见图5-23)。

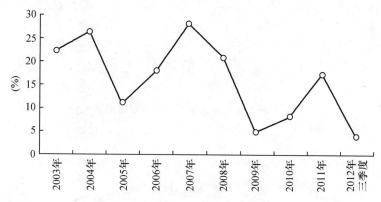

图 5-23 制造业上市公司的资本支出

资料来源:Wind 资讯瑞银证券。

三、2013年国内资本市场:期待改革红利

过去三年,中国资本市场处于深刻的转型和调整中,"一、二级市场发展不协调"、"对中小投资者保护不利"等长期制度性问题已让许多投资者远离资本市场。在此背景下,虽然过去几年我国经济保持高增长,但资本市场却没有取得与经济发展相匹配的成绩。从2010年年初至2013年3月20日,道·琼斯指数、法兰克福DAX指数、伦敦金融时报100指数和东京日经225指数分别上涨了39%、34%、19%和18%,而上证综合指数下跌了29%(见图5-24)。

更为严重的是,投资者丧失信心已成为积重难返的重灾区。截至2013年2月,A股持仓账户已降至5 444万户,继续维持低位。从数据上看,A股参与者越来越集中于一些短期投机客,机构投资者的生存环境更加恶劣(见图5-25)。

展望2013年,我们虽然不对股市彻底摆脱颓势抱有很高信心,但过去两年的转型和调整仍给市场带来希望。一方面,从估值水平看,A股市场已持续历史新低。2013年1月,沪市平均市盈率12.97倍,深市平均市盈率23.47倍,均接近历史最低水平,其中沪市平均市盈率已长期低于2008年金融危机时的最低值,下降空间十分有限。

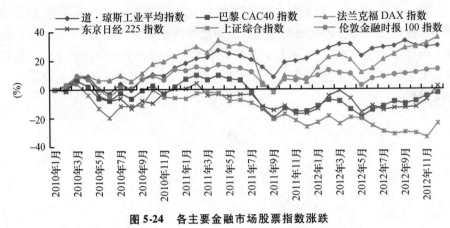

图 5-24　各主要金融市场股票指数涨跌

资料来源：Wind 资讯。

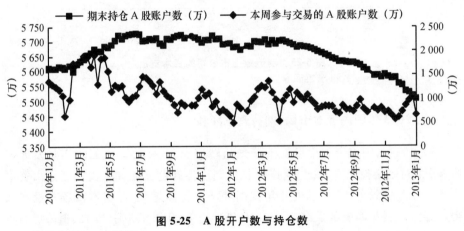

图 5-25　A 股开户数与持仓数

资料来源：Wind 资讯。

另一方面，过去三年 A 股市场持续转型和调整使市场定价更加合理。根据数据，2012 年境内上市公司实际现金分红 4 772 亿元，同比增长 22%，沪深 300 成分股股息率为 2.66%，继续上升。而在新股 IPO 方面，2012 年新股平均发行价、平均市盈率同比分别下降 28% 和 36%，缓解了二级市场的压力（见图 5-26）。2012 年，中国资本市场在引入长期资金方面也取得较大进展，这一年证监会新批准了 72 家境外机构的 QFII 资格，总数已达 207 家；新批准的投资额度 158 亿美元，总额度达到了 374 亿美元。我们认为，改革仍在继续，资本市场健

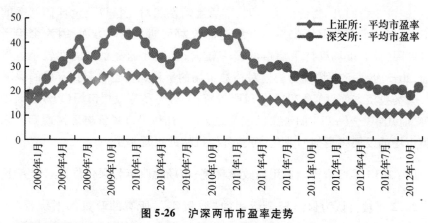

图 5-26 沪深两市市盈率走势

资料来源：Wind 资讯。

康发展的环境已逐步建立。①

当然，A 股市场系统性上涨的阻力仍然较大。长期来看，随着 A 股市场规模不断做大，金融机构存款余额与股票市场流通市值的比例也逐年降低，目前已处于历史低值水平，可供入市的场外资金并不充沛（见图 5-27）。

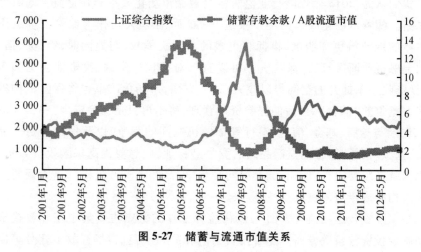

图 5-27 储蓄与流通市值关系

且虽然新股 IPO 在 2012 年下半年基本停发，但排队上市的公司数目有增无减，最高已突破 800 家公司等待上市，形成了名副其实的"堰塞湖"现象，协调一、二级资本市场的关系仍然任重道远。

债券市场方面，2012 年急涨快跌的现象并不利于保险机构投资布局。2013

---

① "'数说'2012 年资本市场"，《中国证券报》，2013 年 1 月 23 日。

年,在经济企稳回升、物价压力不大、市场流动性相对宽松以及全球低利率的推动下,我们认为债券市场依然具有稳健的收益预期。但一方面,因为全年经济亮点有限,债券市场维持平衡市的概率较大,突发性的涨跌可能性较小。另一方面,2013年外部环境较为稳健对债券市场的平稳运行也将起到有效的保障。

另类投资方面,随着2012年风险投资(VC)与私募股权市场(PE)逐渐趋于冷静,前几年"全民PE"的现象已成为过去时,有利于市场价格理性回归。未来该类市场的发展将更加专业化,考验各类机构的投资水平。

四、2013年保险资金运用的政策环境:市场化改革与强化监管双管齐下

2012年被公认为保险资金运用的"政策年",所有的政策都围绕着"市场化"改革的思路,2013年市场化改革还将继续推进,新的政策也还会陆续出台。事实上,继2012年10项新政落地之后,2013年伊始,保监会已连续出台了《关于保险资产管理公司开展资产管理产品业务试点有关问题的通知》、《关于加强和改进保险机构投资管理能力建设有关事项的通知》和《关于债权投资计划注册有关事项的通知》等3项新政。

我们认为,2013年保险行业监管将会遵循市场化改革和强化监管同时推进的思路。随着市场化改革的逐步推进,一方面,保险公司作为保险资金运用市场主体的地位将更加明确,将拥有更多的自主决策权,与此同时,银、证、信、保四大金融行业渐次打通,保险资金可以直接对接优质资源,投资池会更加多元化,投资收益率提升的空间得以放大;另一方面,市场化改革也将保险机构推向了多方竞争的"前台",今后的保险资产管理,将不再只是保险资金"一个人的游戏",保险与券商、基金、信托、银行等金融机构间的竞争,以及保险理财产品与券商、基金、信托、银行理财产品间的竞争必将加剧,想要提高保险投资收益,保险机构就必须与银行、信托、证券等同台竞争"高利率资产蛋糕",这无疑将会对保险机构构成严峻的挑战。

在保险资金运用监管方面[①],以往监管工作的重点主要集中在开放投资渠道和制定投资政策等方面。随着投资渠道和品种不足、市场开放不充分等问题的解决,未来监管的重心将转变到加强风险防范方面。强化监管将遵循"放开前端,管住后端"的总体原则,并据此制定具体监管措施。以下几个方面将成为监管的重点。一是强化资产认可标准约束,要求把偿付能力监管落到实处。二是强化资产负债管理硬约束,相对弱化比例监管。2013年4月,保监会已正式

---

① 陈文辉副主席在2013年保险资金运用监管政策通报暨培训会议上的讲话,中国保监会网站。

宣布设立保监会层面的资产负债匹配监管委员会，旨在推动全行业牢固树立资产负债管理理念，引导保险机构根据负债特点确定资产配置策略，通过理性和稳健的投资，实现长期与稳定的回报。三是完善内控标准，制定风险责任人制度，强化风险责任人管理。未来将会参照国际通行标准，研究制定保险资产管理公司等受托机构的内控标准，并要求上述机构接受第三方内部控制审计。四是加大检查力度。强化现场检查和非现场检查，重点监测与防范金融风险交叉传递，针对利益输送与道德风险、不正当关联交易、内部控制建设等方面展开现场检查。

五、2013年保险资金运用应该把握的机遇

根据对未来国际、国内经济和金融形势的判断，我们认为，2013年资本市场和保险业的市场化改革将继续推进，而2012年改革红利要到2013年才会逐步显现。因此，针对目前保险资金运用中存在的主要问题，2013年保险资金运用应遵循市场化改革的思路，找准创新方向，通过创新来获取竞争优势。

（一）加大对债券新品种的研究和投资力度

债券作为固定收益产品，与保险资金的匹配性较好，收益虽然不高，但比较稳定，并且能够满足流动性管理需要，一直都是保险资金重点配置的基础性资产。2012年债券市场急涨快跌的现象并不利于保险机构对债券的投资布局，债券投资占比有所下降，但债券投资仍实现了4.69%的收益率，对保险投资收益的贡献度达到了61.62%。预期在2013年，在经济企稳回升、物价压力不大、市场流动性相对宽松以及全球低利率的推动下，债券市场依然具有稳健的收益预期。此外，目前我国债券市场正处于快速发展期，新品种不断推出，其中很可能会有能够带来高收益的新品种和新机会。保监会于2012年颁布的债券投资新办法拓宽了保险资金可投资的债券品种，上调了投资比例，给予保险公司在债券市场更多的操作空间。因此，2013年，保险公司在大类资产的配置中除了应继续以债券投资为基础性资产外，还需要加大对具有较高收益的中期债券和无担保企业债的投资布局，密切关注债券市场的变动，在可承受的风险范围内获得相应的风险溢价。不仅要注意发挥债券投资在稳定收益、提供资产流动性方面的作用，还要充分挖掘债券投资在提供收益方面的潜力。

（二）合理利用金融衍生工具的套期保值功能平抑股票投资收益的波动

自从2004年保险资金允许直接进入股市以来，保险投资收益率的波动就

呈现出对股市波动的高度依赖性,如在 2007 年股票市场的大牛市中,保险资金运用总体收益率达到了 12.17%,却在 2008 年的熊市中陡然降至 1.98%。随着近两年 A 股市场持续下跌,保险资金运用的总体收益率也相应连续出现两年下滑,其中证券投资基金与股票投资的收益率更是分别降至 -2.56% 与 -2.05% 的低位。这种"股市依赖症"与保险资金在股票投资中缺乏对冲机制有着直接的关系。如今,政策已经允许保险资金参与股指期货和融资融券交易。根据《保险资金参与股指期货交易规定》,保险资金参与股指期货交易,任一资产组合在任何交易日日终所持有的卖出股指期货合约价值,不得超过其对冲标的股票及股票型基金资产的账面价值。这意味着,保险机构可以对权益类资产进行 100% 的风险对冲。对比目前证券公司集合资产管理计划与公募基金的 20% 的对冲比例上限,可以看出保监会对于保险资金参与股指期货的头寸放得非常开。保险资金在股指期货市场中无疑将大有用武之地。

我们不能确定 2013 年股市能否走出颓势,但一方面股市继续下降的空间已十分有限,另一方面改革仍在继续,资本市场健康发展的环境正逐步建立。股票投资作为重要的风险收益来源,在保险资金的资产配置中仍然应该得到高度的重视。因此,保险机构在股票投资中,一方面要坚持价值投资、长期投资的理念,在整体控制仓位的基础上精选品种;另一方面要积极利用股指期货的套期保值功能,通过在股票市场和股指期货市场这两个市场上的反向操作来对冲股市的波动,在一定程度上锁定投资收益,以实现防范和规避股票市场系统性风险的目的。

虽然目前关于保险资金融资融券的具体办法尚未正式颁布,但是根据 2012 年 6 月闭门会议的征求意见稿,保险资金已经可以开展"融资融券"业务。保险公司应充分利用存单质押融资、债券回购、证券转融通、账户间融资这些业务赚取利差,盘活资金,增加流动性,提高资金运用的效率。

(三)积极推进另类投资

近些年来,保险公司在基础设施、保障房、房地产和私募股权等另类投资方面做了许多有意义的尝试,2002 年出台的一系列保险投资新政进一步放宽了另类投资的领域和比例约束,简化了审批流程。从目前情况看,保险公司对另类投资的热情很高,但在整个保险资金的资产配置中占比还很小,因此增长的潜力很大。

基础设施和不动产投资方面,截至 2012 年年底,保险机构持有的基础设施和不动产债权计划为 1 886.97 亿元,在 2012 年保险资金运用余额中占比不到 3%,远远低于新政允许的限额。基础设施和不动产投资可以给保险公司带来长期、稳定的回报,同时也有利于险企分散投资组合、匹配长期负债,投资开发养老地产还可以与公司的医疗、养老、护理等保险产品形成有效对接,充分发挥业务的协同优势,形成新的业务增长点。而且,目前保险机构在发行债权计划产品方面已经具备了一定的竞争优势,未来应该充分利用这个竞争优势,大力推进基础设施和不动产投资。

在长期股权投资方面,2012年虽然实现了11.29%的增长,但占比只有3.14%,规模还很小,未来仍有较大的发展空间。无论是采用直接股权投资还是间接股权投资方式,保险公司通过长期股权投资可以参与到实业投资中,直接对接优质资源,在支持具有高增长潜力企业发展的同时,分享其较高的盈利。实业投资期限长,能够大大地提高保险公司资产的久期,非常有利于改善保险公司资产负债不匹配的现状。而且优质的实业投资项目收益高,也有助于提高保险公司的长期投资收益。特别是,经历了前几年"全民PE"后,2012年风险投资与私募股权市场已逐渐趋于冷静和理性,未来该市场的发展将更加专业化,有利于保险机构这类理性的专业投资机构的进入。虽然目前保险机构在实业投资方面还缺乏足够的人才和经验,但通过积极的准备和行动,在控制风险的前提下,完全有条件率先参与一些符合保险业自身产业需求的相关实业的股权投资,如金融服务企业的股权、养老企业的股权、医疗企业的股权和现代农业企业的股权等。

第六章

保险业监管与改革

引　言

　　监管与改革一直是中国保险业近三十多年来,特别是近几年发展中的两大主题。原因不外乎两层:其一,从中国保险业发展的内生需要来讲,由于其所处发展阶段和发展环境的特殊性,要利用发展机遇,处理好各种潜在的约束条件和风险因素,实现保险业的健康持续发展,必须要摒弃旧有的、与市场经济内涵不够契合的发展理念,推进制度建设和改革深化,并建立健全有效的监管体系。其二,从保险业发展的外部环境来看,自金融危机爆发以来,全球经济形势波诡云谲,发达经济体依然处在经济低迷、高失业率、债务危机、财政危机的阴霾笼罩之下,新兴经济体也没有走出发展趋缓的困境。为了解决危机中暴露出来的制度性问题,为了稳定经济运行、恢复相关利益者的信心,为了满足经济格局的调整及金融全球化的需要,全球金融监管改革一直在持续推进和深化过程中。在全球化和国际金融监管改革的大潮中如何自处,如何在自身发展阶段和发展特色的要求与国际标准之间权衡取舍,其答案对于保险业未来发展具有极其深远的影响,必须持续关注。

　　本章将对2012年度保险业监管与改革的基本情况进行全面的盘点与分析,并试图就未来一年乃至今后两到三年内的保险监管与改革工作重点进行预判。

第一节 时代背景

要观察并识别保险业监管与改革中的重大事件,自然不可以忽视这些事件所依存的现实"土壤"。仔细观察2012年保险业监管与改革发生的国际、国内背景可以发现,国际、国内经济形势与国际金融监管改革的动向,是中国保险业监管与改革工作面临的核心背景。

一、国际经济阴霾未散

2012年,因为采取了众多的改革措施,欧元区和美国等发达经济体续发严重危机的风险已经大大降低。但是,欧洲债务危机久拖不决,延滞了欧盟经济的复苏,乃至拖累全球经济,阴影之下,虽已建立"欧洲稳定机制",但仍会常常听到"欧元区解体"的呼声。美国大选贯穿了一年的大部分时间,为了讨好选民,美国民主、共和两党的总统候选人时常提出各种牵动世界神经的政策和言论,但其经济增速仍未有显著改善,高失业率问题没有得到缓解。此外,虽然美国国会已正式批准"财政悬崖"的解决方案,使得美国经济在最后时刻免于"坠崖",但是,自动生效的削减政府开支计划只是推迟实施,美国经济复苏势头并不确定。东亚的岛屿纷争持续不断,中日、韩日、俄日之间就领土问题展开了长时间的较量,折射出日本国内问题频出、经济衰退、焦虑感蔓延的现实。2012年,发达经济体经济增长率水平仅有1.3%,低于2011年水平(1.6%)。新兴经济体成为支撑世界经济增长的重要力量,但由于外部需求不振、国内需求受限,成绩单并不耀眼,其全年经济增长率水平为5.1%,低于2011年水平(6.3%)。两方合力之下,全球经济增长率从2011年的3.9%下降到2012年的3.2%(见图6-1)。[①]

从国际货币基金组织近几年的全球金融稳定评估报告(GFSR)结果可以看出,相对于2009年,全球金融稳定性总体有所改善,但2012年金融稳定的下行风险却又有所加剧,明显高于2011年水平,国际范围内对金融系统的信心仍然十分脆弱,市场风险偏好减弱,信用风险持续处于较高水平(见图6-2)。世界经济形势的复杂多变,国际金融市场不稳定、不确定性的增加,给包括我国在内的

---

① IMF, "Gradual Upturn in Global Growth During 2013", World Economic Outlook Update, January 23, 2013.

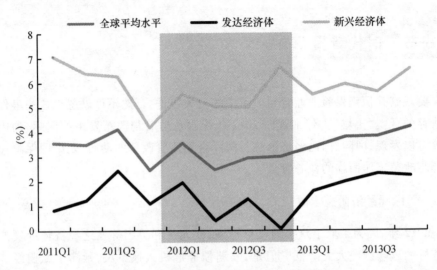

图 6-1　全球 GDP 增长率（年化季度增长率）

资料来源：IMF,"Gradual Upturn in Global Growth During 2013", World Economic Outlook Update, January 23, 2013. 2013 年数据为估计数。

新兴市场发展带来多重挑战，直接导致新兴市场风险有所放大。

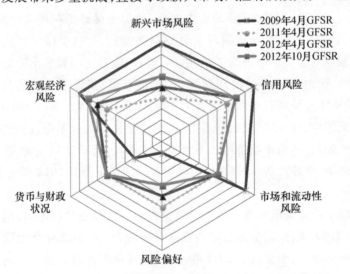

图 6-2　全球金融稳定性指标变化情况（2009—2012 年）

资料来源：IMF, Global Financial Stability Report (GFSR) 2013, 2012, 2011.

注：数据点离中心越远，意味着风险越高、货币及财政状况越宽松或风险偏好越高。

二、国内经济形势复杂化

2012年以来,受外部环境恶化和国内宏观调控的影响,在周期性和结构性冲击叠加影响之下,中国经济承受一系列严峻挑战,如外部需求"断崖式"下滑造成的出口驱动型模式"停摆"、有效需求下降[①]、生产成本上升、增长动力缺失、产能过剩加剧等,经济下行压力持续增大。2013年1月18日,国家统计局发布的宏观经济数据显示,2012年我国国内生产总值(GDP)为519 322亿元,比上年增长7.8%(按可比价格计算),增速跌破"8",创出2000年以来的年度GDP增速最低值。不过,中国经济短期走势向好:至第四季度,在工业产出改善、出口贸易回升的带动下,企业去库存化进程接近尾声,GDP同比增长7.9%,终结了之前连续七个季度回落的态势;同时政府主导的基础设施投资增速加快,带动固定资产投资增速企稳,四季度固定资产投资(不含农户)也同比增长20.6%,转呈明确的回升态势。"双上行"促使中国经济得以温和回升。但是,经济下滑势头得以停止,却并没有掩盖经济困难尚未见底的事实,这也给保险业监管与改革带来了严峻的挑战。

首先,经济增长仍然是投资驱动型,结构调整任务艰巨。一方面,经济增长仍然靠投资支撑,固定资产投资占GDP比重超过70%,而其中房地产投资在固定资产投资中占比高达19.7%;另一方面,企业投资意愿不足,利润回落、成本上升,特别是劳动力成本上升的趋势难以逆转。投资在短期内创造出巨大的需求,但长期内将转化为产能,新产能的吸收仍然需要需求的强劲增长,否则将会为未来发展埋下隐患。国民经济结构调整任务十分艰巨,这也意味着保险业更需要致力于满足市场多层次的风险保障和财富管理需求,深入挖掘生产经营效率所蕴含的价值。因此,当前这个阶段是保险业加快转变行业发展方式、推动行业又好又快发展的重要时期。

其次,系统性金融风险管理的任务依然非常艰巨,特别是地方债务问题逐渐长期化,成为金融系统安全最大的不确定因素。2010年年底,全国地方政府性债务余额为10.7万亿元,债务率超过70%,且债务规模近年来仍然在持续扩大[②],地方融资平台的渠道也逐渐从传统银行信贷向信托、城投债等形式拓展,造成巨大的潜在风险。2012年12月,财政部、国家发改委、人民银行、银监会等四部委联合发文《关于制止地方政府违法违规融资行为的通知》,试图化解地方

---

① 海关总署数据显示,2012年我国外贸进出口同比增长6.2%,相比2011年回落16.3个百分点,不仅低于10%的年度增长目标,更大大低于入世以来将近20%的增长水平。

② 资料来源:审计署2011年6月向全国人大常委会提交的全国地方政府性债务审计结果。

政府债务不断累积的长期担忧。① 金融体系的不确定性,对保险业的承保、资金运用和资本补充等产生多方面的影响,增加行业发展和风险防范的压力与难度。

最后,"大资管时代"的到来使得金融市场竞争日趋激烈。从 2012 年 10 月开始,我国居民消费价格指数(CPI)同比涨幅出现回升趋势,12 月升至 2.5%。由于全球第二轮量化宽松以及国内货币供给的规模增加,宽松货币政策积累效应必然导致未来几年内中国通胀压力依然比较大。这必定意味着消费者将更为关注资产的保值增值能力。而自 2012 年 5 月以来,中国的资产管理行业迎来了一轮监管放松、业务创新的浪潮,在扩大投资范围、降低投资门槛以及减少相关限制等方面,打破了证券公司、期货公司、基金管理公司、银行、保险公司、信托公司之间的竞争壁垒,使资产管理行业进入进一步的竞争、创新、混业经营的"大资管时代",机构和个人的投资渠道日益多元化,各类金融机构凭借自身的比较优势各显神通,争夺客户资源,为保险业带来巨大的竞争压力。近几年来,高借贷利率、民间借贷热、信托产品热、高利息理财产品热等,都对寿险产品形成了挤出效应。② "大资管时代"的来临对保险业的投资管理能力和产品创新能力提出了更高的要求。

三、金融监管结构化改革持续深化

世界经济形势的复杂多变,国际金融市场不稳定、不确定性的增加,给包括我国在内的新兴市场发展带来多重挑战,在此背景下,重建市场信心、深化金融监管结构化改革,促使全球经济稳健复苏,成为各国,包括中国的政策干预重点。2012 年,国际范围内金融监管结构化改革的重心从监管标准的讨论和确定,转变为规则的制定和具体实施。

总体看,全球金融监管改革呈现以下三大特点。一是监管标准国际统一的趋势不断增强。例如,从 2012 年 3 月起,金融稳定委员会(The Financial Stability Board,FSB)便开始推动各国或地区逐步实现银行、保险、证券等金融行业监

---

① 惠誉国际评级(Fitch Ratings)2013 年 1 月 30 日发出警告称,鉴于中国地方政府债务风险不断上升,该机构可能会下调中国的本币发行人违约评级。惠誉目前对中国的本币发行人违约评级为 AA -,评级展望为负面;外币发行人违约评级为 A -,评级展望稳定。如果中国的地方政府债务问题没有显著缓解,惠誉不排除在未来 12 至 18 个月之内将中国的本币发行人违约评级下调至 A +。

② 2012 年,全国寿险保费收入同比增长仅有 2.44%。相对而言,2012 年 12 月,中国社科院发布《中国金融发展报告 2013》预计,2012 年银行理财产品全年的发售量将不低于 3 万款,募集资金规模流量不低于 20 万亿元,预计比 2011 年增长近 30%;信托业管理的信托资产规模从 2011 年的 4.8 万亿元一路增至 2012 年 9 月底的 6.3 万亿元,三个季度便实现了超过 30% 的增长。

管在国际合作和信息交换方面标准的统一化,以缓解过去金融监管属地化和金融市场全球化的尖锐矛盾。① 最新的一份评估报告指出,在 FSB 认定的所谓具有高度金融重要性的 60 个国家或地区中,已有 44 个严格遵守相关国际标准②。在各类国际组织的积极推动下,在此类活动的影响下,各国家或地区在保持一定自由裁量权的前提下,在充分尊重不同国家或地区的监管差异性的前提下,逐步开始采取国际统一的监管标准。

二是监管制度的结构化调整。监管日趋多层化,强化微观审慎监管兼顾宏观审慎监管,加强和完善逆周期宏观审慎管理制度框架,不但关注单个金融机构的持续审慎经营,同时要求加强金融业系统性监管,确保在保持个体银行稳健经营的基础上,实现整体金融体系稳定。从当前国际实践看,监管制度的结构化调整主要包括这样几个方面:(1) 监管机制的动态性,即强调"逆周期"行事,关注动态资本充足率、动态拨备率、动态抵押价值比率等;(2) 强化资本要求,建立多层次的资本体系,提高资本对风险的全覆盖能力、抗周期能力和抵御道德风险能力,特别是提高了对以普通股为核心的一级资本充足率要求,并引入留存和逆周期资本缓冲、"具有全球风险重要性的金融机构"(G-SIFIs)附加资本和杠杆率要求等,以增强金融机构对非预期损失的抵御能力;(3) 丰富监管指标体系,增加流动性监管指标和杠杆率指标,克服流动性错配引发的流动风险和内部评级法下模型失当引发的顺周期性问题;(4) 风险监管全面化,强化监管重大实质性风险兼顾其他风险,进一步扩大对资产证券化风险、交易对手信用风险等的覆盖。

三是采取"抓大带小"分类监管的思路,高度重视系统重要性金融机构(SI-FIs),并兼顾其他机构。危机之后,各国际监管组织和各个国家或地区一致认同,对大型全球金融机构应该实施与它们对整个金融体系带来风险相对应的更

---

① 在银行业,推动各国或地区遵守巴塞尔委员会新通过并修订的"关于统一国际银行的资本计算和资本标准的协议",即巴塞尔协议Ⅲ(2012 年版)的 3、5、10、12 和 13 条;在保险业,遵守国际保险监督官协会公布的"保险核心原则、准则、指导及评估方法"(2011 年版)的 3、4、5、23、25 和 26 条;在证券业,遵守国际证监会组织(IOSCO)公布的"证券监管的目标和原则"(2010 年版)的 10、11、12、13、14 和 15 条。

② The Financial Stability Board, "Global Adherence to Regulatory and Supervisory Standards on International Cooperation and Information Exchange", November 2, 2012.

严格的监管标准，G-SIFIs 必须具备更高的损失吸收能力，以促进金融稳定。①
2011 年 11 月，FSB 发布了《金融机构有效处置框架的关键特征》(Key Attributes of Effective Resolution Regimes)，其中包含了对系统重要性金融机构（SIFIs）有效处置的政策意见以及实施的时间框架，包括考虑入选机构的资本充足率水平、要求 1% 至 2.5% 的强制资本附加，并要求入选机构在 2012 年年底前完成恢复计划和处置计划、进行首次可处置性评估。不过，当时对 SIFIs 的关注主要集中在银行（2011 年 11 月公布的 29 家 G-SIFIs 全部为银行），巴塞尔委员会给出了判定银行是否具有系统重要性的一些要点，包括规模、复杂性、关联度、其金融基础设施服务的可替代性以及全球/跨国性活动。在 2012 年，全球系统重要性银行(Global Systematically Important Banks, G-SIBs)的定义进一步扩展到了影子银行；国际保险监督官协会则发布了评定全球系统重要性保险公司（Global Systematically Important Insurers, G-SIIs）的方法及相关政策；国际证监会组织也承诺会在 2013 年给出系统重要性非银行非保险金融机构的评定方法，对 G-SIFIs 的监管进一步深化。

概括起来，虽然我国的发展仍处于重要战略机遇期，经济社会蓬勃发展的基本面没有变，保险业继续保持快速发展的基础没有变，但是，国际经济阴霾未散，经济金融不确定性有所增加；国内经济隐性风险仍然存在，构成了较为不利的市场发展环境；国际金融监管改革持续深化，对中国保险业监管与改革提出了新的时代要求与挑战。2012 年，可算得上是中国保险业监管与改革工作攻坚克难的重要年份。

第二节 盘点 2012 年：保险业监管与改革的基本情况

对于保险业而言，刚刚过去的 2012 年是最好的时代，也是最坏的时代。这是属于风险管理的时代，更是属于金融创新的时代；这是高收益理财产品的时代，也是优质风险保障计划的时代；这是保险集团的时代，更是金融平台的时

---

① 2009 年 9 月，20 国集团（G20）匹兹堡峰会要求金融稳定理事会（FSB）在 2010 年 10 月前就与系统重要性金融机构（SIFIs）关联的"太大而不能倒"（Too Big to Fail）问题提出政策建议。2009 年 10 月，金融稳定理事会制订了处置"大而不倒问题"的工作计划。2010 年 10 月，金融稳定理事会提出将与巴塞尔银行监管委员会（BCBS）、国际保险监督官协会（AIS）等一起提出全球系统重要性金融机构（G-SIFIs）的名单，要求巴塞尔委员会提出识别全球系统重要性机构的方法论，并指出对所有全球系统重要性金融机构应当实施更加严格的监管政策。

代。在这样的时代,对于行业发展、改革与监管工作而言,最重要的便是应对挑战、把握机遇、治理顽疾、鼓励创新、适度调整发展战略、适度修正发展方向。本节将回顾梳理过去一年保险业监管与改革的过程,分析保险行业面临哪些热点、焦点与难点问题。

一、保险监管制度建设的进一步加强

完善的保险监管制度体系是科学有效监管的制度保障。只有在保险法律框架下,建立健全规范保险经营和保险监管的规章制度,形成完整并有效的保险法律制度体系,才能实现保险监管和行业发展制度环境的优化,才能实现从"法制"到"法治"的跨越。2012年,保险监管制度进一步完善,监管水平也相应提升。

(一) 第二代偿付能力监管体系建设全面启动

偿付能力监管是现代保险监管的核心。2003年,中国保监会实质启动了偿付能力监管制度体系建设工作,到2007年年底,基本搭建起具有中国特色的第一代偿付能力监管制度体系。2008年之后,结合国际金融危机后的监管改革趋势和我国保险市场发展情况,监管部门不断完善、丰富偿付能力监管制度,以期更好地促进我国保险业的发展。2012年3月29日,保监会下发《中国第二代偿付能力监管制度体系建设规划》(保监发[2012]24号),全面启动"中国风险导向的偿付能力体系"(简称"偿二代")体系建设。①

根据"偿二代"建设规划,其总体目标包括三个方面:一是形成一套既与国际接轨,又与我国保险业发展阶段相适应的偿付能力监管制度,准确识别和量化风险,使资本要求与风险相匹配,对风险更加敏感,提高偿付能力监管制度的科学性和有效性;二是在制度建设过程中,一方面在守住风险底线的基础上,避免不必要的资本负担,合理节约社会资本,提高我国保险业的行业竞争力和国际竞争力,另一方面建立有效的激励机制,不断推动保险公司建立健全全面风险管理制度,提高行业风险管理和资本管理水平;三是力争成为新兴市场经济体偿付能力监管的代表性模式之一,提升我国保险业和偿付能力监管制度体系的国际影响力,扩大我国在国际保险监管规则制定中的话语权。

在前述目标的指引下,"偿二代"体系的建设包含监管基础、监管要素和制

---

① 中国第二代偿付能力监管制度体系的中文全称为"中国风险导向的偿付能力体系",中文简称为"偿二代",英文名称为 China Risk Oriented Solvency System,英文缩写为 C-ROSS。参见:中国保监会,《中国第二代偿付能力监管制度体系整体框架》(保监发[2013]42号),2013年5月3日。

度特征三大部分的建设和完善,其中监管要素是偿付能力监管的三大支柱(见图 6-3):第一支柱定量监管要求主要防范能够量化的风险,通过科学地识别和量化各类风险,要求保险公司具备与其风险相适应的资本,监管要求主要包括第一支柱量化资本要求、实际资本评估标准、资本分级、动态偿付能力测试、监管措施等五部分内容;第二支柱定性监管要求进一步防范难以量化的风险,如操作风险、战略风险、声誉风险、流动性风险等,共包括风险综合评级、保险公司风险管理要求与评估、监管检查和分析及监管措施等四部分内容;第三支柱市场约束机制培育、引导、促进和发挥市场相关利益人的力量,通过对外信息披露等手段,借助市场的约束力,加强对保险公司偿付能力的监管,进一步防范风险,其中,市场力量主要包括社会公众、消费者、评级机构和证券市场的行业分析师等。

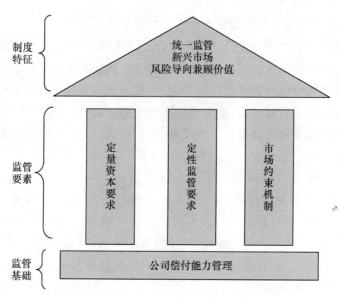

图 6-3 中国"偿二代"体系的整体框架

资料来源:中国保监会,《中国第二代偿付能力监管制度体系整体框架》(保监发[2013]42 号),2013 年 5 月 3 日。

总体来看,"偿二代"建设最突出的亮点就在于,监管部门在制度建设方面,不仅重视国际趋势,也充分尊重中国国情;不仅积极参与国际金融监管协调与合作,也高度关注争取主动、加强和巩固话语权。在过去相当长一段时间内,中国的监管制度建设与改革,更多地是考虑如何在国际平台上汲取经验和教训,用以发展自身。

当前国际上有代表性的偿付能力监管体系有两类,一类是以美国为代表的风险资本监管系统(RBC),另一类是以欧盟为代表的、正在推行的保险偿付能力监管标准Ⅱ(即欧Ⅱ)。前者偏重风险识别,后者更倾向于以经济观点衡量偿付能力;前者关注的是行业共性风险,后者则强调特定公司的风险程度;前者是以"规则"为导向(rule-based)的监管模式,而后者则是以"原则"为导向(principle-based)的监管模式。两类体系各有优劣,我国在推进监管制度改革时,如果只是盲目求新和刻意模仿,就可能扭曲本国的监管目标。"偿二代"结合本国行业实际和监管技术条件,以公允资本为核心,预警工具与计价技术兼备,致力于打造适合新兴市场经济体的偿付能力监管代表性模式之一、提升国际话语权,这不能不说是中国保险监管制度建设史上具有里程碑意义的事件。

(二)进一步健全保险市场准入退出机制

中国保险监管制度经过多年的建设和改革,取得了相当的进展,但不可否认的是,在一些领域还存在制度真空,比如市场退出机制一直没有建立完善起来,存在"差而不倒"、"乱而不倒"的现象,无法实现市场的优胜劣汰;准入制度也有一些不健全的方面,比如,大部分新设公司都是全国性牌照,对经营某些业务所需的资质条件没有明确规定,而部分新公司只是对原有市场主体的简单复制和市场份额的重新洗牌,并没有有效提升竞争水平和竞争质量。这些问题已经成为行业和监管反映比较集中的问题。2012年,建立健全市场准入退出机制成为监管部门的一项重要和紧迫的工作,而这方面工作主要围绕以下几个方面展开。

第一,对当前保险机构与市场的匹配程度、机构运营质量和风险状况进行全面评估。从理论上讲,短期内市场的容量是有限的,而在位企业由于占据了产品销售的先行优势地位,既定的消费者也对原有在位企业的产品形成了比较稳定的偏好,新进入的企业面临市场容量壁垒。近三十年来,中国的保险行业正处于快速成长时期,市场容量具备很大的弹性,新进入企业相对容易克服市场容量壁垒,这就使得监管机构在批设机构时,倾向于忽视对市场主体运营质量和风险状况的跟踪研究,也不重视机构数量与市场有效需求的匹配程度研究,未能有效贯彻"成熟一家、开设一家"的准入思路。但是,伴随保险业发展阶段的提升,保险市场容量的增长速度逐渐变得更为有限,如果新进入的保险企业在短期内不能迅速培养起开发潜在市场的实力,就只能对在位保险企业采取"跟进"的竞争策略,从而导致产品同质化竞争激烈,行业风险迅速累积,原有监管准入实践的局限性迅速显现出来。2012年,监管部门组织理论研究力量,系统总结了中国准入退出工作的制度建设、工作经验和实践效果,对机构与市的匹配程度、机构运营质量和风险状况等做出判断,构成了准入退出机制建设的理论基础。

第二,在前述理论基础之上,规范保险公司分支机构市场准入的条件、标准和程序。由于制度建设和理论基础尚未完善,之前监管部门对保险分支机构铺设方面的合理规划和约束不足,准入审核缺乏统一的原则、标准和程序,尤其是新设保险公司向省域外市场延展的标准和程序不够规范。2012年,监管部门开展了保险公司经营范围分级分类管理制度的前期调研,同时加强对保险公司分支机构市场准入的条件、标准、程序、节奏以及材料申报等持续的深入研究。

第三,提高保险中介机构市场准入门槛,清理整顿保险代理市场。从保险中介市场的准入制度来看,其主要问题是各类规定相对原则化,各地政策执行尺度难以一致,而市场准入门槛较低是保险中介市场诸多问题的根源之一,也是保险中介市场转型升级的重要障碍。2012年3月下旬,保监会发布了《关于暂停区域性保险代理机构和部分保险兼业代理机构市场准入许可工作的通知》(保监中介[2012]324号),并在6月12号下发《关于进一步规范保险中介市场准入的通知》(保监中介[2012]693号),要求除保险中介服务集团公司以及汽车生产、销售和维修企业,银行邮政企业,保险公司投资的注册资本为5 000万元以上的保险代理、经纪公司及其分支机构和全国性保险代理、经纪公司的分支机构的设立申请继续受理外,暂停其余所有保险专业中介机构的设立许可,这实际上是将保险中介设立的资本门槛提高为原来的5倍。同时,继续清理整顿保险代理市场,吊销保险兼业代理机构许可证6 178家、保险专业代理机构(含分支机构)许可证221家。①

(三)行业风险防范化解制度建设

保险监管的一项重要职能就是防范行业风险的过度累积和异常变化,促进行业稳健增长。本轮金融危机爆发以来,保险业风险因素明显增多,而且各类风险相互影响、相互叠加,行业风险的防范化解面临严峻的考验。近几年来,保监会一直将防风险作为监管工作的关键任务,坚守不发生系统性、区域性风险事故的底线,对于维护保险市场稳定运行起到了重要作用。2012年,监管部门在推进行业风险防范化解制度建设、构建行业风险管理长效机制方面取得了显著进展。

第一,反保险欺诈工作的推进。随着保险市场的快速发展,保险欺诈风险日益凸显,严重侵害了保险消费者权益,破坏了金融市场秩序和信用体系建设。

---

① 项俊波,《在2013年全国保险监管工作会议上的讲话》,2013年1月24日。

而2011年重新修订的保险监管核心原则（ICPs）第21条也明确规定，"监管机构应要求保险公司和中介机构采取有效措施阻止、预防、发现、报告和纠正保险欺诈"。为了完善反保险欺诈监管制度，2012年8月，中国保监会发布了《关于加强反保险欺诈工作的指导意见》（保监发〔2012〕69号），其指导思想是"以保护保险消费者合法权益为目的，以防范化解保险欺诈风险为目标，以行政执法与刑事执法联动机制为保障，组织动员各方力量，惩防结合，标本兼治，着力构建预防和处置保险欺诈行为的长效机制"。

第二，健全保险公司资本补充机制，开拓新的资本补充渠道。2012年5月15日，保监会发布《关于上市保险公司发行次级可转换债券有关事项的通知》（保监发〔2012〕45号），允许上市保险公司和上市保险集团公司发行次级可转债，以拓宽保险公司资本补充渠道，提高保险公司偿付能力管理水平。在目前保险企业融资渠道有限的情况下，开放次级可转债，有助于险企拓宽融资渠道，提高偿付能力，对于化解行业风险有显著的积极意义。

第三，完善精算制度，加强风险监测体系建设。从非寿险方面来看，先后制定下发了《保险公司非寿险业务准备金基础数据、评估与核算内部控制规范》（保监发〔2012〕19号）、《保险公司非寿险业务准备金评估结果回溯管理办法》（保监发〔2012〕46号），规范准备金基础数据管理工作和评估结果回溯分析管理工作，完善非寿险精算制度，加强准备金动态监管，防范准备金提取不足风险。从寿险方面来看，主要工作是完善寿险公司全面风险管理制度和风险监测指标体系，全面加强退保风险监测和报告制度，形成了由非正常退保等10个风险应急预案组成的应急预案体系。

第四，加强公司治理监管制度建设。一是完善薪酬激励机制。出台《保险公司薪酬管理规范指引（试行）》（保监发〔2012〕63号），通过强化风险和合规在薪酬中的影响，引导保险公司建立科学合理的绩效考核指标和严谨规范的考核流程，形成公司稳健经营和增长方式转变的内生机制。二是规范控股股东行为。出台《保险公司控股股东管理办法》（保监会令2012年第1号），强化控股股东对公司经营管理行为的合理监督，同时注重规范控股股东的行为，防止损害保险公司利益。三是推进高管审计工作。为进一步规范高管人员审计，更好地贯彻落实《保险公司董事及高级管理人员审计管理办法》（保监发〔2010〕78号），对高管审计的范围、程序和内容进行规范和统一。

（四）加强统计信息制度建设

无论是从行业发展的角度来看，还是从行业监管的视角出发，如果没有运转有效的信息系统、充足的数据基础和认真有效的数据挖掘工作，行业规划和监管就只能是无本之木、无源之水。因此,健全保险统计信息系统,完善监管信息共享机制至关重要。"中国保险统计信息系统"自2004年年底启用以来,极大地提高了保险统计工作效率和作用,并为行业发展和保险监管积累了大量基础数据,但是在数据查询便捷性、易用性等方面,还有提升的空间。2012年,统计信息制度建设的主要工作包括:

首先,为了加强保险统计监督管理,保障保险统计信息的真实性、准确性、完整性和及时性,进一步完善监管数据体系,中国保监会系统梳理修订了现行统计制度,起草了《保险统计管理规定(征求意见稿)》,并于7月下发向社会公开征求意见。① 该规定明确了监管机构统计部门负责监督和归口管理保险统计工作,要求保险公司及其支公司以上分支机构都应当指定统计负责人、设立或者指定职能部门负责统计工作,强化了保险公司分支机构对保险统计信息的责任,指明保险行业统计数据以中国保监会及其派出机构统计部门提供的为准。此外,保险监管信息交换平台也正式投入使用。

其次,进一步增强保险统计数据查询便捷性和易用性,提高保险统计数据的使用效能。2012年,保监会完成了保险统计信息查询系统的开发工作,进一步确定了保险统计查询系统的主要框架和功能要求。另外,还建成了"保险公司年度信息披露报告集中查询平台",并于12月18日在中国保险行业协会网站(www.iachina.cn)正式上线运行,为保险消费者和社会公众查询了解保险公司的经营管理情况提供了一个更为便利的渠道。

二、"组合拳"出击行业顽疾

如果说,对保险业增长速度的关注在很长时期内一直是监管部门工作的重要"风向标"的话,那么,2011年以来,保险监管部门的工作重心从"保增长"、"稳增长"向"促稳定"、"求质量"的方向转变的趋势越来越明确。2012年和2013年度的两次全国保险监管工作会议更是反复强调,要坚持"抓服务、严监管、防风险、促发展",以科学发展为主题,更加注重保护保险消费者利益,着力解决保险市场和保险监管存在的突出问题。也正因如此,从解决消费者反映最集中、最突出的销售误导、理赔难等问题入手,综合治理行业顽疾成为2012年保险业监管工作的核心内容之一。

---

① 根据保监会令2013年第1号,《保险统计管理规定》自2013年3月1日起施行。中国保监会2004年9月29日发布的《保险统计管理暂行规定》(保监会令[2004]11号)同时废止。

（一）治理寿险销售误导

销售误导是人身保险业长期存在的一个问题，却一直没有得到有效根治。正如"破窗理论"所揭示的那样，如果一所房子的某一扇窗户破了又没有人去修补，隔不久，其他的窗户也会莫名其妙地被人打破，甚至整栋楼被拆毁。同样地，如果一开始有营销员观察到违规成本较低，那么，在之后的展业中，为了尽量赚取佣金，自然就会轻视对条款的解释，倾向于片面夸大保单的优点，甚至不惜欺骗客户；而由于保险公司长期以来在数量扩张战略的指导下，过于重视保费规模而轻视服务质量，没有对这一类失范行为加以及时的制止与应有的惩罚，不诚信的边际"收益"在实际上大大超出了边际成本，自然就会对其他人形成强烈的暗示性和诱导性，于是，更多的失范行为出现。虽然这是在保险业特定的发展阶段孳生出来的问题，但若长此以往，必然导致积弊难除。为了有效遏制保险营销领域中的误导等乱象，监管部门有计划地祭出了"组合拳"。

第一，让人们对当前问题的根源和变革的必要性达成一致意见，督促全行业深刻认识开展综合治理销售误导工作的紧迫性和重要性，切实提高责任意识和使命意识。2012年2月14日，保监会下发《关于人身保险业综合治理销售误导有关工作的通知》（保监发[2012]14号），强调全行业要高度重视销售误导问题，扎实开展综合治理销售误导工作，按照"突出重点、长短结合、标本兼治、综合治理、惩防并举"的原则加大对销售误导的查处力度，切实保护保险消费者合法权益，促进人身保险业持续稳定健康发展。

第二，细化任务，脚踏实地地从细节开始逐步扭转局面。对保险营销员来说，要树立诚信的新形象，并非朝夕之功，也不是某一个个体能做到的。要根治行业顽疾，必须从坚定不移地推动细节变革开始。事实上，即便是细小的变革，一旦积累到了某个临界数量，也就是所谓的"引爆点"，环境很快会发生根本性变化。在这一方面，2012年所做的主要工作是规范销售误导行为的认定和执法标准，强化保险机构的主体责任。明确各人身保险公司要认真执行各项监管规定，确保销售管理严格、销售行为规范，敦促各人身保险公司结合自身情况，建立投保人风险承受能力测评和保险需求分析制度，确保将合适的产品销售给有实际保险需求的人群。将"销售误导"整治具体化为不得夸大保险产品收益、不得混淆保险产品概念、不得隐瞒合同重要内容、不得篡改客户信息资料、不得提供虚假产品信息等细化标准。9月29日，保监会出台《人身保险销售误导行为认定指引》（保监发[2012]87号），规范了对销售误导行为的认定，明确了执法标准，为统一各保监局认定销售误导违法行为、实施行政处罚奠定了基础。要求寿险公司对照销售过程中的销售资质、销售培训、宣传资料、销售行为、客户回访、销售品质和客户投诉等七大业务环节 158 个自查点逐一进行自查整改,自查面达到 100%。据统计,各公司通过自查自纠发现并弥补了一系列内部控制漏洞和相关制度规定方面的不足,共新建和完善制度 736 项次,升级改造系统 326 项次。① 针对电话销售业务、银行代理保险业务,组织开展专项检查,电销人员随意篡改电销话术误导消费者、篡改电话号码规避回访等问题大大减少。

第三,用有效的监督惩罚体系提高"误导"成本,创造因利益的需要而"自然"产生的努力者、支持者和拥护者。从经济学的视角来看,通过制度建设提供相容激励,是有效解决问题的关键思路。2012 年 10 月 23 日,保监会印发《人身保险公司销售误导责任追究指导意见》(保监发[2012]99 号)明确从总公司到各级分支机构相关管理人员对销售误导行为的管控责任和相应的责任追究标准,强化各级机构特别是总公司对治理销售误导的主体责任。11 月 7 日,保监会又印发《人身保险业综合治理销售误导评价办法(试行)》(保监发[2012]105 号),对综合治理销售误导工作的效果进行科学、合理、客观的评价并披露评价结果。2012 年,监管部门以现场检查为主要手段,保持了打击销售误导行为的高压态势,提高了处罚力度,对查实的各类问题都把责任追究到人,还针对交银康联等 9 家公司未按照有关规定在公司网站发布《人身保险投保提示书基准内容》进行了通报批评,对平安寿险部分地区营销员向社会公众发送误导和违法违规内容的产品宣传短信问题,与平安寿险总经理进行了监管谈话并发布了新闻稿,引发了媒体和大众的广泛关注,很好地营造了治理销售误导的舆论氛围。

(二)治理车险理赔难

保险业是提供金融服务的行业,从产品设计和定价到销售给客户、完成理赔和其他保单服务,方才构成完整的保险服务,而保险落实其服务承诺的关键还在与社会公众关系最紧密、感受最直接、利益最明显的理赔环节。在保险业形象不佳的背景下,如果只一味强调产品的科学性、合理性和实用性,而在实际销售过程中对保险条款解释不充分,表述不严谨、不科学,在保险理赔标准和理赔流程等方面又有推诿、拖延的现象或嫌疑,只会加深客户对保险产品和行业本身的误解。客观地说,理赔服务质量不高、理赔难的问题,在财产保险领域更为突出,而因为财产保险中与个人消费者关联最多的是机动车辆保险,也因为

---

① 资料来源:中国保监会。

机动车辆保险原保费收入占到财产险业务的比例超过70%①,所以理赔难的问题更多地体现在车险理赔难方面。2012年,车险理赔难的治理工作成为理赔质量提高的重头戏。

首先,统一认识、细化方案。保监会先后制定下发《中国保监会关于加强和改进财产保险理赔服务质量的意见》(保监发[2012]5号)和《中国保监会关于综合治理车险理赔难的工作方案》(保监产险[2012]252号),明确了加强和改进理赔服务质量的目标、原则和要求,对综合治理车险理赔难工作做了具体规划和安排,明确了工作重点、工作措施、工作机制和"三年攻坚四步走"的时间进度安排②,甚至还明确了治理理赔难各项工作的监管部门责任处室、责任人和完成时间,要求从增强保险公司理赔服务意识开始,逐步建成行业规范、统一的车险理赔服务制度、服务流程和服务标准,逐步建立和完善以信息化、透明化为基础的车险理赔服务评价机制、公开机制和监督机制,最终减少保险消费者对车险理赔服务的投诉。通过实施这些措施,社会消费者对车险服务的认可度和满意度明显提高。

其次,制度建设助力问题治理。根据工作部署,2012年是车险理赔难治理工作的准备部署与集中治理阶段,以基础制度、规范建设为主题。2月21日,保监会下发了《机动车辆保险理赔管理指引》(保监发[2012]15号),敦促保险公司加强理赔标准化、信息化建设,统一车险理赔流程,规范理赔服务和理赔标准。目前已经完成了车险索赔单证标准化工作,明确了不同类型车险事故下的索赔单证内容及样式并建立了电子化查询系统。监管部门还研究制定了《车险理赔管理及服务质量监管和评价指标体系(征求意见稿)》,配套开发了行业信息采集和监控系统,统一了评价指标、计算口径和方法,希望借此推进理赔标准化和信息化进程。在此基础上,理赔难被纳入监管处罚范围,检查和监督力度大大提高,明确表示"对财产保险公司总公司内部管理薄弱、理赔管理粗放、严重侵犯消费者权益的,将在依法从重处罚违法违规行为的基础上,采取对总公

---

① 2012年,机动车辆保险原保费收入4005.17亿元,占财产险业务的比例为75.13%,占财产险公司业务的比例为72.43%。资料来源:中国保监会。

② 具体而言,是2012—2014年间,分四个阶段推进综合治理工作:一是准备部署阶段(2012年2月至3月),主要是建立工作机制,明确工作任务,制订工作方案和工作计划,全面部署综合整治工作。二是集中治理阶段(2012年4月至12月),主要是建基础制度、机制、规范和标准;在全国范围内开展集中宣传、排查、清理、检查工作,严查重处一批性质恶劣、社会影响坏的恶意拖赔惜赔、无理拒赔的案件;加大对查处情况的披露。三是总结深化阶段(2012年年底至2013年一季度末),主要是在总结前一阶段工作成果的基础上,进一步研究深层次问题,深入推进综合治理工作,探索建立治理车险理赔难的长效机制。四是巩固提高阶段(2013年二季度至2014年年末),主要是创建诚信为本的行业文化,改善行业形象,营造良好的发展环境。

司下发监管函、将总公司列为重点监管公司、限制批设分支机构等措施"。同时,消费者保护局还制定下发《关于开展财产保险积压未决赔案清理专项工作的通知》(保监消保[2012]199号),采取"保险公司自查自清与监管机构监督抽查"相结合的方式,开展财产保险积压未决赔案全面清理工作,化解存量问题。

最后,重点突破,高度关注重大灾害保险理赔工作。2012年,我国极端天气或重大突发事件时有发生,保监会办公厅在7月24日下发了《关于做好保险业应对暴雨和台风等极端天气事件有关事项的通知》(保监厅发[2012]46号),要求各保险公司及时启动重大灾害理赔工作预案,按照"主动、迅速、准确、合理"的原则认真履行保险合同,加快理赔速度,提高理赔效率,做好理赔服务,组织、指导行业做好北京"7·21"暴雨、云南彝良地震、"9·16"涉日事件、"海葵"和"布拉万"台风登陆等重大灾害及事件的理赔工作。这一方面有效发挥了保险业在灾害救助和灾后重建工作中的作用,另一方面也有助于改善保险业的整体形象。

通过上述举措,车险理赔难治理取得初步成效。行业车险理赔基础建设投入力度加大,小额案件快速处理、免费道路事故救援、上门取单等增值服务得到普及;理赔服务流程得到优化,理赔速度有所加快。很多公司积极开展服务创新,开展星级服务门店建设以及3G、iPad查勘技术运用,积极实施"先赔付,再修车"、"快易免"、查勘员首勘负责制等贴心理赔服务。据统计,2012年,车险理赔周期比上年平均减少了9天,结案率达到109%,未决案件同比减少7%。①

(三)完善消费者权益保护的工作机制

不管是治理寿险销售误导,还是治理车险,乃至理赔难,出击行业顽疾的目标都是要保护好消费者的合法权益。如果不能切实保护消费者利益,就必然会破坏保险业赖以发展的基础,进而影响整个行业体系的稳健发展。保险业"十二五"规划纲要在开篇第一章第一节"指导思想"中就提出,"坚持把服务经济社会发展、保障民生和维护保险消费者利益作为加快转变保险业发展方式的出发点和落脚点。"2011年10月,中国保监会正式在三大金融监管机构中率先设立保险消费者权益保护局,消费者权益保护工作被提上重要议事日程。2012年,保险消费者权益保护工作的重点就是完善工作机制,在"专项治理"的基础上,"面上推进",努力建立覆盖消费全过程的长效保护工作机制。

首先,2012年1月17日,保监会制定下发《关于做好保险消费者权益保护工作的通知》(保监发[2012]9号),从建立完善各项工作制度和体制、加大信息

---

① 项俊波,《在2013年全国保修监管工作会议上的讲话》,2013年1月24日。

披露、畅通投诉渠道、完善纠纷调处、普及保险知识、加强诚信建设、查处损害行为、接受社会监督、提升车险理赔服务质量和解决寿险销售误导等九个方面，明确了保险监管机构、保险行业协会和保险公司的工作任务和要求，初步构建起全行业保险消费者权益保护工作框架，为当前及未来一段时期消保工作提供指导。

其次，建立保险社会监督员制度，建立了包括消费者代表 293 名、法律工作者代表 104 名、保险学者代表 77 名、媒体记者代表 102 名、公务员及其他行业代表 64 名等在内的社会监督员队伍，在全国范围内初步构建起多方参与的保险消费者权益保护工作格局。[1]

再次，畅通投诉渠道，规范投诉处理工作，妥善处理投诉事项，建立健全纠纷调处机制，不断提高矛盾纠纷化解工作有效性。开通了全国统一的 12 378 保险消费者投诉维权电话热线，推动保监局局长接待日工作制度化，使保险消费者维权的渠道全面畅通。2012 年，各级保险监管机构共处理各类涉及保险消费的投诉事项 15 268 件。各保监局开展局长接待日共 218 次，处理投诉事项 372 件。各保监局辖区全部建立了保险纠纷调处机制，共设立了 219 个调解机构，成功调解纠纷 9 280 件，为消费者挽回经济损失 3.20 亿元。[2]

最后，引导舆论，加强消费者教育，发掘有利于行业发展的正能量。社会公众保险知识的缺乏、维权意识的不强和一些不正确、非理性的保险消费观念，是导致损害保险消费者合法权益问题不断出现的重要原因。2012 年，监管部门采取多种形式，积极做好保险消费者教育工作，包括制作"保险知识大讲堂"网络版和保险消费者教育短片视频点播系统，编写、发放保险知识普及读物，开通"保险消费者知识园地"官方微博，进行保险知识普及活动，针对一些损害消费者权益的问题，及时发布各类保险消费提示，扭转公众对保险的不正确认识，指导消费者妥善维护自身权益等。值得一提的是，保监会和行业协会还在央视、央广等媒体播出行业形象广告片"保险，让生活更美好"，加大正面宣传力度。

三、行业改革的持续深化

通过推动改革创新不断增强保险市场内生增长动力是人们的共识所在，也是行业的共同行动目标。历数 2012 年行业改革发展大事，可以概括为以下六大方面。

---

[1] 资料来源：中国保监会。
[2] 同上。

(一) 投资新政适时出台,保险资金运用市场化改革取得显著进展

2012年,保监会先后拟定并发布10项监管"新政策",主要包括《保险资金委托投资管理暂行办法》(保监发[2012]60号)、《保险资产配置管理暂行办法》(保监发[2012]61号)、《关于保险资金投资有关金融产品的通知》(保监发[2012]91号)、《基础设施债权投资计划管理暂行规定》(保监发[2012]92号)以及《保险资金参与金融衍生产品交易暂行办法》(保监发[2012]94号)等。根据规划,保监会还研究起草了保险资产托管管理相关办法、保险机构融资融券业务管理政策及保险机构公平交易监管政策等作为政策储备,以期进一步完善资金运用风险监管体制。① 这些监管新政在有效防范风险的前提下,放宽了保险资金投资范围和比例的限制,将有助于进一步增强保险资金运用的规范性、专业性和灵活性,对于保险市场乃至金融市场发展将产生深远影响。

(二) 国有保险公司改革继续深化

一是人保集团整体上市。2012年12月7日,中国人保(HK.01339)成功于H股上市,当日,中国人保以逾3%的溢价开盘,收盘价较发行定价3.48港元/股上升约6.9%。虽然与当初"A+H"整体上市的目标有所出入,但是,人保集团H股成功上市,表明人保集团通过改制已经逐步扫除了上市障碍,也为其国际化经营进一步夯实了基础。

二是中华保险②风险处置工作顺利推进并取得良好成效。随着经营情况的逐渐好转,中华保险的重组工作迎来重大转机。2012年3月,保监会核准保险保障基金公司以60亿元资金向中华控股进行注资。8月28日,中华控股与东方资产签署战略合作协议,东方资产通过债转股形式向中华控股注资78.1亿元,中华控股注册资本金增加至153.1亿元。之后,10月22日,经保监会审批,中华产险的注册资本金已达到145亿元,偿付能力充足率达到150%以上,达到偿付能力充足Ⅱ类公司标准。随着偿付能力问题的解决,保监会对中华产险因偿付能力不足而设置的各项监管措施得以全面解禁,被视为中国产险市场体量

---

① 2013年新年伊始,保监会就先后发布《关于加强和改进保险机构投资管理能力建设有关事项的通知》(2013年1月24日)和《关于保险资产管理公司开展资产管理产品业务试点有关问题的通知》(2013年2月4日),进一步推进保险资金运用市场化进程。

② 2004年9月,经中国保监会批准,中华保险实行"一改三"的整体改制方案,成立"中华联合保险控股股份有限公司"(简称"中华保险"),计划下设"中华联合财产保险股份有限公司"和"中华联合人寿保险股份有限公司"两家独立法人子公司。2006年9月6日,经中国保监会批准,同意中华联合财产保险股份有限公司(简称中华产险)开业;而中华联合寿险股份有限公司业已批筹。

最大的一次战略重组宣告完成。①

三是出口信用保险公司改革方案的落实。2012年12月18日,中国信保体制改革暨注资仪式在北京举行。中国信保改革实施总体方案和新章程特别强化了信保的政策性职能定位,要求其充分发挥政策性保险在支持外贸发展、实施"走出去"战略中的功能和作用;明晰了业务边界,突出了政策性特性;确定了市场化运作原则,确保财务可持续;按照现代企业制度的要求,建立规范的公司治理结构;强化内部风险控制和外部监督管理。同时,改革方案也确定由中投公司通过汇金公司向中国信保注资200亿元人民币,这大大增强了中国信保的资本实力和抗风险能力,提高了中国信保的承保能力和偿付能力。

(三)四家国有保险公司移交中管

2012年3月,中组部正式宣布,中国人寿集团、中国人保集团、中国太平集团以及中国信保等四家国有背景的保险企业升格为"副部级央企",组织关系及高管任命都将由中国保监会移交中组部管理,保监会只负责业务监管。这一举措首先实现了保险监管模式的重大转变,从体制上解决了监管者"一身两任"、同时担负市场监管与行业主管职责引起的角色冲突问题,监管定位变得更为清晰和明确。

其次,由于此后保监会只负责保险公司高管任职资格核准等监管事宜,中管金融企业,特别是中管保险企业用人机制因此成为关注焦点。2012年3月,中共中央办公厅印发了《中管金融企业领导人员管理暂行规定》、中共中央组织部印发了《中管金融企业领导班子和领导人员综合考核评价办法(试行)》,提出要建设善于引领金融企业科学发展的坚强领导集体、造就高素质的社会主义金融企业家队伍,同时对中管金融企业领导人员职位设置、任职条件和资格、选拔任用、考核评价、监督约束等内容均做出了明确规定,提出加大市场化选聘力度、实行契约化管理、建立任期制等深化企业人事制度改革的新措施,为完善中国特色现代国有金融企业制度、加强中管金融企业领导人员管理提供了制度保障。因为时间的巧合,国有保险公司移交中管也引发了此举是为深化中管金融企业人事制度改革奠基的猜想。

(四)交强险对外资开放,保险市场对外开放进一步深化

加入世界贸易组织以来,中国保险市场对外开放的广度和深度都在不断增

---

① 11月23日,保监会下发了《关于全面解除对中华联合财产保险股份有限公司监管措施的批复》,解除了对中华保险实施的限制业务规模、不得设立新的分支机构、不得提升原有分支机构层级、不得向股东分红、禁止购置房地产、禁止购置大额固定资产等监管措施。

加,外资公司业务经营所受限制不断减少。截至2011年年底,在华的外资保险公司不能提供的保险服务只有法定业务,而从当前中国法定保险内容看,非寿险公司不能提供的只有机动车交通事故责任强制保险(即"交强险")。外资公司难以经营机动车辆保险,一方面丧失了很多业务空间,另一方面也失去了从车险客户中挖掘潜在的其他市场机会的可能,特别是难以争取那些希望"一站购齐"、在同一家保险服务提供商那里获取一揽子风险解决方案的客户,成长空间有限,竞争潜力难以发挥,也不利于交强险市场的效率提升。

2012年,适应国家总体开放战略,中国在入世承诺基础上进一步扩大保险市场对外开放的范围,允许外资保险公司经营交强险业务。2月14日,按商定,中美双方发布了中美战略与经济对话框架下经济对话议定的《关于加强中美经济关系的联合情况说明》,其中"促进金融部门发展"一章第十六条明确指出:"目前中方已决定对外资保险公司开放交强险,在完成修改相关法规等程序后,将正式颁布实施。"4月30日公布的《国务院关于修改〈机动车交通事故责任强制保险条例〉的决定》将《机动车交通事故责任强制保险条例》第五条第一款由原来的"中资保险公司经保监会批准,可以从事机动车交通事故责任强制保险业务"修改为"保险公司经保监会批准,可以从事机动车交通事故责任强制保险业务"。条例的修改,标志着我国正式向外资保险公司开放交强险市场。这是近几年间保险业对外开放政策的一个重大突破,对于提升保险市场对外开放质量,促进市场竞争,提高服务水平具有十分重要的意义。

(五)保险营销员体制改革快速推进

2012年年初,全国保险监管工作会议提出要"稳步推进保险营销体制改革",之后在1月31日和7月4日召开的主席办公会议上,又反复强调"认真研究营销员体制改革问题",并于9月14日发布《关于坚定不移推进保险营销员管理体制改革的意见》(保监发[2012]83号),明确了坚持监管引导、市场选择、行业推动、公司负责的改革基本原则,提出了鼓励创新、强化保险公司管控责任、提升营销队伍整体素质等综合性的政策措施,规划了3年、5年的阶段性目标。

从2012年的市场表现来看,探索多元化销售渠道和方式、建立新型的保险销售体系成为营销员体制改革的主要特征,许多市场主体主动思考、积极探索新的营销模式和渠道,例如探索营销队伍扁平化管理,缩短营销队伍层级,增加营销员基本保障;试点员工制,解决营销人员社会保障;拓展网络销售、社区门店销售,走多元化营销道路;设立专属销售公司,实现产销分离,全年成立了12家保险公司专属的销售公司;探索实施员工转任制管理模式,和营销员签订正式劳动合同;将产品销售环节外包给专业中介机构等。

(六)稳步推进车险条款费率管理制度市场化改革

根据2012全国保险监管工作会议关于"按照审慎放开的原则,稳步推进以市场化为导向的车险条款费率管理制度改革"的工作部署,2月23日,保监会下发《关于加强机动车辆商业保险条款费率管理的通知》(保监发[2012]16号),明确了商业车险条款费率拟定及审批管理的原则、方法、程序和手续,明晰了监管部门、行业协会及公司的定位和职责,稳步推进商业车险条款费率管理制度改革。

新规之下,若保险公司满足公司治理结构、内控制度、综合成本率、偿付能力充足率以及自有数据、人才、基础设施完备性等监管条件,就可以根据公司自有数据拟定商业车险条款和费率,而其他公司则可以采用协会条款,或在协会条款基础上增加保险责任。新规还特别考虑到近几年车险产品销售模式的多元化趋势,规定保险公司可以根据电话、网络、门店等不同的销售渠道,拟定不同的附加费用率水平,以鼓励成本节约型销售渠道的发展,进而推动车险价格的良性下降。

车险条款费率市场化改革之后,监管部门的主要责任就是根据费率充足性及公平性等原则对保险公司上报的条款费率实施两个维度的监管:静态地看,保险公司拟定的商业车险条款费率应当报保监会批准后方可执行。值得一提的是,为了避免条款费率市场化可能带来的恶性渠道竞争,新规特别明确规定,"保险公司拟定商业车险费率,原则上预定附加费用率不得超过35%",以引导保险公司加强经营、销售方面的成本管理,让市场化改革能够真正推动市场良性竞争,给消费者带来福利的提升。动态地看,如果保险公司偿付能力和综合成本率发生负面变化,并达到警戒线之下,保监会可以责令停止使用根据公司自有数据拟定的商业车险条款和费率,并限期修改;并规定保险公司应当根据历史经验数据、经营情况和准备金提取等实际情况,每年对商业车险费率进行合理性评估验证,以适应市场变化。

另外,针对招致社会广泛争议的"高保低赔"等现象,新规明确规定,"保险公司和投保人应当按照市场公允价值协商确定被保险机动车的实际价值。保险公司应当与投保人协商约定保险金额","保险公司不得通过放弃代位求偿权的方式拒绝履行保险责任"。

根据相关要求,3月14日,中国保险行业协会正式发布《机动车辆商业保险示范条款》,对原有商业车险条款进行了全面梳理,认真筛查不利于保护被保险人权益、表述不清和容易产生歧义的条款,并进行了合理修订,为保险公司提供了商业车险条款行业范本。

四、争取外部政策支持，与其他社会风险管理制度协调发展

国际经验表明，欠发达市场往往更需要"外源性"动力的注入，而依靠税收优惠等外部支持性政策来刺激增长见效快、市场开发难度相对较低，是欠发达市场迅速实现扩张的主要方式。在中国，因为保险市场发育的过程就是市场因素在传统体制的退让和扶持中成长的过程，政府提供的"外源性"动力不仅直接提供市场发展的重要动力源泉，更关键的是，政府行为的边界，决定了商业保险发展的最大可能，是保证市场的空间不被挤占，从而能够生存，进而可以更有效地培育和发展市场的前提。2012年，保险业加大政策协调力度，积极争取外部政策（特别是财税政策）的支持，推动符合国家产业政策方向、关系国计民生的保险业务（如推进农业保险、个人延税型养老保险等）发展，与包括社会保险制度在内的其他社会风险管理制度协调发展。

（一）《农业保险条例》正式颁布

中国是一个农业大国，"三农"问题在中国经济社会发展中居于重中之重的地位。近几年，在财政的大力支持下，我国农业保险发展迅速，2012年，农业保险原保费收入为240.6亿元，同比增长高达38.25%，业务规模仅次于美国，是世界第二大农业保险市场。[①] 但是，从法律法规的角度来讲，农业保险发展一直缺乏坚实的制度保障。《农业法》（2002年修订版）提出"国家建立和完善农业保险制度"，"国家逐步建立和完善政策性农业保险制度。鼓励和扶持农民和农业生产经营组织建立为农业生产经营活动服务的互助合作保险组织，鼓励商业性保险公司开展农业保险业务"；《保险法》自始便强调"国家支持发展为农业生产服务的保险事业，农业保险由法律、行政法规另行规定"。但直到2012年11月12日，国务院发布《农业保险条例》，我国农业保险发展才开始进入有法可依的新阶段，一方面从立法层面上明确了保费财政补贴、财政支持的大灾风险分散机制、税收优惠、信贷支持等支持政策，另一方面也明确了农业保险合同和农业保险业务经营规则、农业保险经营风险防范等问题。

（二）大病保险制度基本建立

2012年，大病保险制度基本建立，开辟了保险业参与医疗保障体系建设的新途径。2012年8月，国家发改委等六部委联合发布《关于开展城乡居民大病

---

① 资料来源：中国保监会。

保险工作的指导意见》,决定在全国开展"城乡居民大病保险",其核心内容之一是在运行机制上"采取向商业保险机构购买大病保险的方式",这是医改领域的一大重要突破,符合当前医疗保障体系改革应关注公私合作的国际共识,保险业也因此迎来了一个服务经济社会发展、服务国家医改战略的新机遇,对于完善多层次医疗保障体系具有非常积极的意义。

(三)税延型养老保险试点方案初步确定

2012年1月,保监会主席项俊波在全国保险监管工作会议上提出,要以争取养老保险税收递延优惠为年度保险监管工作重点。当年,监管部门加大与财政、税务等各部门及上海市政府的沟通协调力度,就上海个人税延型养老保险试点方案的主要内容达成了一致。实践证明,税收优惠政策设计得当,将是撬动保险市场发展的有力杠杆。对于中国寿险业而言,个税递延养老保险等税收优惠政策的出台,能够提供充沛的外源性动力,直接刺激行业增长。有测算表明,如果养老保险税收递延限额为700元,到2020年,在上海一地就可以撬动100亿—200亿元的商业养老保险保费收入,而且这部分业务对行业内含价值贡献重大。同时,公司可以较低的开发成本触及更多客户,有利于客户深度挖掘和需求刺激,其中蕴含的商机不言而喻。而近年来,全国税收总额增长迅速,国库相对充盈,为政府全力推进民生工程提供了坚实的保障,而且根据"十二五"时期我国税收发展规划,建立健全综合与分类相结合的个人所得税制,将是税改的重点之一,主要取向是减轻中低收入者税负,同时加大对高收入者的税收调节力度,这也为个税递延型养老保险做好了制度性的准备,养老保险税惠政策有望很快水到渠成,并于近几年内逐步在全国推开。

第三节 保险监管与改革面临的主要问题

回顾2012年,中国保险业监管与改革工作取得了长足的进步,但是,相对于复杂变换的外部形势和行业发展的实际,仍然存在一些值得深入思考的重要问题。

一、如何在监管政策的引导性、约束性与市场主体的主动性之间求取平衡

无论是从理论来看,还是从国内外保险业发展和监管的实践来看,适度的外部监管和行业的内生增长共同构成了行业又好又快发展的基石。近年来伴随保险业市场化进程的推进,监管部门行政干预、行政管理的色彩已经越来越

淡,其职能更多地转变为监督和引导,更注重调动市场化主体的主动性和创造性。如何在监管政策的引导性、约束性与市场主体的主动性之间求取平衡,自然成为行业监管与改革必须持续关注的重大议题。

必须承认,政府监管有难以根除的局限性,调动市场主体的主动性是降低监管成本的必要条件。在现代社会,创新层出不穷,产品种类的多样性、设计结构及技术的复杂性和交易渠道的复杂性都在急剧上升,政府监管也显露出难以根除的局限性——相对于庞杂的市场,监管资源总是有限的,而市场上的保险产品与服务千差万别,所采取的基础数据和技术模型各不相同,有限的政府部门工作人员很难与之"抗衡";同时,宏观形势发展变化迅速,保险市场的发展要求也与时俱进,监管政策措施很容易滞后。要提升监管效率,仅靠增加监管投入显然是不够的,还必须要重视监管技术的创新,要突破"监督—命令—控制"的监管模式,最大限度地减少对企业微观行为的干预,借助监管制度和监管手段的引导力量,提升市场化主体的主动性。

但是,调动企业的力量并不简单。这并不是单单出台一些政策和措施,对企业加以劝诫、引导和督促就能达到的,提高制度的执行力和约束力才是关键。制度经济学告诉我们,真正起作用的"制度"是实现博弈均衡时,理性的参与者所必须遵守的一组行为规律,这不仅包括政府选择或强加的外部规则,而且包含社会成员选择的内部规则。换言之,要想有效地实现监管目标,需要尽可能地实现两个"相一致":其一,监管规则导向与企业所有者利益相一致;其二,监管规则导向与企业经营管理者的利益相一致。

沿着这一逻辑,平衡监管政策的引导性、约束性与市场主体的主动性,实际转化为如何实现这两个"相一致"的问题。近年来,中国的监管理念已经逐渐成熟,保险业"十二五"规划纲要在开篇第一章第一节"指导思想"中就提出,"坚持把服务经济社会发展、保障民生和维护保险消费者利益作为加快转变保险业发展方式的出发点和落脚点",保护保险消费者利益成为保险监管的根本目的;而行业风险的防范与化解则是监管工作的核心内容。毫无疑问,消费者权益得到切实保护,可以夯实行业赖以发展的根基;而风险得到妥善防范与化解,这对整个行业体系的稳健经营至关重要。这样的监管规则导向,有利于实现保险企业所有者价值在长期内的最大化,与保险企业所有者的长期利益是完全一致的。

但是,所有者的长期利益未必与经营管理者目标相一致,也未必符合所有者的短期诉求,特别是在当前中国的保险业中,企业行为短期化的现象不同程度地存在着。一方面,短期化行为的土壤犹在。我国保险业正处在新生阶段向成熟阶段过渡的过程中,快速增长仍然是行业的重要诉求。虽然越来越多的主体已经认识到培育发展能力、塑造品牌信誉等精细化经营策略对其长期发展十分关键,但是逐渐拥挤的市场空间、更成熟的消费者和越来越激烈的市场竞争,使得它们很难获得丰厚的利润来支撑其研发活动和品牌的塑造,如果还不能实现快速增长,其长期发展也就丧失了支撑。

另一方面,企业实际控制人短期化行为的倾向没有受到有效约束。改革开放以来,国有企业所有者缺位这一难题始终没有得到有效的解决,而目前保险行业的国有资本成分也是浸渗甚广,国资保险公司的实际控制者更是身兼"经济人"和"政治人"的双重特征,在"全民—国家—政府—企业经营者"的多重委托关系之下,委托人难以有效监督代理人的行为,为企业实际经营者的投机行为提供了很大的空间,加上长期激励和约束机制建设滞后,极易导致"控制权收益内部化"和"经营风险外部化"。

因此,要想有效调动市场化主体的合规积极性,改善公司治理是关键所在。近年来,监管部门一直利用其政策的引导性和约束性推动保险公司治理结构的完善,但受部门权责所限,其侧重点也只能是强化大股东义务、防范化解风险,难以从根本上遏制企业的短期化行为冲动。从这个角度来讲,要想平衡好监管政策的引导性、约束性与市场主体的主动性,还需要市场化改革的进一步推进。

二、如何在风险防范与创新促进之间求取平衡

坚定不移地推动金融创新,历来都是社会发展的必然趋势,特别是在当前金融竞争出现新格局的背景下。虽然目前中国仍然实行分业经营、分业监管的金融体制,但是,2012年下半年以来,国内金融界放松管制、金融脱媒和利率市场化进程加速,市场的混业趋势进一步加强,"大资管"时代已然来临。可以预见,未来会有更多金融机构和金融产品参与到资金盈余方和资金需求方的中介业务中来。如果保险公司不能发现并满足中国日益年轻化、知识化消费群体的保险保障需求,不能迎潮而上,追赶甚至超越其他金融机构创新的步伐,将很难实现行业持续发展。

长期以来,对于监管和创新的关系,我们都有一种似是而非的认识,即"谈"创新活动规避监管而"色变",甚至将其归咎为金融危机的罪魁祸首。实际上,监管与创新之间历来是一对矛盾的统一体,如果金融机构不能在监管规则的空白地带或者模糊地带首先迈出创新步伐,就难以在激烈的市场竞争中取胜,更无法推动整个行业实现非同质化式的科学发展;而创新总会给传统监管带来挑战,如果监管机构不能适应金融创新的步伐,不能及时有效地对原有的监管规

定进行调整、补充或结构性改革，就不能有效发挥对市场发展的导向作用，不能防范行业风险的累积，其负面影响还可能会蔓延至其他金融部门，出现行业内与行业间的恶性传染。在风险防范与创新促进之间求取平衡，是促进保险行业健康持续科学发展的重要前提。

要平衡好风险防范与创新促进之间的关系，关键是十二个字："解放思想，坚守底线，创新引领。"

具体来讲，首先，在监管与改革过程中，不要过多地被"过程目标"所束缚，不要过度地直接干涉市场创新行为，还权于市场主体，甚至要鼓励市场主体去大胆尝试、不断培育新的业务增长点，只要是法律法规没有明令禁止、有利于科学发展、能有效控制风险的改革创新，都应当给予大力支持和有力保护。当前我们希望引导保险业"转型"，终极目标是引导整个行业摒弃粗放式的发展模式，走上以提高效率和效益为要求的集约式增长道路，而所谓的回归保障、提升风险管理专业能力等，都只是其"过程目标"。因此，从监管与改革的角度来看，行业转型对制度建设提出了很高的要求。比如，目前我们对保险产品的监管制度和监管模式已经不适应行业发展的需要，费率监管机制僵化，产品监管资源严重短缺，既不利于防范风险——"没管住"，也不利于促进创新——"没管好"。那么，产品监管到底应该"管什么"、"怎么管"？服务于我们的终极目标，我们的监管绝对不是要看某一创新产品服务中有多少比例是风险保障型的、多少比例是发挥储蓄投资功能的，而是要看，这一创新产品能不能满足消费者多样化的需求、对企业的偿付能力有什么样的影响、消费者权益能不能得到切实的保障；我们的监管绝对不是让所有的保险企业遵守统一的、被认为是相对安全的定价假设，更不是让监管对象遵循所谓的最佳盈利和商业模式，而是要根据不同企业有差别的风险管理能力和投资盈利能力，引导企业开发适销对路的产品并自行设定公平合理的费率水平；我们的监管绝对不是"家长式"的领导与管制，而是要让保险公司清晰地认识到并承担起自己在产品设计与定价方面的责任，如果它们违背市场规则，首先要受到市场的惩罚，即在"还权"的同时增强监管约束和市场竞争约束。

其次，必须要注意到，经济在发展、社会在进步，要学会认真观察、仔细揣摩，看看它们对金融活动究竟提出什么新的需求，从而对金融创新活动给予引领。保险业发展到今天，其面临的竞争已经不仅局限于行业内各公司之间的竞争，更重要的是在全面开放环境下国内保险市场与国际保险市场的竞争，在综合经营环境下保险机构与其他金融机构的竞争。事实上，随着国民财富迅速积累，居民对投资理财的需求迅速增加；而金融机构的不断创新，也使居民的投资理财渠道不断多元化。各类金融机构凭借自身的比较优势各显神通、争夺客户的信任。在这种背景下,"弱投资性"的保险产品并不具备竞争优势。投资学中有一个著名的"在手之鸟"理论,所谓"双鸟在林,不如一鸟在手",投资者对风险有天生的反感,并且认为风险将随时间延长而增大,能够直观地观察并获取短期收益、能够获得更高投资回报的其他金融产品——例如银行理财产品、信托产品等——自然会更受消费者青睐。在这种投资心态面前,保险公司即便在风险管理上具备绝对的技术优势,但如果不关注自身产品的投资功能,不能交出让市场满意的投资收益答卷,必然要承受市场萎缩的后果。对于这一点,我们必须实事求是,不能回避。从监管与改革的角度来看,必须引领行业协同提升风险管理和资产管理等能力,不能有所偏废。总体来说,未来一段时期,要着重引导着眼于基金增值保值的产品创新,着眼于提供综合保障的服务创新,着眼于推进市场化的监管创新,全面推进产品开发与定价机制、资金运用机制、营销管理机制等市场化改革。

三、如何在行业战略"点"与发展基本"面"之间求取平衡

如前所述,2012年,保险业加大政策协调力度,积极争取外部政策支持,与包括社会保险制度在内的其他社会风险管理制度协调发展,取得了突破性的成绩,也为保险业打造创新战略增长"点"奠定了非常好的基础。但在任何时候都不能忽视的是,行业发展的好坏并不是看有几个亮点,归根结底还是看"基本面"的建设;我们不断寻找战略"点"的目的,是为了以"点"带"面",提升行业健康持续发展的内生能力。

回顾以往,每一次创新战略"点"的出现都会带来行业的高速增长,但值得深思的是,过去高速增长的背后,或多或少带有"涸泽而渔"或"饮鸩止渴"的印记,伴随行业高速增长的往往是保险资源的迅速枯竭。究其原因,保险公司的产品同质化和服务浅层化,进而竞争手段的低级化,导致市场的资源快速耗竭,行业增长的可持续性减弱。保险行业未来的监管与改革,必须着眼于突破这种行业增长的怪圈,在行业战略"点"与发展基本"面"之间求取平衡,真正地让这些新的战略"点"成为保险行业全面深度参与社会管理的切入点,重建保险业社会公信力的契机,保险业提升发展质量的重要机会。

首先,必须充分认识到,尽管有各方力量的推动,由于保险行业并不够成熟完善,社会对保险行业的认同感还有待提高。中国的保险市场是在中断多年后,逐步恢复发展起来的,虽然业务规模在稳步发展,结构也在日渐优化,但发展质量较低、创新能力不足、人才缺乏等问题长期存在。现实中,一方面,曾经

长期实行的计划经济体制影响犹在,民众价值倾向的调整相对滞后,很多人仍然习惯于直接把政府、单位视为风险保障的首选来源,对商业保险的认同度较低。另一方面,保险业发展水平并不高,话语权相对有限,倾听者的范围也不广,保险机制的积极作用还没有得到广泛而全面的认识和理解;加上保险业自身在发展中也存在大量的不规范行为,社会甚至还存在对它的误解。这种客观现实决定,保险业要想充分发挥自身功能,真正全面深入参与到社会管理中去,必须拿出充分的经验证据来证明自身的高效率,拿政府部门的各种指导意见当"尚方宝剑"很可能会遭遇现实中的抵触。换句话说,如果没有基本"面"的整体改善和发展,战略"点"很快就会被透支。我们必须对此有清醒的认识。

其次,各方必须不断探索和寻找商业机构经济效益与公共部门社会效益的平衡点。无论是通过农业保险发展服务协助解决"三农"问题,还是通过大病保险、税延型养老保险参与多层次社会保障体系建设,此类战略"点"的核心理念都是通过公私部门之间的分工合作来解决社会问题。因此,商业机构经济效益与公共部门社会效益之间应该如何平衡就是一个不容回避的问题。比如说,城乡居民大病保险的指导意见要求"要遵循收支平衡、保本微利的原则",而如何保证以股东价值最大化为目标的商业保险公司,在只赚取"微利"的条件下,愿意持续从事大病保险的经营,则是必须破解的重大难题。当然,监管部门已明确表示将从科学定价、减免监管费、建立利益调节机制、设定大病保险利润限制等方面落实"保本微利"原则,但主要还是以公共部门的社会效益为着眼点。要想兼顾商业机构经济效益,推动项目持续发展,并推动保险市场发展,我们还必须更多地关注制度和机制设计,保证保险公司能够通过经营大病保险获得宝贵的客户资源和数据基础,从而有条件提高其他业务的盈利能力和盈利水平;必须更多地关注各种政策的科学性、合理性和可持续性,并在实践运行过程中做好政策解释、教育和宣传,避免让群众将对某些具体政策的不满转嫁到保险公司身上,避免让保险公司遭到大众误解,有效维护行业形象;必须更多地关注推进保险市场化改革,释放市场主体的创新活力。

第四节 2013年保险监管工作重点

2013年1月24日,保监会主席项俊波在全国保险监管工作会议上系统地阐述了全年保险监管工作的五个坚持,即要坚持"稳中求进"的工作基调,坚持"抓服务、严监管、防风险、促发展"的基本思路,坚持保险惠及更广大人民群众的发展目标,坚持转方式、调结构的主攻方向,坚持市场化的改革取向。提出要更加注重保护保险消费者权益,着力解决保险市场和保险监管存在的突出问题,促进保险业持续健康发展。本报告试图从更为客观、中立的角度,在解读上述思路的同时,为2013年保险监管与改革的重点提出建议。

一、狠抓服务严监管,继续加强消费者保护

根据全国保险监管工作会议的统一部署,2013年,监管部门将继续行业顽疾治理,进一步加强消费者权益保护。总体来看,监管者部门希望通过事前防范、事中监督和事后补救与惩罚等全过程的介入和监督,消除行业顽疾,重建消费者信任,在消费者权益保护方面做这几项工作:

第一,消费者保护和教育并重,提高保险消费者的识别和判断能力,开展形式多样的保险知识普及工作,继续开展保险进学校、进农村、进社区、进机关、进企业的教育宣传活动等,预防纠纷的发生。第二,对消费者实行倾斜性保护,要求保险机构必须提供准确、真实、能理解的信息,不得误导消费者,并告知消费者重要的产品信息,如产品收益、风险和期限等,严格贯彻充分、清晰披露规则的要求。第三,继续通过对行业突出问题、重点领域、重点机构的治理和责任强化机制,利用市场行为监管等工具,监督企业行为,通过加强投诉处理、开展考核评价来促进保险公司提高服务质量和水平。例如,针对销售误导和理赔难等问题,将继续推进寿险产品标准化、通俗化工作,完善对寿险服务监管的制度和手段,规范最低服务标准,建立清理财产保险积压未决赔案长效工作机制等。第四,逐步完善与行业环境和监管水平适应的消费者保护机构与监管框架,明确推动地市建立纠纷调解机构,扩大纠纷调解机构覆盖面,组织开展保险纠纷"诉调对接"机制试点工作,建立行业与审判机关沟通协调渠道和信息共享机制。第五,建立多层次的纠纷解决机制,有效解决保险消费纠纷。在进一步明确金融消费者投诉的处理途径和程序的基础上,健全保险纠纷调处机制,鼓励保险机构参与调处机制,主动解决保险消费纠纷。

可以说,监管部门消费者权益保护的理念、思路、工作机制已经日益明晰,未来还需要进一步关注的内容可能包括以下两大方面:其一,加强对消费者信息及隐私的保护。要建立消费者个人信息和财务信息的适当控制和保护机制,建立明确说明客户信息收集、处理、保存、使用和披露目的(特别是向第三方披露时)的机制。其二,进一步推动保险消费者的协作保护。根据目前中国的金融消费者保护架构,消费者保护由对应监管部门负责,消费者保护局隶属于监管部门而并不独立。在这样的制度框架之下,很容易造成一种印象,即消费者

保护是监管部门的事情,但由于监管资源的有限性,有效的消费者保护单单依靠监管部门肯定是不足够的,金融企业的自律合规,行业和消费者组织、职业团体、研究团体等非政府组织的参与,也是必不可少的元素。

二、防范风险促转型,深入推进监管制度建设

发挥监管引导约束作用、推进保险业转变发展方式是当前以及今后一个时期行业发展的主线。我们既要借助市场机制的内在动力,也需要强化监管政策的制度约束,一方面加强制度建设和提高制度执行力,不断丰富和完善监管的政策措施;另一方面还要积极防范、化解行业风险,这是关系保险业长远发展的重大问题。

就"防风险"而言,短期来看,寿险满期给付和退保风险、资金运用风险、偿付能力不达标风险、非寿险投资型业务风险、案件风险,以及综合经营中的风险传递是监管部门关注的重点。长期来看,要加强对行业系统性风险,跨行业、跨市场风险的监测、评估和预警,跟踪分析宏观经济、金融市场的运行情况和发展趋势,以及其他可能影响保险市场的环境因素,探索解决保险业在内部风险评估、准备金提取、公允价值计量和偿付能力标准等方面的顺周期问题,逐步建立符合我国保险市场实际的宏观审慎监管机制。

就"促转型"而言,必须坚持求真务实的态度,从保护消费者权益和促进行业科学发展的角度出发,继续深入推进制度建设,督促和引导保险机构建立正确的企业发展价值观,突出内涵式发展导向,切实转变发展方式。监管部门已经提出要建立保险经营和保险机构服务评价体系及从业人员分级分类管理制度,这对于改变保险机构的"指挥棒"有很大裨益。

当然,无论是要"防风险",还是要"促转型",监管制度建设中一个不可忽视的重要方向就是要让保险机构清晰地认识到并承担起自己在经营方面的责任,如果它们违背市场规则,首先要受到市场的惩罚。正如前文所述,我国保险市场退出机制一直没有建立完善起来,存在"差而不倒"、"乱而不倒"的现象,无法实现市场的优胜劣汰,进而导致市场无法形成有效竞争。目前监管制度建设中,较为偏重准入监管和经营过程监管,退出机制的建设相对滞后。事实上,经过多年的建设,我国的保险保障基金制度不断完善,截至2012年年末,基金余额达到382亿元,保险风险的处置和救助机制也在不断完善之中。未来更需要加强市场化并购重组方面的制度建设,进一步完善退出机制。

三、推进创新促发展，全面深化市场化改革

本章前述的讨论已经阐明，要平衡好监管政策的引导性、约束性与市场主体主动性之间的关系，要平衡好风险防范与创新促进之间的关系，要平衡好行业战略"点"与发展基本"面"之间的关系，一个非常重要的方向就是要致力于推动保险业产权优化、公司治理机制改革、定价机制改革、营销管理体制改革、保险资金运用机制改革等市场化改革，切实发挥市场在配置保险资源中的基础性作用，用市场竞争机制来增强保险业发展活力。

保险业产权优化及公司治理机制改革，可能不是凭借保险业一己之力能够快速推进的，需要配合国有企业市场改革的步伐。而关于保险产品定价机制与监管、营销管理体制改革、保险资金运用机制改革等，理当是，也恰恰是现阶段监管部门工作的重点。根据全国保险监管工作会议部署，在保险产品定价机制与监管方面，要研究修改完善保险产品管理办法，进一步明确在产品方面的保险公司责任和监管责任，探索建立保险产品预审机制，稳步推进费率形成机制改革；在营销管理体制改革方面，提出要强化保险公司对营销员的管控责任，加强资格考试组织管理，实施营销人员素质持续改善计划，建立规范的保险营销激励制度，鼓励探索保险营销新模式、新渠道，逐步实现保险销售专业化、职业化；在资金运用机制方面，要全面梳理资金运用各项新政策的主要内容和风险点，稳步推进基础设施及不动产债权计划等产品发行制度的市场化改革，引导和支持行业进行产品创新和机制创新，建立贯穿保险资金运用全过程的偿付能力约束体系。

值得关注的是，保险业市场化改革的全面深化，是"放开前端、还权于市场主体，管住后端、守牢风险底线"的监管思路的重要方面。保险监管部门正在积极推动的"偿二代"建设，就是想在守住风险底线的前提下避免资本冗余，提升资本的效率和效益，促进保险机构凭借开放的市场主体地位不断创新，从而使得消费者权益可以在公平的市场竞争中得到尊重和保护，优质的国内外资本也能在中国保险市场获取满意的回报。因此，市场化改革的步伐必须与监管制度建设和改革的步伐相匹配，风险防范与创新促进才能得以平衡。

第七章

国际保险市场发展

引 言

2012年,全球经济陷入了困局。美国金融危机后进入缓慢复苏,在2012年年底又遭遇了"财政悬崖"的威胁,复苏之路迷雾重重。欧债危机的爆发使得整个欧洲经济陷入泥沼,并间接影响全球经济。新兴市场虽然依旧保持增长,但受到全球经济环境紧缩的影响,出口减少,外资直接投资下降,增速也大都有所放缓。表7-1列举了瑞士再保险公司对于几个主要国家近年GDP数据的总结和预测。

表7-1 全球五个主要国家(经济体)的实际GDP增长率及预测(2011—2014年)

国家(经济体)	2011年	2012年	2013年	2014年
美国	1.7%	2.2%	2.5%	3.3%
欧盟	1.5%	-0.4%	0.4%	1.3%
英国	0.9%	-0.2%	1.6%	1.8%
日本	-0.7%	2.0%	1.6%	1.5%
中国	9.3%	7.7%	8.2%	8.0%

资料来源:Swiss Re, Economic Research and Consulting.

从表7-1可见,除日本和美国经济在2012年经历复苏增长外,欧洲国家和中国在这一年的经济增速都有所放缓。在这一经济背景之下,全球保险业的发展也不免受到波及。本章分为三个部分,对全球保险业近年的发展进行详细解读。

第一节首先简要回顾全球保险业在 2011 年的市场概况,以及在 2012 年的整体表现,此后选取若干代表性国家,对其 2012 年保险业的发展进行回顾和梳理;第二节则针对近年来全球保险业发展的新趋势进行深度分析;第三节对 2013—2014 年全球保险业发展进行预测和展望。

第一节 近年国际保险业发展概况

一、近年全球保险业的发展[①]

(一) 2011 年全球保险市场概况

1. 保费收入分布

根据瑞士再保险公司的统计数据,截至 2011 年年底,全球保险业总保费收入为 45 967 亿美元,创下历史新高。其中寿险保费收入为 26 272 亿美元,在总保费中占比 57%,而非寿险总保费收入为 19 695 亿美元,占比 43%。全球保费的分布呈现出十分不均的特征。从洲际分布来看,欧洲、北美洲和亚洲占据了总保费的 93%,而南美洲、大洋洲和非洲总共贡献了仅 7% 的保费份额。从市场的发达程度划分,发达市场占据了总保费的 85%,而新兴市场[②]虽然近年来一直保持着较高的增长率,但其保费总量仅占全球的 15%。

在寿险市场方面,亚洲是最大的市场,占有 35.9% 的保费份额,紧随其后的是欧洲(35.7%)和北美洲(22.4%)。新兴市场总的寿险保费占比为 14%。在非寿险市场方面,北美洲是全球最大市场,占有 37.4% 的保费份额,紧随其后的是欧洲(36.2%)和亚洲(18.1%)。新兴市场总的非寿险保费占比为 17%,略高于其寿险的全球市场份额。

图 7-1 和图 7-2 分别描绘了 2011 年全球保费在各大洲以及在不同市场之间的具体分配情况。

[①] 瑞士再保险:《2011 年度世界保险业》,*Sigma*,2012 年第 3 期;《2012 年度世界保险业回顾及展望 2013/2014 年》,*Sigma*,2012 年 12 月。

[②] 新兴市场意指那些处于高速工业化进程中的经济体,国际货币基金组织 2012 年划定的新兴市场包括阿根廷、印度尼西亚、波兰、巴西、拉托维亚、罗马尼亚、保加利亚、俄罗斯、立陶宛、智利、马来西亚、南非、中国、墨西哥、泰国、爱沙尼亚、巴基斯坦、土耳其、匈牙利、秘鲁、乌克兰、印度、菲律宾和委内瑞拉。

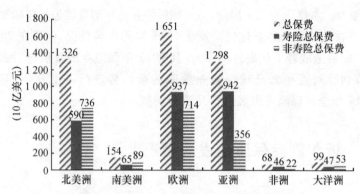

图 7-1 2011 年各洲总保费和分项保费收入

资料来源：Swiss Re, World Insurance in 2011.

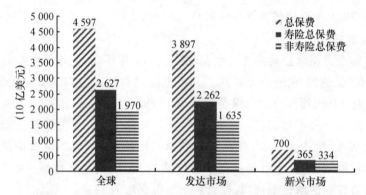

图 7-2 2011 年发达市场与新兴市场总保费和分项保费收入

资料来源：Swiss Re, World Insurance in 2011.

图 7-3 列举了六大洲在全球总保费中所占据的份额。其中，欧洲、北美洲和亚洲在总份额方面遥遥领先，分别为 35.9%、28.9% 和 28.2%。而南美洲、大洋洲和非洲依次排在后三位，占比分别为 3.4%、2.2% 和 1.5%。

2. 保险深度与保险密度

保险深度和保险密度是被普遍接受用以衡量保险市场发达程度的两个重要指标。其中，保险深度是指保费收入占该国家（地区）国内生产总值的百分比，而保险密度是指该国家（地区）的人均保费收入。图 7-4 和图 7-5 分别描绘了六大洲保险业的保险深度和保险密度。表 7-2 还列举了全球保险深度和保险密度排名最高的前十五个国家（地区）。

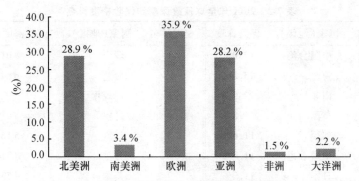

图 7-3　2011 年各洲保费市场份额

资料来源：Swiss Re, World Insurance in 2011.

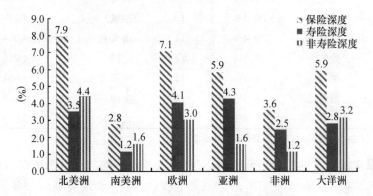

图 7-4　2011 年各洲保险深度

资料来源：Swiss Re, World Insurance in 2011.

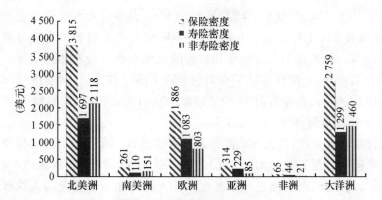

图 7-5　2011 年各洲保险密度

资料来源：Swiss Re, World Insurance in 2011.

表 7-2　2011 年全球保险深度和保险密度排名

深度排名	国家(地区)	保险深度	密度排名	国家(地区)	保险密度(美元)
1	中国台湾	17.0%	1	瑞士	8 012
2	荷兰	13.2%	2	荷兰	6 647
3	南非	12.9%	3	卢森堡	5 974
4	英国	11.8%	4	丹麦	5 619
5	韩国	11.6%	5	日本	5 169
6	中国香港	11.4%	6	芬兰	4 716
7	日本	11.0%	7	英国	4 535
8	瑞士	10.0%	8	瑞典	4 455
9	芬兰	9.5%	9	冰岛	4 449
10	法国	9.5%	10	挪威	4 251
11	丹麦	9.4%	11	澳大利亚	4 094
12	爱尔兰	9.1%	12	法国	4 041
13	美国	8.1%	13	中国香港	3 904
14	纳米比亚	8.0%	14	美国	3 846
15	瑞典	7.9%	15	比利时	3 622

资料来源：Swiss Re, World Insurance in 2011.

在保险深度方面，北美洲、欧洲、亚洲和大洋洲平均的保险深度都超过 5%，依次为 7.9%、7.1%、5.9% 和 5.9%，而非洲(3.6%)和南美洲(2.8%)的保险深度较低。具体到寿险业，保险深度最高的依然是亚洲，达到了 4.3%，其次是欧洲(4.1%)和北美洲(3.5%)。在非寿险业方面，保险深度最高的是北美洲(4.4%)，其次是大洋洲(3.2%)和欧洲(3%)。从寿险业和非寿险业发展比较来看，亚洲和非洲十分偏重于寿险业，其寿险保费占总保费的比重分别达到了 73% 和 68%。而其他地区寿险业和非寿险业保费收入分布相对均衡。在国家(地区)排名方面，中国台湾以 17% 的保险深度高居榜首，其次是荷兰(13.2%)和南非(12.9%)。在排名前 15 位的国家(地区)中，有 8 个来自欧洲，4 个来自亚洲，2 个来自非洲，1 个来自北美洲。

在保险密度方面，各大洲之间的差异更加显著。发达国家人均保费远远高于发展中国家。北美洲(3 815 美元)、大洋洲(2 759 美元)和欧洲(1 886 美元)领跑在前，而亚洲、南美洲也分别实现了 314 美元和 261 美元的人均保费。非洲的人均保费仅有区区 65 美元。在国家(地区)排名方面，瑞士以人均 8 012 美元保费支出高居榜首，其次是荷兰(6 647 美元)和卢森堡(5 974 美元)。值得注意的是，在排名前 15 位的国家(地区)中，有多达 11 个来自欧洲。此外，有 2 个来自亚洲,1个来自大洋洲,1个来自北美洲。

3. 2012年全球保费收入增长率

在保费收入的变化方面,全球原保费收入在2011年小幅下跌了0.8%。其中,寿险保费下降了2.7%,非寿险保费略微增长了1.9%。在各大洲分布方面,欧洲整体跌幅最大,保费下降了5.2%,其中寿险保费更是暴跌9.6%,非寿险保费略微上涨1.3%。北美洲也经历了发展较为停滞的一年,总体保费微增0.4%,其中寿险增加了2.3%,而非寿险保费小跌1.1%。亚洲的寿险业在2011年受到中国、印度两个主要新兴国家监管政策变化的负面影响,仅增长0.5%,而非寿险保费保持了高达7%的较快增速,整体保费增加2.2%。大洋洲的增速也十分迅猛,尤其是非寿险保费的增速较快,拉动整体保费增加5.2%。南美洲和非洲保费基数较小,其中南美洲的增速十分惊人,各个险种的保费增长都超过两位数。而非洲增长的速度相对缓慢,全年也实现了1.8%的保费增速(见图7-6)。

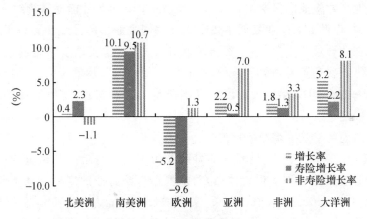

图 7-6　2011 年各洲总保费变化率

资料来源:Swiss Re, World Insurance in 2011.

(二) 2012年全球保险业发展简述

亚洲寿险业在2012年整体发展趋势良好。其中,中国和印度的寿险保费渐渐走出2011年的停滞状态,恢复较为稳定的增长。而除了中国和印度之外的亚洲国家在2012年也大都经历了比较强劲的保费增长。总体而言,消费者对保障型寿险产品的需求有所提高。2012年寿险业的总利润水平主要受到低利率水平的限制。而2012年亚洲非寿险业的保费增长略有放缓,利润率预计有所提高。

北美地区寿险业在2012年保费收入下降了1.9%。其中,美国与加拿大在2012年的保费收入比2011年分别下降了2.1%和0.8%。美国寿险业新增业务下降了7%,这主要是由固定年金和可变年金业务的急剧萎缩所造成的。美国的定期寿险业务发展相对平稳。美国非寿险业在2012年上半年的综合赔付率约为103%,虽然比往年有所好转,但承保利润依然为负数,预示着新一轮保费调整的必要性。

欧洲地区寿险业在2012年保费收入也有所下降。其中,西欧地区的降幅尤其显著,达到了5%。法国、德国、意大利和西班牙几国在2012年都遭遇了显著的衰退,其寿险保费收入分别比2011年水平下降了15.1%、7.1%、20.2%和8.6%。而欧洲非寿险业2012年承保利润略有增长,综合赔付率为97%左右。2012年上半年自然灾害发生较少,前六个月总的保险损失为14亿欧元,仅占欧洲总保费的0.3%。5月意大利发生的地震和6月英国发生的洪水是上半年最大的两起自然灾害。

拉美地区寿险业的保费增长依旧强劲,在2012年预计能够保持约9%的增长率。其中,巴西的寿险业发展主要得益于举国失业率的降低和整体工资水平的提高。在非寿险业方面,由于经济增长速度放缓,保费增长率也随之有所下降。尤其是那些和贸易相关的险种,比如信用保险以及运输保险的销量都受到很大影响。由于2012年拉美地区未发生严重的自然灾害,整体行业的承保收益应比较稳定。

中东欧地区寿险业增长率比前一年度有了巨大的提高,从2011年的1%提高到2012年的7%。其中,俄罗斯的寿险业由于信用寿险产品销量的拉动,保持着30%以上的增长率。但总体而言,俄罗斯寿险行业的规模还是十分有限。此外,波兰的寿险保费增长有所放缓,实际增长率可能为负。在非寿险业方面,各个国家的表现大相径庭。仅有俄罗斯和波兰两个国家经历了稳定增长,而其他国家的保费都不同程度地有所下跌。总体利润方面,由于整体理赔损失较少,预计大部分国家都能够实现盈利。

中东地区寿险业保持着较快的发展。其中,土耳其和阿联酋的保费收入都实现了强劲的增长,其中,尤其是定期寿险产品的销量十分可观。而沙特阿拉伯则延续了自2010年以来的萎缩趋势,保费继续减少。非寿险方面,由于该地区社会和政治的不稳定性,以及欧洲经济形势的负面影响,主要国家的保费增长都有所放缓。此外,由于激烈的价格竞争,非寿险业的盈利能力也十分有限。

二、2012 年部分代表性国家的保险业发展[①]

(一) 美国保险业发展

1. 非寿险业发展

2012 年,美国非寿险业业绩出现了大幅提升,是金融危机后年景最好的一年。表 7-3 列出了与 2011 年对比的几项主要经营指标。虽然在 2012 年第四季度,飓风"桑迪"来袭造成巨额损失,导致 2012 年全年的巨灾损失高达 350 亿美元,但总体而言,由于保费的上升,以及巨灾损失的相对减少,非寿险业的承保损失比 2011 年下降了 54%,达到 167 亿美元。综合赔付率也由 2011 年的 108.1%降至 103.2%,其中,据险种划分,企业保险的综合赔付率为 102%,个人业务的综合赔付率为 104%。与此同时,非寿险公司的利润总额飙升了 72%,达到 335 亿美元,平均盈余回报率也达到 5.9%。

表 7-3 美国非寿险业经营概况(2011—2012 年)

主要指标	2012 年	2011 年	变化率
综合赔付率	103.2%	108.1%	-4.5%
承保损失(亿美元)	167	362	-53.9%
利润(亿美元)	335	195	71.8%
平均盈余回报率	5.9%	3.5%	68.6%
净保费增长率	4.3%	3.4%	—
净投资收益(亿美元)	538	561	-4.1%
承保能力(亿美元)	58.7	53.7	9.3%

资料来源:Insurance Information Institute, 2012 Year End Results.

在保费增长方面,2012 年净保费增长率为 4.3%。这一增速超过了 2012 年美国名义国内生产总值的增速(4%),是美国金融危机以来最高的增速,也是近十年来最高的增长速度。仅在第四季度,净保费便上涨了 4.8%,是过去六年以来增速第二快的季度。但低利率依旧是阻碍非寿险业盈利的重要因素,2012 年净投资收益比 2011 年下降 4.1%,达到 538 亿美元。但行业总体的承保能力依旧十分充足,比 2011 年年末大幅增长了 7.9%,达到了 5 794 亿美元的新高。

非寿险业保费增长主要可以归因于两个方面。首先是由于经济复苏引发的承保财产价值的增加,其次是保险价格的上涨。2012 年,包括机动车险、家庭

[①] 截至本章撰写时,全球主要国家仅有美国、德国、澳大利亚已公开 2012 年度保险业数据。

财产险和企业保险在内的几类主要非寿险产品价格出现全面上调,导致净保费随之上升。此外,美国就业市场的复苏也为非寿险业,尤其是工伤保险保费收入的增长起到了重要作用。2012年,美国新增225万个就业岗位,工资总数上涨2 670亿美元。强制的工伤保险保费因而也随之水涨船高,实现了高达10%的年增长率。

随着就业市场的复苏,主要经营企业财产/责任险的非寿险公司从中获利更多,2012年的增长率达到5.7%,而主要经营个人保险业务的非寿险公司仅增长了3.6%,而那些同时经营企业以及个人业务的非寿险公司增长率为4.2%。

由于美国非寿险公司的投资主要以国内市场为主,因此欧债危机对其影响较小。而对于那些总部位于美国的全球化保险集团来说,虽然它们也有资产投资在欧洲市场,但由于普遍而言资产质量较高,因而并未受到太大负面影响。

图7-7描述了从1980年到2012年第三季度为止,美国非寿险业在投资收益、净收入和净承保收益/损失方面的变化趋势。其中,1980年数据显示由上至下三条线依次代表投资收益、净收入和净承保收益/损失。可以看出,2012年的美国非寿险业的净收入和净承保收益都较2011年有了很大提高,呈现出金融危机后的复苏迹象,但投资收益依旧堪忧。

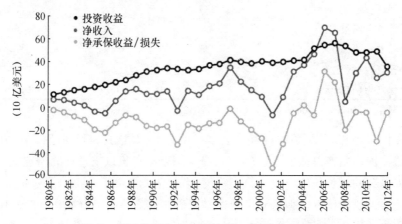

图7-7 美国非寿险业业绩(1980—2012年三季度)
资料来源:A. M. Best.

2. 寿险业发展

由于监管机构从2013年1月1日开始提高对美国寿险业的准备金要求,在2012年年末,美国个人寿险产品销售经历了比较强劲的增长,第四季度保费收入大涨12%,全年总保费比2011年增加了6%,保单数量也增长了1%。① 图7-8列出了几项主要险种分别在保费收入和保单数方面的增长率。可以看出,保费增长最强劲的险种是万能寿险。

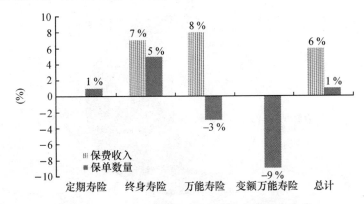

图7-8 美国寿险业2012年保费和保单数变化率

注:由于该销售报告受访公司中,目前在售的变额产品数量少,因此没有独立的变额保险销售数据。而变额万能寿险是指在美国证券交易委员会注册的一种浮动保费现金价值保单,其现金价值随着分离账户中的投资表现而变动。

资料来源:LIMRA, US Individual Life Insurance Sales 4th quarter 2012.

万能寿险产品中,指数型万能寿险(IUL)是拉动保费增长的主要力量,在2012年第四季度销量飙升了42%,全年来看,保费收入也增长了36%。由于指数型万能寿险同时具有安全性和成长性,平衡了各类消费者的期望,市场反响良好。目前,指数型万能寿险保费收入占全部寿险保费收入的12%,在万能寿险产品中占比已高达30%。此外,终身保证型万能寿险(LTGs)也受到2013年即将提高准备金要求的影响,保费收入在第四季度飙升了27%,全年上涨1%。

终身寿险产品在2012年也呈现出较好的发展态势,全年保费收入上涨7%,仅次于万能寿险。同时,保单数量全年上涨5%。2012年,过半寿险企业在终身寿险产品方面实现了两位数的增长。这类产品由于保费计算简单,并能够满足消费者对于终身保障的偏好,至今已连续七年保持上涨趋势。与2005年底的数据相比,终身寿险产品在这7年间,总保费收入上涨了10亿美元,在2012年年底,其保费收入占总寿险保费的32%。图7-9标识了各主要产品保费收入的占比情况。可以看出,终身寿险的占比仅次于占比40%的万能寿险,此

---

① 美国寿险行销调研协会,《2012年四季度个人寿险销售报告》。这是目前最新的关于美国寿险业销售数据的统计,是依据对80家主要寿险公司的调查数据得出的。这80家寿险公司的总保费收入占全美寿险业的80%,其承保的保险金额占全美总额的85%,销售保单数占全美寿险总保单数的65%。

外,定期寿险也占据了21%的市场份额,而变额寿险/变额万能寿险的占比仅为7%。

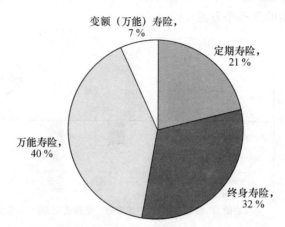

图7-9 美国寿险业2012年主要险种保费收入占比
资料来源:LIMRA, US Individual Life Insurance Sales 4th quarter 2012.

图7-10描绘了2000年到2012年间,几类主要产品的市场份额变化趋势。可以看出,终身寿险的市场份额稳步回升,从2000年的23%逐步上升到2012年的32%。而万能寿险在2000年到2005年间占比有大幅提升,之后基本稳定在40%左右的水平。而定期寿险始终在23%左右的水平徘徊,比重在这两年

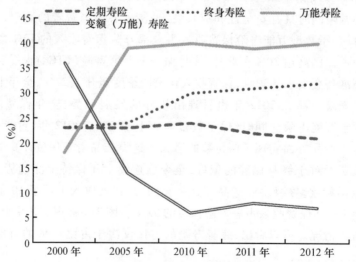

图7-10 美国寿险业主要险种市场份额趋势图(2000—2012年)
资料来源:LIMRA, US Individual Life Insurance Sales 4th quarter 2012.

略有降低,至 2012 年的 21%。而变额寿险/变额万能寿险的比重一路走低,从 2000 年 36% 的高位跌至 2010 年的 6% 左右,此后稳定于这一水平。表 7-4 列出了自 1980 年以来,美国寿险业主要险种占比的历史数据。可以看出,寿险市场的竞争比较激烈,各类新型产品的出现导致主要险种市场份额的变化十分剧烈。

表 7-4 美国寿险业主要险种占比(1980—2012 年)

年份	定期寿险	终身寿险	万能寿险	变额(万能)寿险
1980	18%	82%	0%	0%
1985	11%	47%	38%	4%
1990	13%	54%	26%	7%
1995	15%	46%	24%	15%
2000	23%	23%	18%	36%
2005	23%	24%	39%	14%
2010	24%	30%	40%	6%
2011	22%	31%	39%	8%
2012	21%	32%	40%	7%

资料来源:LIMRA, US Individual Life Insurance Sales 4th quarter 2012.

定期寿险在 2012 年的保费收入与此前基本持平,保单销量略涨 1%。这类保单由于单位价格最低,普遍保额较高,适于购买能力有限且需要大额保障型保单的消费者。2012 年第四季度,其保费收入上涨了 4%,预计随着经济回暖,定期寿险销量也将随之上升。此外,另一个利好消息是大部分寿险企业已经停售与之类似的定期万能寿险,因此预计定期寿险的销售将有所好转。表 7-5 列出了美国寿险业主要险种的价格和保额信息。

表 7-5 美国寿险业主要险种价格和保障额度   (单位:美元)

险种	每千美元保障保费	保单平均保额	保单平均保费
定期寿险	2.1	433 966	923
终身寿险	19.2	64 469	1 238
万能寿险	14.0	296 146	4 154
变额万能寿险	21.3	556 311	11 870
总计	7.2	250 403	1 798

资料来源:LIMRA, US Individual Life Insurance Sales 4th quarter 2012.

由于资本市场表现不佳,投资收益下降,变额万能寿险产品销售持续遇冷。在 2012 年,保单数量和保费收入都保持下滑趋势。此类保单的价格、平均保费和平均保额都属于寿险产品中最高的一类。2012年,超过三分之二的寿险公司都经历了保单数量和保费收入的"双料下滑"。

(二)德国保险业发展

1. 发展概况

虽然受到全球经济疲软以及欧债危机的双重冲击,2012年德国保险业依旧保持了比较稳健的发展。保险需求保持稳定,行业收益和投资也较为平稳。表7-6列举了近两年来德国保险业的几项主要经营指标。

表7-6　德国保险业经营概况(2011—2012年)

指标	2012年	2011年	增长率
保费收入(10亿欧元)	180.7	178.1	1.5%
保险深度(%)	6.81%	6.93%	-1.7%
人均保费(欧元)	1 957	1 934	1.2%
寿险(欧元)	1 492	1 485	0.5%
非寿险(欧元)	467	450	3.8%
投资(10亿欧元)	1 325	1 285	3.1%

资料来源:GDV, 2012 Yearbook the German Insurance Industry.

由表7-6可见,2012年德国总保费收入略有上升,达到1 807亿欧元。人均保费也稳中微升,从2011年的1 934欧元上升到1 957欧元。其中,非寿险业的人均保费增幅为3.8%,远远高于寿险保费仅0.5%的增幅。在投资方面,2012年总投资数量也较2011年上升3.1%,达到13 250亿欧元的总规模。2012年,德国人均保费支出为1 957欧元,其中约四分之三用于购买寿险产品(1 492欧元,其中约400欧元用于购买商业健康险产品),另外约四分之一用于购买非寿险产品(467欧元)。

表7-7和表7-8总结了德国近年主要险种的保费收入和赔付情况。2012年,除了市场份额最高的人寿保险产品在保费收入方面有所下降外,健康保险和财产保险销售额都略有增长。健康保险增幅达到3.5%,而财产保险中占比最高的机动车保险实现了5.3%的增幅。但从赔付情况衡量,寿险的总赔付额也显著下降了11.8%,为750亿欧元。这主要是因为2011年大批1999年销售的12年定期保单到期,致使当年赔付额激增。而2012年赔付总额随之自然回落。相应地,健康保险和财产保险的总赔付分别增加了4.8%和3.9%。从赔付率综合衡量,寿险表现略好于财产险,在2012年的赔付率为87%,而财产险的赔付率约为93%。

表 7-7 德国主要险种保费收入(2011—2012 年) （单位:10 亿欧元）

险种	2012 年	2011 年	增长率
寿险	86.2	86.8	-0.7%
健康险	35.9	34.7	3.5%
机动车保险	22	20.9	5.3%
一般责任险	7.1	6.9	2.9%
意外伤害险	6.5	6.5	0.0%
建筑物综合险	5.2	5.0	4.0%
诉讼费用保险	3.4	3.3	3.0%
财产综合险	2.7	2.7	0.0%
航运险/航空险	1.9	1.8	5.6%

资料来源:GDV, 2012 Yearbook The German Insurance Industry.

表 7-8 德国主要险种保费赔付(2011—2012 年) （单位:10 亿欧元）

险种	2012 年	2011 年	增长率
寿险	75.0	85.0	-11.8%
健康险	23.9	22.8	4.8%
财产险	45.5	43.8	3.9%
总计	144.4	151.6	-4.7%

资料来源:GDV, 2012 Yearbook The German Insurance Industry.

德国保险市场的竞争较为激烈,保险公司数量也呈现逐年稳步下降的趋势。图 7-11 描绘了 1990—2011 年,受德国联邦监管的保险公司数量的变化趋势。从中可以看出,在这 20 年间,保险公司总量由 729 家下降到 580 家。其中,寿险公司的数量比较稳定,在 20 年间仅减少了 25 家;而财产险公司的合并重组更为频繁,使得总数由 322 家下降到 215 家;再保险公司方面,其数量从 1990 年的 28 家逐年上涨,至 2005 年达到峰值 47 家,此后又稳步回落至 2011 年的 34 家。总体而言,德国保险市场的兼并重组过程比较和缓。在市场集中度方面,2010 年市场前十大寿险公司的市场占有率为 68.1%,而前十大产险公司的占有率为 62.8%。综合来看,前十大保险公司的市场占有率为 63.4%。此外,各个公司市场占有率的份额在各年之间变化较大,这也说明德国保险市场的竞争十分激烈。

德国保险业的国际化趋势比较明显。2012 年,德国原保费收入中,外资保险公司的份额达到了四分之一左右。而德国保险公司也积极参与欧洲乃至全球保险市场的运营,在其他地区大力拓展业务。不过总体而言,相对于再保险

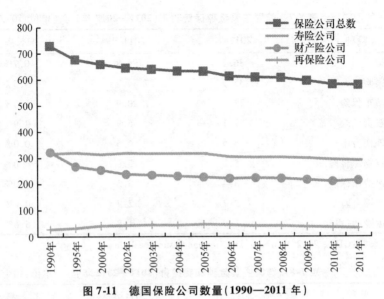

图 7-11 德国保险公司数量（1990—2011 年）
资料来源：GDV，2012 Yearbook The German Insurance Industry.

行业，德国原保险业的开放程度还有待于进一步提高。由于存在包括语言、文化、社会因素、法律体系、税收以及社会保险系统在内的种种差异，即便在欧洲内部进行市场整合也存在许多展业壁垒。

2. 非寿险业发展

在非寿险业方面，2012 年，德国保费增长了约 4%，而相应地保险赔付也有大幅提高。因而全年非寿险业可能将出现小幅亏损。其中，个人非寿险业务由于受到 2 月份严重霜冻灾害的影响，家庭房屋保险索赔全年大幅攀升 13%，仅霜冻灾害造成的索赔额就高达 3 亿欧元。但 2012 年其他类型自然灾害的发生频率低于历史平均值。总体而言，这一险种的综合赔付率为 113%，将导致小幅亏损。在企业非寿险业务方面，保费收入增加了 3.7%，但赔付数额大幅攀升了 9%，因而估计这类业务的增速也将有所放缓。

德国非寿险业面临着气候变化带来的风险和重大挑战。德国境内的极端天气，包括洪水和暴雨也变得日渐频繁。而公众对于这一类新风险积聚的准备不足，目前仅有 30% 的家庭为房屋购买了暴雨、洪水和暴雪的保险保障。针对这一现状，德国非寿险企业致力于提高公众的风险意识，并推广相关险种。

3. 寿险业发展

德国寿险业在经历了 2009 年和 2010 年由趸缴保费保单热销所引发的年均 4% 以上的高速保费增长后，2011 年保费收入的增速自然回落。2012 年，这一趋势仍未扭转,寿险保费微降 0.7%。估计未来保费将维持低速增长。在 2012 年上半年寿险业新增保费中,年金产品最为引人瞩目——在新增保费中占据了 68% 的份额,而收益保障型寿险产品也较为受市场青睐。相反,投资连结型产品销售遇冷,份额从 41% 急跌至 24%。此外,生死两全保险的销量也下跌了 16.7%,仅占新增保费总额的 3.8%。

2011 年,德国寿险业的保险密度为 2 967 美元,在欧洲仍处于中低水平。一些欧洲国家的寿险业保险密度可高达德国水平的两倍以上,如瑞士(8 012 美元)、荷兰(6 647 美元)和卢森堡(5 974 美元)。究其原因,德国作为世界上第一个提供社会保险的国家,公众依然习惯于依赖政府解决养老保险、医疗保险等问题,对于商业保险的购买意愿偏低。但随着人口结构的变化,国家债务的增加,以及社会保险保障水平的降低,个人商业保险的必要性逐步凸显。商业保险在养老保险领域大有可为。

德国寿险业目前面临的主要挑战在于长期的低利率环境,以及资本市场收益的剧烈波动,使得获取长期稳定、合理的收益率变得越来越困难。目前,寿险业投资回报率虽然比较平稳,但长期挑战依旧存在。

(三)澳大利亚保险业发展

1. 非寿险业发展

澳大利亚非寿险业在 2012 年呈现出较快的增长速度。据瑞士再保险测算,行业综合赔付率有所改善,从 2011 年的 108% 下降为 2012 年上半年的 102%。表 7-9 列举了 2011—2012 年澳大利亚非寿险业经营的几项主要指标。

表 7-9 澳大利亚非寿险经营概况(2011—2012 年) (单位:10 亿澳元)

范围	保险行业			原保险公司			再保险公司		
	2012 年	2011 年	增长率	2012 年	2011 年	增长率	2012 年	2011 年	增长率
净赚保费	28.8	26.6	8%	27.5	25.2	9%	1.3	1.4	-3%
净理赔额	18.1	19.9	-9%	17.6	18.7	-6%	0.4	1.2	-64%
承保损益	3.0	-0.6	—	2.5	-0.3	—	0.4	-0.2	—
投资收益	5.2	5.3	-3%	4.8	4.8	-0.3%	0.4	0.5	-25%
净利润	5.4	3.0	81%	4.8	2.6	84%	0.6	0.4	62%
赔付率	0.6	0.8	-16%	0.6	0.7	-14%	0.3	0.9	-63%
总资产	465.5	455.4	2%	413.5	404.7	2%	52.0	50.7	2%
总净资产	123.5	117.8	5%	109.4	105.2	4%	14.1	12.4	13%

资料来源:APRA, General Insurance Quarterly Performance Statistics.

2012 年,行业净赚保费增长了 8%,达到 288 亿澳元,而净理赔额较 2011 年下降了 9%，为 181 亿澳元。承保收入也扭转了 2011 年亏损 6 亿澳元的颓势，转而实现了 30 亿澳元的承保收益。在投资收益方面，2012 年的表现略有下降，而净利润飙升 81%。此外，总资产和总净资产两项指标分别上升了 2% 和 5%。其中，原保险公司的市场表现更加强劲，净赚保费快速增长了 9%，同时净理赔额下降 6%，实现了 25 亿澳元的承保收益，净利润也上升了 84%。而再保险行业净赚保费略有下降，但由于净理赔额也随之急剧下降，因而实现了 5 亿澳元承保收益。

图 7-12 描绘了 2002 年至 2012 年非寿险业每季度承保损益和投资收益的变化趋势。从中可以看出，承保损益的变化幅度很大，在经历了 2008 年年底以来的直线下滑触底之后，自 2011 年第三季度开始，承保损益陡然好转。而投资收益在 2008 年金融危机后虽受到短暂的剧烈影响，但从 2009 年第二季度开始逐年上升，至 2012 年又进入一个新的瓶颈期。

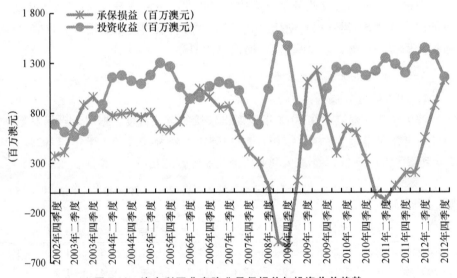

图 7-12　澳大利亚非寿险业承保损益与投资收益趋势

资料来源：APRA，General Insurance Quarterly Performance Statistics.

图 7-13 描绘了 2002 年至 2012 年非寿险业每季度净赔付率和净资产回报率的趋势。从中可见，非寿险业赔付率一直比较低，在 2008 年第四季度时达到最高点 84%，此后回落。在 2012 年，非寿险业赔付率约为 63%。而净资产回报率一直较高，这 11 年间平均回报率为 16.4%，在 2003 年第四季度到 2007 年第二季度之间，更是保持了 20% 以上的回报率。这一水平虽然在 2008 年受到金融危机影响，显著地降至 8% 左右的水平，但从 2009 年开始又出现比较强劲的

回升势头,在 2012 年达到 14.8%。

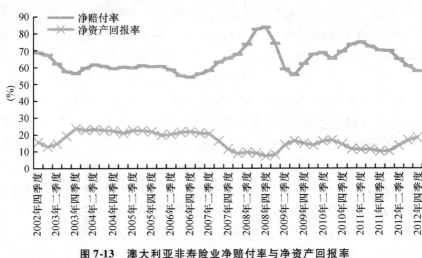

图 7-13　澳大利亚非寿险业净赔付率与净资产回报率
资料来源:APRA, General Insurance Quarterly Performance Statistics.

2. 寿险业发展

由于银保渠道和高端客户直销渠道销量的快速增长,澳大利亚寿险业近年来进入了一条成长的高速路,保持每年两位数的增长率。这一速度远远高于银行业、非寿险业以及财富管理行业。寿险业盈利能力在 2012 年继续大幅攀升,税后总利润达到 30 亿澳元,比 2011 年年末上涨 15.2%。同时,净资本回报率也维持在历史高位,从 2011 年的 14.4% 增加到 2012 年的 15.3%。表 7-10 列举了 2011—2012 年澳大利亚寿险业经营的几项主要指标。

表 7-10　澳大利亚寿险业经营概况(2011—2012 年)　(单位:10 亿澳元)

	2012 年	2011 年	增长率
净保费	42.2	43.8	-3.7%
净赔付	43.2	42.3	2.1%
税后总利润	3.0	2.6	15.2%
总资产	247.3	230.2	7.5%
净资产	20.6	18.8	9.6%
净资产回报率	15.3%	14.4%	6.3%

资料来源:APRA, Life Insurance Quarterly Performance Statistics.

在持续经历市场高增长的同时,澳大利亚寿险业也在包括增长潜力、竞争模式、发展模式、产品设计在内的多方面存在潜在风险。

首先,寿险行业普遍对于未来保费成长持乐观态度。但随着新业务拓展速度的提升,退保率也逐年上升,甚至有超过新增业务增速的趋势。因此,虽然银保渠道和高端直销渠道带来了巨大的新增业务,但原有客户的急速流失不仅大大稀释了实际收益,也揭示了行业在产品设计、竞争模式等方面存在的缺陷。可以说,寿险业正面临着一个发展与危机并存的局面。

其次,寿险企业主要偏向于价格竞争,而产品的差异化不足,致使寿险业利润率自 2005 年开始呈现逐年下滑的趋势。目前,从市场结构来看,集中度依然较低。虽然,此前出现过一些大型的兼并重组,但随着一些新的企业进入市场,企业的总体数量依旧比较稳定。寿险企业的数量从 2011 年的 31 家略减至 2012 年的 28 家。在激烈的竞争中,新近进入澳大利亚市场的企业占据了相当的主动权。在这一过程中,如果中小型企业能够及时抓住机会,细分市场,将会大有可为。

最后,由于澳大利亚的社会保障体系比较完善,能够为公民提供比较充分的医疗和养老保障,因此,目前寿险业产品主要集中于传统的寿险保障产品。而这也造就了澳大利亚保险企业同质性十分高的现状。由于行业普遍认为保险密度和保险深度还有进一步提高的潜力,因此各个公司对于在组织结构和经营策略方面进行创新的动力不足。在险种方面,产品目前主要集中于传统类型的寿险和健康险;在客户对象方面,主要集中于普通的健康人群;在期限方面,主要集中于年可续保类产品;在缴费方式方面,主要集中于期缴产品。相比其他发达的寿险市场,澳大利亚出现了许多产品线的缺失和不足。寿险企业应当重视产品差异化在竞争中的作用,主动拓展与长寿风险相关的长期保障类产品、年金产品和长期护理险;给予消费者更多选择权,发展趸缴保费产品;设计与理财相结合的投资连结型产品;并进一步细分市场,设计针对次标准风险体的新产品。唯有如此,才能够增强澳大利亚寿险业的竞争实力和发展潜力。

第二节 近年全球保险业发展趋势分析

一、气候变化引发巨灾风险频发

全球气候变化已成为一个不争的事实。有关自然灾害以及气候异常的报道频现报端,而公众也对气候变化引发的环境问题多有切身体会。2011 年是巨灾频发、损失巨大的一年。据瑞士再保险统计,2011 年约有 35 000 人在自然灾害和人为灾难中不幸丧生,总经济损失超过 3 700 亿美元,而保险损失也达到

1 160 亿美元,是 1970 年以来的第二高点。

瑞士再保险对于巨灾的定义,是根据理赔额、经济损失总额或伤亡人数三项指标综合判定。只要其中任意一项超过规定标准后,即可归入巨灾。具体标准如表 7-11 所示。

表 7-11 2011 年巨灾评定标准

损失指标	损失类型	最低标准
保险损失(百万美元)	航运灾难	18.0
	航空灾难	35.9
	其他损失	44.6
或经济损失(百万美元)		89.2
或伤亡人数(人)	死亡或失踪	20
	受伤	50
	无家可归	2 000

资料来源:Swiss Re, Natural Catastrophes and Man-made Disasters in 2011。

2011 年,全球共发生 325 次巨灾,其中包括 175 次自然灾害和 150 次人为灾难。图 7-14 统计了 1970 年以来自然灾害和人为灾害发生频率的趋势变化。自 1970 年以来,巨灾发生的次数逐年上升,其中尤以自然巨灾的上升趋势更为明显。而 2010 年以来,自然灾害首次呈现出超过人为灾害频率的态势。

图 7-14 自然灾害和人为灾害次数统计(1970—2011 年)

资料来源:Swiss Re, Natural Catastrophes and Man-made Disasters in 2011.

在经济损失方面,2011 年巨灾损失高达 3 700 亿美元,创下了有史以来最高的经济损失纪录。2011 年理赔额高达 1 160 亿美元,是有史以来保险损失第二高的年份,仅次于飓风肆虐的 2005 年。其中,2011 年 3 月发生的日本地震及其引发的海啸所带来的直接损失高达 2 100 亿美元,其中保险损失为 350 亿美元。而 2012 年 2 月发生的新西兰地震也造成了约 150 亿美元的经济损失,其中保险损失为1 200亿美元。全球与地震相关的经济损失创下新高。此外,泰国在2011年所遭受的严重水灾也造成了巨额的经济损失。由于泰国已成为国际制造业的重要基地,水灾对国际供应链造成很大冲击,造成了前所未有的营业中断保险损失。最终,主要损失由国际保险业和再保险业共同承担。这一损失额也刷新了淡水水灾保险损失的历史纪录。相比而言,人为灾难虽然在次数方面仅略低于自然灾难,但总的经济损失却远远低于自然灾难所造成的损失额。2011年主要的人为灾难包括钻井平台事故和塞浦路斯发电厂事故等,共计造成80亿美元损失。

图7-15记录了1970年以来巨灾造成的保险损失。其中,气候引发的巨灾以及地震、海啸所造成的损失在近年都呈现出激增态势。

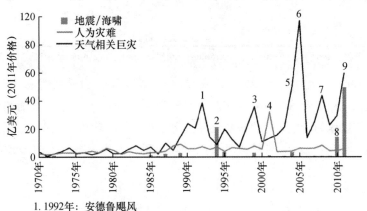

1. 1992年:安德鲁飓风
2. 1994年:北岭地震
3. 1999年:冬季风暴洛塔
4. 2001年:"9·11"恐怖袭击
5. 2004年:飓风伊万、查理、弗朗西斯
6. 2005年:飓风卡特里娜、丽塔、威尔玛
7. 2008年:飓风艾克、古斯塔夫
8. 2010年:智利、新西兰地震
9. 2011年:日本、新西兰地震,泰国水灾

图7-15 1970—2011年巨灾保险损失

资料来源:Swiss Re, Natural Catastrophes and Man-made Disasters in 2011.

在损失的地区分布方面,2011年,亚洲是损失的重灾区。无论是从经济损失、遇难人员或是保险损失来衡量,都居于首位。表7-12统计了各地区巨灾分布状况。

表 7-12　巨灾损失地区分布

地区	次数	遇难人数	占比	保险损失（百万美元）	占比	经济损失（百万美元）	占 GDP 百分比
北美洲	50	768	2.2%	39 756	34.3%	63 460	0.38%
拉美地区	36	1 880	5.4%	631	0.5%	5 558	0.10%
欧洲	34	1 158	3.3%	4 340	3.7%	8 712	0.04%
非洲	51	2 894	8.3%	323	0.3%	1 560	0.08%
亚洲	104	26 189	75.4%	49 249	42.5%	260 149	2.09%
大洋洲	10	233	0.7%	19 106	16.5%	27 814	1.80%
海洋/航天	40	1 607	4.6%	2 409	2.1%	3 633	
全球总计	325	34 729	100.0%	115 814	100.0%	370 886	

资料来源：Swiss Re, Natural Catastrophes and Man-made Disasters in 2011.

2012 年,巨灾发生的频率和严重程度较 2011 年有所缓和。尤其是上半年的巨灾损失较少,仅为 120 亿美元。但 2012 年 10 月登陆的飓风"桑迪"带来了破坏性影响。在率先横扫了古巴、多米尼加、牙买加、巴哈马和海地等地之后,飓风"桑迪"席卷美国东部沿海,造成巨大的财产损失和人员伤亡。估计总财产损失超过 200 多亿美元,而保险损失也高达约 188 亿美元。① 而洪水灾害方面,英国保险协会在 2012 年发出警告称英国正面临着巨大的洪水隐患。2012 年是英国历史上降水量最大的一年,全国各地频遭水灾,造成保险业和再保险业的巨大损失。此外,2012 年 3 月,澳大利亚维多利亚和新南威尔士州也遭遇了一系列的洪水袭击,经济损失预计为 15 亿美元。

2012 年是有历史记录以来最热的一年,由此导致旱灾、火灾,以及水灾、暴雨、风暴等各项灾害隐患普遍上升。面对这样的背景和挑战,全球保险业和再保险业有必要加强对各项灾害的预测,并进一步细分各项承保限额。例如,应增加对于海啸风险的评估,充分考虑这类严重的次生灾害对于保险标的的影响,并将其纳入地震风险模型中一并综合考量。同时,泰国水灾所造成的巨额损失也警醒保险业,应及时将与全球供应链关系的紧密程度指标纳入评估范围,适时更新新兴国家的风险水平。

二、新兴风险涌现保险业亟待创新

近年来,国际保险业内部涌现出一批鼓励创新并自我反省的声音,认为保

---

① 不包括国家洪水计划所承保损失。资料来源：Insurance Information Institute 2012 Year End Results。

险业在发展中过于坚守传统业务、固步自封，从而忽略了许多新兴行业和新型风险。保险业未能在国际经济发展中发挥其应有的作用。对此，许多保险公司、保险市场也加快了自身创新改革的步伐。

近年来，XL保险集团首席执行官迈克·麦加威在多次重要国际会议上坦言保险业现存的诸多问题。2002—2011年这10年间，全球非寿险保费从1 000亿美元上涨到1 800亿美元，取得了较快的增长。但同期全球GDP平均年增幅为3.7%，保险业的增长率依旧低于平均GDP增幅，导致同期保险业占GDP的份额实际上由3.4%下降至2.8%。保险业在全球经济活动，尤其是新兴行业和核心行业中的作用和影响力都有所下降。目前全球最大的五家企业中，三家是科技企业（苹果、微软和IBM），另外两家是能源企业（美孚和中石油）。其中，仅苹果一家企业的资产就超过了美国所有非寿险企业的资产总和。网络科技的日新月异，不仅改变了人们通信的方式，而且使得现代社会在经营、社交、信息获取和传播等诸多方面都经历着革命性的变化。在这一过程中，保险业并没有深入地参与和适应种种变化，而是倾向于守住固有领土，专注于依据长期数据分析的结果来设计产品，以承保"有形风险"。而对于日益严峻的网络交易风险、数据存储、云计算技术应用等带来的新型"无形风险"，保险业的发展创新依旧滞后。针对这一市场，有一些保险公司开始设计并销售网络责任保险、数据泄露保险以及针对云计算的新型保障，但总体来说，市场普及率较低，仅占20%左右，仍有大片市场亟待开发。

能源行业是与人类经济活动发展息息相关的巨头行业。而保险业的资金相对于大型能源企业的风险水平而言，其承保能力十分有限。英国石油公司在墨西哥湾石油泄漏事件中的损失大部分是自己承担的，说明保险公司不仅在资本上处于弱势，且未能向能源企业主动提供有见地的分析或风险防范方案，因而导致保险业在这一领域也逐步失去话语权，无法分享高速成长的能源行业的利润。而对于中小型能源项目而言，它们更加关注获取高效的风险保障，保险业也需要为之提供更好的解决方案。

在近年应对巨灾所导致的大额营业中断险理赔方面，保险公司也体现出保守、缺乏创新的一面。在2011年日本地震、海啸，以及泰国洪水灾害后，由于灾害发生地与全球经济有着紧密联系，发生了大批的营业中断险理赔。而保险公司此前并未意识到这类风险的积聚水平。在理赔发生后，保险公司并未前瞻性地深入分析和提出应对方案，大批公司转而更改保单条款，增加营业中断险的分项限额或将其加入除外责任。这种保守的做法不利于留住客户，创造新的利润增长点。在目前瞬息万变的新型市场和大数据时代已经来临的背景下，保险公司应当优先安排有能力的员工开发创新业务,同时摒弃依赖长期数据分析才能设计产品的传统,转而通过深入分析近年积累的大量数据,尽快提出符合客户要求的解决方案,才能够在市场中重获竞争力。

无独有偶,国际保险业的"老大哥"劳合社在新的市场环境下,也提出了新发展规划。2012年5月,劳合社首席执行官约翰·内尔森和英国首相卡梅伦共同为"2025设想"揭幕。该构想的主旨是在2025年之前,将劳合社建成全球专业保险与再保险的中心。劳合社将通过关注发展中市场、多元化资本结构、全球化承保商、国际化保险经纪人,并建立多个海外运营中心等举措,在自己历史悠久的血统中,再加入国际化和发展创新的新鲜血液。经过初步对市场代理人、经纪人、商业环境以及巨灾标的的综合评估,劳合社将中国、巴西、墨西哥、印度和土耳其几个国家列为目前优先考虑的合作发展方。

面对新型风险,尤其是全球气候变化风险和巨灾风险,仅有保险公司层面的创新或许还不足以解决问题。瑞士再保险公司首席风险官大卫·寇尔提出国家风险官(Country Risk Officer)的概念,即一国在战略层面所设立的识别风险、管理风险并在灾害发生后协调各部门的组织。美国在飓风"桑迪"来袭后,也开启了关于设立国家风险官必要性的讨论。

三、小额保险的蓬勃发展

近年来,人们越来越关注如何使保险能够普惠低收入人群。在《联合国千年发展目标》中,消除贫困是迫切而艰巨的一项日程。小额保险是在发展中国家专门为低收入人群设计的商业保险产品,它旨在结合政府扶助和市场运作手段,共同高效地为低收入人群转移风险,防止因灾致贫、因灾返贫。它同时具有商业性和福利性的特点。一方面,很多小额保险项目是在非营利组织或政府扶持补贴下发展起来的,希望为低收入人群提供保障;但另一方面,小额保险机构在长期也需要有一定盈利能力,以便能够自主持续生存和发展。

2008年,比尔及梅林达·盖茨基金会融资建立国际劳工组织小额保险创新基金,在全球资助小额保险项目的实施以及相关研究。2009年,小额保险网络组织建立,旨在推动各项目之间的经验交流和学术交流。同年,保险可及性组织建立,旨在加强各国保险监管者对于小额保险的理解,呼吁建立更加适应小额保险发展的宽松监管环境。慕尼黑再保险基金会自2005年以来已成功举办了8届小额保险国际会议,将世界各地小额保险的管理者、从业者、研究者、监管者聚集一堂,共商小额保险的发展和创新。

近年来,不仅非营利组织和政府关注小额保险的发展,也有越来越多的商业保险公司进入这一领域。根据国际劳工组织小额保险创新基金和慕尼黑再保险基金会统计[1]，2005年全球最大的50家商业保险公司中，仅有7家提供小额保险产品，而这一数字在2012年已上涨为33家。此外，从2007年到2012年，小额保险计划所覆盖的投保人数也有了大幅度增长。据估计，这一数字从2007年的7800万增长到2009年的1亿3500万，在2012年更是创纪录地达到5亿人口，在5年内覆盖人群激增了6倍。

最初，小额保险的兴起与小额金融息息相关，主要是作为小额信贷机构的附加保险业务，产品是以自愿或者强制性的信用寿险为主。但随着时间推移，小额保险渐渐成为相对独立的市场力量，在产品线上囊括了小额寿险、健康险、财产险、农业险、巨灾风险等各类产品，在分销模式上也发展出了合作代理模式、供应商推动模式、独立经营模式，以及互助合作模式等多种形式。在地域分布上，小额保险项目更是在亚洲、非洲、南美洲诸多发展中国家蓬勃发展。

近年来，小额保险发展的新趋势可以概括为以下五点。[2]

第一，小额保险的定义在实践中呈现多样化趋势。各个组织和研究机构从目标客户群、保险产品、提供机构和分销机构等多个角度定义小额保险。综合而言，小额保险是为低收入人群设计的商业保险产品，可由包括政府、非营利机构、小额信贷机构以及商业保险公司在内的多种组织提供，并可相应采用多种分销形式。

第二，小额保险的覆盖范围呈现扩大化趋势。2012年，小额保险已覆盖了亚、非、拉美地区100多个国家共计接近5亿低收入人口。表7-13列举了5年间小额保险覆盖人数的变化。

表7-13 小额保险覆盖人群 （单位：百万人）

年份	亚洲	南美洲	非洲	总计
2006	66	8	4.5	
2009			14.7	
2011	350—400	45—50	18—24	413—474

资料来源：Munich Re Foundation, Protecting the Poor: A Microinsurance Compendium Vol. II.

2007年，中国保监会申请加入了由国际保险监督官协会与贫困人口服务小组联合成立的小额保险工作组。2008年6月，保监会发布《农村小额人身保险

---

[1] 新闻稿，"Microinsurance coverage expanding at breathtaking pace according to ILO and the Munich Re Foundation"，2012年4月10日。

[2] Munich Re Foundation, Protecting the Poor: A Microinsurance Compendium Vol. II, 2013.

试点方案》,并由中国人寿领头积极实践、开发小额保险产品。经过4年试点积累,2012年7月保监会发布《关于印发〈全面推广小额人身保险方案〉的通知》,在全国推广小额人身保险。2011年年底,仅小额人身保险一项,其覆盖人数已达到2 400万人。① 中国人寿保险公司是该市场的主导力量,市场份额高达90%,保费规模10.6亿元,已覆盖1 996万人。

第三,小额保险的承办方呈现多元化趋势。在实践中,小额保险成为一个横跨健康与社会保障、农业发展、气候变化、灾害管理、小额金融以及微型企业等多个领域的共通工具。随之各类组织开始关注并积极参与小额保险的发展。除了保险公司和小额金融组织合作、社区互助合作等模式外,公私合作也成为一股重要的中坚力量。此外,政府、监管机构、再保险公司、咨询机构、技术平台、通信商和融资机构都围绕着小额保险的发展,做出各自的努力。

据一项针对企业参与小额保险动机的调查显示,29%的受访企业表示开发新市场是其经营小额保险最主要的目的,另有20%的企业表示主要是出于营利目的进入这一市场。分别有17%和16%的受访企业表示主要出于企业社会责任和建立品牌形象的考虑提供小额保险产品。图7-16展示了具体的调查结果。

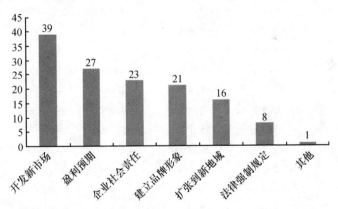

图7-16 参与小额保险动机调查的企业数量

资料来源:Munich Re Foundation, Protecting the Poor: A Microinsurance Compendium Vol. II.

第四,小额保险产品呈现多样化趋势。各类产品保障范围有所增加,也涌

---

① 《保监会全面推广小额人身保险》,《中国保险报》,2012年7月20日。

现出更多自愿购买的商业产品。

第五,深度审视小额产品提供价值成为重要问题。随着小额保险产品的丰富和覆盖人群的增加,供应方更加注重衡量客户需求,并且评估小额保险产品是否能为低收入人群创造价值。其中,主要趋势是通过实证研究评估项目的影响,并更加强调保护消费者利益。

第三节 国际保险业发展展望[①]

一、国际寿险市场展望

据瑞士再保险分析预测,2012年全球寿险业虽然经历了停滞不前的一年,但这一趋势有望在2013年得到改观。

表7-14列举了2010—2014年间,全球及几个主要国家寿险行业原保费的实际增长率。

表7-14 全球及主要国家/地区寿险行业原保费实际增长率(2010—2014年)

国家/地区	2010年	2011年	2012年	2013年	2014年
美国	-0.6%	3.8%	-2.1%	1.6%	3.1%
加拿大	-1.0%	-2.4%	-0.8%	2.0%	3.0%
日本	4.6%	8.5%	8.0%	2.0%	2.0%
澳大利亚	-0.8%	5.9%	-4.6%	4.5%	4.5%
英国	-12.5%	-8.8%	-2.8%	-1.0%	1.0%
德国	6.8%	-7.1%	-4.3%	-0.7%	0.2%
法国	2.7%	-15.1%	-15.1%	-0.3%	2.2%
意大利	9.4%	-20.2%	-7.0%	-0.9%	0.7%
发达市场	1.6%	-2.5%	-0.4%	1.5%	2.5%
新兴市场	10.9%	-5.0%	2.3%	6.2%	6.8%
全球	2.8%	-2.9%	0.0%	2.2%	3.1%

资料来源:Swiss Re, Global Re/insurance Review 2012 and Outlook 2013/2014.

2012年,发达市场经通胀调整后的实际寿险保费收入下降了0.4%,其中北美洲降幅为1.9%,西欧降幅为5%,大洋洲降幅为4.4%。全球唯一显示出

[①] 资料来源:瑞士再保险,《2012年度世界保险业回顾及2013/14年度展望》,Sigma,2012年12月。

强劲增长势头的发达市场都位于亚洲,包括日本、中国香港、新加坡、韩国和中国台湾。而新兴市场中,寿险保费收入总体上涨了2.3%,其中涨幅最高的地区分别为拉美地区(9%)、中东欧(6.8%)和非洲(3.2%)。而亚洲的新兴市场国家受到印度和中国市场低迷的影响,总体增幅仅为0.3%。

在新兴市场中,印度和中国两个主要市场在经过了2011年和2012年两年的政策调整后,有望恢复强劲增长,预计亚洲市场的实际保费在2013年将上涨5%左右。此外,由于监管的变化以及较低的投资回报率,预计风险保障类保单将成为增长的主力,而投资类保单的增长将持续受到压制。此外,许多新兴市场所面临的一个共同的问题,即社会保险存在保障缺口的严峻现状,也将促使人们更加青睐风险保障类保单。在中东地区和拉美地区,寿险保费将保持稳健上涨。而欧洲地区的保费增长可能会随着欧债危机所带来的经济放缓而进入停滞状态。

以美国、加拿大和澳大利亚为代表的成熟市场也有望摆脱保费缩水的局面,开启实际保费的上行期。经济复苏以及利率上升将成为推动保费收入上涨的主要动力,并将促使包括现金价值类保单、定期寿险以及失能保险在内的各类寿险产品恢复增长。但寿险公司的盈利能力依旧堪忧,主要将受制于投资回报率的水平。而那些持有大量利率保证型现金价值保单的寿险公司在低利率经济环境下将持续面临严峻挑战。此外,市场监管的变化也将对人身保险产品产生较大影响。

二、国际非寿险市场展望

据瑞士再保险分析预测,非寿险业保费收入的增速在2013年将稳步回升,产品价格也将有所上调,但盈利能力的改善还需假以时日。

表7-15列举了2010—2014年间,全球以及其中几个主要国家非寿险行业原保费的实际增长率。总体来看,估计全球非寿险业保费在2013年和2014年将稳步增长,其中发达市场回暖的信号显著,新兴市场的增速略有放缓。

表7-15 全球及主要国家/地区非寿险行业原保费实际增长率(2010—2014年)

国家/地区	2010年	2011年	2012年	2013年	2014年
美国	-1.2%	1.5%	2.2%	3.9%	5.5%
加拿大	3.9%	1.8%	2.2%	3.9%	4.9%
日本	0.5%	3.6%	5.2%	1.9%	1.0%
澳大利亚	2.9%	-4.7%	5.1%	4.1%	4.2%

（续表）

国家/地区	2010 年	2011 年	2012 年	2013 年	2014 年
英国	2.8%	-2.5%	0.5%	3.6%	2.9%
德国	-1.8%	2.1%	1.3%	2.2%	2.6%
法国	2.5%	2.4%	1.5%	0.6%	0.1%
意大利	3.7%	-1.3%	-4.2%	-1.7%	0.2%
发达市场	0.2%	1.1%	2.0%	2.7%	3.6%
新兴市场	9.6%	8.7%	7.8%	7.2%	7.4%
全球	1.4%	2.3%	3.0%	3.5%	4.3%

资料来源：Swiss Re, Global Re/insurance Review 2012 and Outlook 2013/2014.

2012 年，全球非寿险业的增速虽比此前两年的 1.4% 和 2.3% 的速度有所加快，达到了 3% 的实际增速，但总体来说市场依旧比较疲软。在全球经济放缓的大背景下，非寿险业的保费增长主要不是通过扩大承保价值，而是通过适当提高保险价格实现的。在新兴市场中，由于全球经济疲软，其增长率略有放缓，从 2011 年的 8.7% 下降为 2012 年的 7.8%。而东欧地区的非寿险保费实现了较大增长，其增长率由 2011 年的 2.8% 激增至 2012 年的 6.1%。亚洲持续地成为增长的领头军，在 2012 年实现了高达 9.7% 的非寿险保费增长率。

回顾 2012 年，非寿险的承保收益比起巨灾频现的 2011 年而言有所好转。2012 年非寿险产品价格稳中微升，但其价格的上升幅度并不足以抵消投资收益率下降所带来的负面效果。由于全球范围内利率水平再创新低，导致资本收益不足，投资收益率也随之下降。2012 年，投资收益率估计为已赚净保费的 11%，显著低于 1999 年到 2007 年间 13.5% 的平均投资收益率。此外，欧债危机进一步降低了一些固定收益证券的市价。这些因素共同导致 2012 年非寿险行业利润率偏低，股本回报率仅为 5%。这一回报率仅比 2011 年略有上升，但显然不足以支付获取资本的成本。而新兴市场由于并未遭受过多巨灾损失，因而其承保利润有所好转。随着全球经济回暖以及新兴市场人民财富的积聚，非寿险保费收入也将随之增长，其中，尤以车险的保费增长最为显著。长期来看，对于非寿险行业监管的加强将改善这一行业的盈利能力。

非寿险产品的价格趋势预示着市场正处于从宽松市场到紧缩市场的转折点。随着公司准备金的消耗、偿付能力监管的加强以及资本市场的波动和发展，市场有望进入新一轮的价格上行期。

三、国际再保险市场展望

国际再保险业除了较多受到巨灾风险影响这一特点外,其主要趋势与国际原保险业十分类似。2012 年前三个季度巨灾较少,再保险行业发展平稳。2012 年上半年,行业综合赔付率仅为 90%。但由于受到第四季度飓风"桑迪"的影响,再保险行业承保收益和利润将有所下降,预计 2012 年的综合赔付率在 103% 到 105% 之间。此外,2012 年再保险行业的资本回报率估计为 4%—5%。

表 7-16 和表 7-17 分别汇总了 2010—2014 年间,再保险寿险业务和非寿险业务实际保费增长率的变化趋势。从表 7-16 可见,全球寿险业务再保险保费收入将在 2013 年和 2014 年保持下滑趋势,但跌幅将有所下降,从 2012 年 -1.6% 的水平,反弹至未来两年内 -0.7%(2013 年)和 -0.4%(2014 年)的水平。其下跌趋势主要是由发达市场的萎缩所导致。从表 7-17 可见,与之相对的非寿险再保险业务,预计 2013 年和 2014 年保费收入将稳步回升。增长率预计将比 2012 年的 3.4% 有所上升,达到 4.9%(2013 年)和 5.7%(2014 年)。在增量中,发达市场预计将贡献较大份额。

表 7-16　再保险寿险业务实际保费增长率(2010—2014 年)

	2010 年	2011 年	2012 年	2013 年	2014 年
发达市场	1.8%	-0.4%	-2.1%	-1.3%	-1.0%
新兴市场	7.0%	16.3%	4.8%	6.3%	6.3%
全球	2.1%	0.5%	-1.6%	-0.7%	-0.4%

资料来源:Swiss Re, Global Re/insurance Review 2012 and Outlook 2013/2014.

表 7-17　再保险非寿险业务实际保费增长率(2010—2014 年)

	2010 年	2011 年	2012 年	2013 年	2014 年
发达市场	-4.3%	5.9%	2.1%	3.8%	4.9%
新兴市场	-0.2%	15.5%	7.7%	8.5%	7.8%
全球	-3.5%	8.0%	3.4%	4.9%	5.7%

资料来源:Swiss Re, Global Re/insurance Review 2012 and Outlook 2013/2014.

总体而言,非寿险再保险业务的资本金比较充足,偿付能力良好,再保险产品价格稳中有升。在巨灾频发的 2011 年后,财产巨灾再保险的价格上涨了 5% 到 10%。受到欧债危机、低利率以及投资市场疲软的影响,再保险公司在 2012 年度的投资收益表现不佳,前半年的投资收益率仅为 3.4%。在 2013 年,非寿险再保险业务的综合赔付率预计为 97%,而承保利润预计将持续走低,投资收益也很难迅速回升到经济危机前的水平。总体而言,行业利润预计仍会保持缓慢增长,而预计行业平均资本收益率可达到8%—9%。在人寿再保险业务方面,预计将保持萎缩趋势。尤其是英国和美国的寿险再保业务受到监管影响,业务拓展机会将大大降低。而其他发达市场由于人寿业务的再保险比例偏低,增长幅度也因此受限。新兴市场的寿险再保险业务预计将达到6%左右的年增长率。再保险公司将在承保、产品研发、理赔管理方面为原保险公司提供价值增值服务。此外,长寿风险也将成为再保险业务新的增长点,为原保险公司的年金业务,以及政府或者企业养老保险进行风险转移。仅2012年上半年,这项业务规模便达到了192亿美元。预计随着人口老龄化的发展,未来此项再保险业务的需求将十分可观。

附录

2012 年中国保险业发展基本数据

附表 1　2012 年保险业经营情况　　　　　　（单位：万元）

原保险保费收入	154 879 298.09
1. 财产险	53 309 273.47
2. 人身险	101 570 024.62
（1）寿险	89 080 569.76
（2）健康险	8 627 607.13
（3）人身意外伤害险	3 861 847.73
养老保险公司企业年金缴费	6 617 266.36
原保险赔付支出	47 163 184.60
1. 财产险	28 163 316.38
2. 人身险	18 999 868.23
（1）寿险	15 050 143.88
（2）健康险	2 981 707.45
（3）人身意外伤害险	968 016.90
业务及管理费	21 714 623.69
银行存款	234 460 040.26

（续表）

投资	450 965 776.16
资产总额	735 457 303.92
养老保险公司企业年金受托管理资产	20 090 059.76
养老保险公司企业年金投资管理资产	17 111 617.63

注：1. 本表数据是保险业执行《关于印发〈保险合同相关会计处理规定〉的通知》（财会［2009］15号）后，各保险公司按照相关口径要求报送的数据。

2. "原保险保费收入"为按《企业会计准则（2006）》设置的统计指标，指保险企业确认的原保险合同保费收入。

3. "原保险赔付支出"为按《企业会计准则（2006）》设置的统计指标，指保险企业支付的原保险合同赔付款项。

4. 原保险保费收入、原保险赔付支出和业务及管理费为本年累计数，银行存款、投资和资产总额为月末数据。

5. 银行存款包括活期存款、定期存款、存出保证金和存出资本保证金。

6. 养老保险公司企业年金缴费指养老保险公司根据《企业年金试行办法》和《企业年金基金管理试行办法》有关规定，作为企业年金受托管理人在与委托人签署受托合同后，收到的已缴存到托管账户的企业年金金额。

7. 养老保险公司企业年金受托管理资产指养老保险公司累计受托管理的企业年金财产净值，以托管人的估值金额为准，不含缴费已到账但未配置到个人账户的资产。

8. 养老保险公司企业年金投资管理资产指养老保险公司累计投资管理的企业年金财产净值，以托管人的估值金额为准，不含缴费已到账但未配置到个人账户的资产。

9. 养老保险公司企业年金缴费为本年累计数，养老保险公司企业年金受托管理资产和养老保险公司企业年金投资管理资产为季度末数据。

10. 养老保险公司企业年金缴费、养老保险公司企业年金受托管理资产、养老保险公司企业年金投资管理资产的统计频度暂为季度报。

11. 上述数据来源于各公司报送的保险数据，未经审计。

附表2　2012年保险业机构情况　　　　　　　　　　（单位：家）

	项目	2012年	2011年	2010年
	集团（控股）公司	10	10	8
	财产险公司	41	39	36
中资	人身险公司	42	37	35
	再保险公司	3	3	3
	资产管理公司	15	11	9
	财产险公司	21	21	20
外资	人身险公司	26	25	25
	再保险公司	5	5	6
村镇保险互助社		1	1	0
合计		164	152	142

附表 3　2012 年各月保险业保费收入和赔付支出　　　（单位:万元）

日期	产险公司		寿险公司	
	原保险保费收入	赔付支出	原保险保费收入	赔付支出
2012 年 1 月	5 121 516.61	1 763 611.37	13 795 971.67	1 690 064.780
2012 年 2 月	3 371 661.33	1 734 262.99	10 499 127.71	1 837 357.391
2012 年 3 月	5 054 965.26	2 396 088.37	10 504 340.50	2 297 485.833
2012 年 4 月	4 602 010.79	2 029 889.99	6 270 379.03	1 483 688.271
2012 年 5 月	4 591 711.26	2 349 128.14	6 970 479.33	1 331 008.363
2012 年 6 月	5 296 516.73	2 267 803.35	9 244 991.31	1 446 021.881
2012 年 7 月	4 368 787.68	2 385 161.78	6 172 222.00	1 211 174.944
2012 年 8 月	4 263 098.69	2 543 006.40	7 143 436.36	1 267 392.258
2012 年 9 月	4 828 600.46	2 586 329.24	8 658 948.05	1 305 788.702
2012 年 10 月	3 913 054.31	2 239 394.88	6 469 697.09	1 133 921.323
2012 年 11 月	4 504 547.50	3 072 542.29	6 797 887.94	1 778 130.063
2012 年 12 月	5 382 346.38	3 602 014.83	7 051 382.16	1 408 250.861
全年合计	55 298 817.00	28 969 233.63	99 578 863.13	18 190 284.670

注:1. 本表不含中华控股寿险业务。
　　2. 本表数据口径为保险业执行《关于印发〈保险合同相关会计处理规定〉的通知》(财会 [2009]15 号)后口径。

附表 4　2012 年各地区分险种原保险保费收入　　　（单位:万元）

地区	合计	财产保险	寿险	意外险	健康险
全国合计	154 879 298.09	53 309 273.47	89 080 569.76	3 861 847.73	8 627 607.13
北京	9 230 871.31	2 670 227.95	5 542 688.11	217 389.57	800 565.68
天津	2 381 571.50	907 859.48	1 269 828.31	55 773.75	148 109.96
河北	7 661 582.99	2 586 542.50	4 590 158.98	143 020.53	341 860.97
辽宁	4 024 157.79	1 432 438.29	2 277 603.14	82 540.94	231 575.42
大连	1 606 199.48	576 564.05	900 489.99	36 060.67	93 084.77
上海	8 206 368.07	2 563 782.44	4 824 489.29	243 300.77	574 795.57
江苏	13 012 804.80	4 409 248.48	7 658 651.63	352 039.98	592 864.72
浙江	8 198 769.77	3 582 222.09	4 012 467.42	231 185.94	372 894.32
宁波	1 647 056.24	862 293.97	692 512.92	40 161.07	52 088.28
福建	3 847 788.42	1 337 720.07	2 114 499.86	112 730.97	282 837.52
厦门	929 176.67	414 982.75	433 191.94	26 271.15	54 730.83

(续表)

地区	合计	财产保险	寿险	意外险	健康险
山东	9 677 479.93	3 176 219.62	5 724 807.42	223 859.21	552 593.68
青岛	1 602 880.55	649 315.02	814 623.24	36 777.48	102 164.81
广东	12 908 561.91	4 167 961.45	7 595 106.96	331 759.54	813 733.96
深圳	4 012 657.05	1 545 093.32	2 112 359.48	107 143.77	248 060.48
海南	602 705.69	251 494.05	307 554.52	16 065.91	27 591.21
山西	3 846 491.09	1 277 868.41	2 341 088.92	65 532.07	162 001.69
吉林	2 325 407.21	781 122.62	1 382 347.92	39 744.03	122 192.63
黑龙江	3 441 498.37	992 537.15	2 195 988.55	70 053.69	182 918.98
安徽	4 536 125.17	1 690 577.80	2 578 918.13	72 604.43	194 024.82
江西	2 717 188.84	974 947.29	1 552 419.81	64 572.64	125 249.10
河南	8 411 318.01	1 957 714.54	5 954 889.10	127 763.55	370 950.82
湖北	5 333 105.59	1 352 533.08	3 572 885.76	130 706.06	276 980.69
湖南	4 651 142.74	1 449 599.49	2 835 608.63	120 477.63	245 456.99
重庆	3 310 267.03	952 042.97	2 069 964.34	116 318.10	171 941.61
四川	8 195 283.43	2 715 082.95	4 830 719.00	230 508.10	418 973.38
贵州	1 502 155.49	703 928.83	683 547.11	54 463.76	60 215.79
云南	2 712 984.03	1 235 389.37	1 162 438.05	108 437.61	206 719.00
西藏	95 372.34	65 154.73	9 794.34	12 659.29	7 763.98
陕西	3 653 273.14	1 157 809.79	2 235 881.22	88 766.51	170 815.62
甘肃	1 587 674.91	559 390.89	908 418.59	37 299.72	82 565.71
青海	324 007.53	161 507.74	132 042.14	10 569.47	19 888.17
宁夏	626 882.77	264 735.41	287 076.89	16 758.47	58 312.00
新疆	2 355 603.68	936 810.09	1 136 768.86	90 174.05	191 850.67
内蒙古	2 477 437.20	1 198 369.52	1 094 517.78	58 578.70	125 971.20
广西	2 382 587.13	922 535.48	1 242 501.24	82 199.96	135 350.45
集团、总公司本级	842 860.23	825 649.78	1 720.20	7 578.64	7 911.61

注:1. 本表数据是保险业执行《关于印发〈保险合同相关会计处理规定〉的通知》(财会[2009]15号)后,各保险公司按照相关口径要求报送的数据。

2. 全国合计包括集团、总公司本级业务。集团、总公司本级是指集团、总公司开展的业务,不计入任何地区。

3. 上述数据来源于各公司报送的保险数据,未经审计。

附录 2012年中国保险业发展基本数据 223

附表5 2012年各地区人身保险公司分险种原保险保费收入及赔付支出

(单位:万元)

地区	原保费收入 合计	寿险	健康险	意外伤害险	赔付支出 合计	寿险	健康险	意外伤害险
全国	99 578 863.13	89 078 951.80	7 903 487.07	2 596 424.26	18 190 540.98	15 046 733.89	2 533 037.28	610 769.81
北京市	6 479 255.02	5 542 688.11	766 204.44	170 362.46	1 306 821.66	1 002 006.76	270 786.57	34 028.34
天津市	1 454 790.04	1 269 828.31	142 816.13	42 145.59	356 769.33	293 209.37	52 610.01	10 949.95
河北省	5 018 755.70	4 590 158.99	318 986.09	109 610.63	880 327.42	763 859.91	88 011.35	28 456.17
山西省	2 528 691.77	2 341 088.92	146 036.88	41 565.97	523 128.13	478 652.94	34 810.51	9 664.68
内蒙古自治区	1 241 077.75	1 094 517.78	114 248.34	32 311.64	235 832.77	194 954.00	32 455.60	8 423.17
辽宁省	2 536 574.35	2 277 603.14	204 700.35	54 270.86	553 752.83	452 126.97	88 586.99	13 038.88
辽宁省大连市	1 017 731.65	900 489.99	89 854.01	27 387.66	192 215.26	158 655.35	27 536.11	6 023.80
吉林省	1 527 520.35	1 382 347.91	114 517.84	30 654.60	307 838.00	260 653.60	39 357.89	7 826.52
黑龙江省	2 429 696.91	2 195 988.56	178 640.03	55 068.32	477 929.62	406 724.17	59 398.39	11 807.06
上海市	5 489 171.75	4 824 489.28	519 106.34	145 576.13	1 121 465.46	879 825.80	222 472.38	19 167.28
江苏省	8 434 942.36	7 658 651.63	553 484.90	222 805.83	1 410 727.32	1 190 261.98	155 879.11	64 586.23
浙江省	4 520 734.64	4 012 467.42	345 608.85	162 658.36	763 063.58	610 333.86	122 836.53	29 893.20
浙江省宁波市	754 371.15	692 512.92	40 387.49	21 470.74	114 546.48	97 102.17	13 944.61	3 499.70
安徽省	2 807 648.46	2 578 918.13	179 452.78	49 277.55	597 356.34	522 678.39	64 089.78	10 588.17
福建省	2 430 885.30	2 114 499.85	241 504.96	74 880.49	456 350.50	369 349.27	65 571.14	21 430.08
福建省厦门市	502 103.30	433 191.94	51 632.78	17 278.58	94 448.96	77 092.44	12 588.13	4 768.39
江西省	1 701 490.59	1 552 419.80	105 007.15	44 063.64	349 064.57	309 616.16	28 787.15	10 661.27
山东省	6 418 978.20	5 724 807.42	524 338.30	169 832.48	1 087 651.50	886 936.91	151 794.55	48 920.03
山东省青岛市	939 512.44	814 623.24	98 957.93	25 931.27	179 161.87	143 228.72	30 940.10	4 993.05

（续表）

地区	原保费收入				赔付支出			
	合计	寿险	健康险	意外伤害险	合计	寿险	健康险	意外伤害险
河南省	6 414 617.76	5 954 889.10	357 519.00	102 209.66	953 221.24	837 178.66	89 176.34	26 866.24
湖北省	3 909 439.22	3 572 885.76	257 750.20	78 803.25	573 083.30	464 973.27	90 075.03	18 035.01
湖南省	3 136 210.60	2 835 608.62	223 687.49	76 914.49	655 361.08	572 562.56	64 310.23	18 488.29
广东省	8 561 921.09	7 595 106.96	722 653.96	244 160.18	1 407 717.76	1 141 851.87	222 668.24	43 197.66
广东省深圳市	2 413 580.40	2 112 359.48	236 139.04	65 081.88	272 806.29	203 434.15	54 900.68	14 471.46
广西壮族自治区	1 413 423.06	1 242 501.24	119 632.93	51 288.90	264 700.85	224 027.50	31 015.23	9 658.12
海南省	343 767.87	307 554.53	25 530.64	10 682.70	57 258.14	50 323.71	5 835.29	1 099.15
重庆市	2 292 263.43	2 069 964.35	151 088.88	71 210.20	365 643.25	300 283.75	47 558.37	17 801.13
四川省	5 342 839.43	4 830 719.01	373 520.30	138 600.13	860 695.57	691 777.28	119 839.39	49 078.90
贵州省	764 118.53	683 547.12	49 567.73	31 003.68	157 626.46	132 562.70	16 642.71	8 421.05
云南省	1 414 880.93	1 162 438.04	181 166.01	71 276.87	328 307.40	214 600.39	97 902.87	15 804.15
西藏自治区	12 464.26	9 794.34	1 288.18	1 381.74	1 470.45	1 010.49	172.36	287.60
陕西省	2 469 018.31	2 235 881.21	163 601.12	69 535.98	403 732.89	344 240.63	43 907.23	15 585.03
甘肃省	1 011 542.88	908 418.59	77 573.54	25 550.74	205 914.25	176 973.73	21 914.85	7 025.67
青海省	154 331.41	132 042.15	17 060.03	5 229.24	27 599.16	20 809.94	5 312.14	1 477.07
宁夏回族自治区	351 969.41	287 076.89	54 797.75	10 094.77	64 599.81	46 436.06	15 122.95	3 040.79
新疆维吾尔自治区	1 330 876.90	1 136 768.86	147 868.76	46 239.27	258 878.48	203 271.71	43 917.78	11 688.99

注：1. 全国合计包括集团、总公司本级业务。集团、总公司本级业务是指集团、总公司直接开展的业务，不计入任何地区。
2. 本表数据口径为保险业执行《关于印发〈保险合同相关会计处理规定〉的通知》（财会〔2009〕15号）后口径。

附表6　2012年各人身保险公司原保险保费收入　　　　（单位：万元）

资本结构	公司名称	原保险保费收入
中资	国寿股份	32 274 080.63
	太保寿险	9 346 080.14
	平安寿险	12 877 117.27
	新华人寿	9 771 851.97
	泰康人寿	6 157 763.88
	太平人寿	3 645 549.83
	建信人寿	586 757.13
	天安人寿	144 983.01
	光大永明	399 047.18
	民生人寿	890 204.64
	生命人寿	2 449 026.23
	国寿存续	1 317 466.85
	平安养老	586 921.64
	中融人寿	73 659.01
	合众人寿	808 466.99
	太平养老	92 460.61
	人保健康	759 972.86
	华夏人寿	587 292.06
	正德人寿	18 481.76
	信泰	204 248.65
	农银人寿	414 578.17
	长城	279 610.64
	昆仑健康	32 947.59
	和谐健康	10 929.68
	人保寿险	6 403 030.20
	国华	317 495.96
	国寿养老	0.00
	长江养老	0.00
	英大人寿	121 251.76
	泰康养老	0.00

（续表）

资本结构	公司名称	原保险保费收入
中资	幸福人寿	570 705.89
	阳光人寿	1 571 962.95
	百年人寿	353 227.66
	中邮人寿	1 454 639.72
	安邦人寿	124 551.41
	利安人寿	129 619.16
	前海人寿	27 232.17
	华汇人寿	14 684.68
	东吴人寿	4 284.41
	珠江人寿	508.11
	弘康人寿	15.52
	吉祥人寿	2 617.85
	小计	94 825 325.85
外资	中宏人寿	273 195.63
	中德安联	137 784.76
	工银安盛	475 070.87
	信诚	362 360.38
	交银康联	72 103.07
	中意	431 388.23
	友邦	869 115.23
	北大方正人寿	50 056.32
	中荷人寿	175 573.36
	中英人寿	360 104.56
	海康人寿	137 715.30
	招商信诺	242 153.71
	长生人寿	33 148.12
	恒安标准	146 856.76
	瑞泰人寿	9 656.72
	中法人寿	3 426.20

(续表)

资本结构	公司名称	原保险保费收入
外资	华泰人寿	285 686.34
	国泰人寿	44 568.86
	中美联泰	466 161.91
	平安健康	21 074.57
	中航三星	27 527.30
	中新大东方	29 627.24
	新光海航	31 290.29
	汇丰人寿	52 876.78
	君龙人寿	14 874.52
	复星保德信	140.23
	小计	4 753 537.28
合计		99 578 863.13

注:1. 本表数据是保险业执行《关于印发〈保险合同相关会计处理规定〉的通知》(财会[2009]15号)后,各保险公司按照相关口径要求报送的数据。

2. 原保险保费收入为本年累计数,数据来源于各寿险公司报送保监会月报数据。

3. 原保险保费收入为各寿险公司内部管理报表数据,未经审计,各寿险公司不对该数据的用途及由此带来的后果承担任何法律责任。

4. 友邦合计包括友邦上海、友邦广州、友邦深圳、友邦北京、友邦苏州、友邦东莞和友邦江门。

5. 由于计算的四舍五入问题,各寿险公司原保险保费收入可能存在细微的误差。

6. 本表不含中华控股寿险业务1 617.96万元。

附表 7　2012 年各地区财产保险公司分险种原保险保费收入

(单位：万元)

地区	合计	企业财产险	家庭财产险	机动车辆险	工程保险	责任保险	信用保险	保证保险	船舶保险	货运保险	特殊风险保险	农业保险	其他财产险	意外伤害险
全国	55 298 817.00	3 603 621.63	284 722.82	40 051 656.23	622 600.12	1 837 699.61	1 605 736.21	934 623.37	556 843.01	1 017 125.36	368 749.21	2 405 953.05	19 942.85	1 265 423.47
北京市	2 751 616.29	302 246.30	5 990.87	1 829 580.45	55 801.75	152 288.37	54 476.05	20 170.26	10 610.50	126 415.26	58 980.41	51 261.42	2 406.31	47 027.10
天津市	926 781.46	52 921.08	2 099.04	662 812.61	28 900.38	23 586.96	24 616.09	23 813.38	19 318.40	27 595.74	32 349.55	27 595.78	496.45	13 628.15
河北省	2 642 827.29	98 522.48	7 515.58	2 209 682.33	9 697.55	49 643.41	18 827.69	37 268.04	7 088.45	18 881.39	629.93	128 600.25	185.39	33 409.90
山西省	1 317 799.31	88 656.45	2 685.09	1 061 855.96	16 940.01	49 880.25	4 393.24	1 657.08	195.22	12 031.95	458.29	39 067.65	47.19	23 966.10
内蒙古自治区	1 236 359.44	76 646.23	7 578.61	872 397.85	9 172.82	23 828.72	3 335.65	5 181.28	13.23	7 572.70	205.59	192 061.58	375.26	26 267.06
辽宁省	1 487 583.43	85 979.12	7 608.02	1 143 100.39	9 646.48	42 685.49	3 751.57	21 849.46	2 220.12	36 027.55	9 555.54	69 178.91	835.66	28 270.08
辽宁省大连市	588 467.83	46 318.40	3 214.61	400 959.48	5 860.81	14 430.57	35 097.18	24 281.82	13 545.99	20 175.57	7 541.23	5 127.24	11.18	8 673.01
吉林省	797 886.85	51 849.68	4 947.33	563 239.59	2 802.13	16 837.53	746.99	25 289.07	23.04	26 410.01	110.31	88 329.75	537.19	9 089.43
黑龙江省	1 011 801.47	45 633.94	5 135.50	628 968.13	6 874.60	22 411.61	30 552.65	18 806.87	115.81	8 816.80	2 351.43	221 589.86	1 279.96	14 985.37
上海市	2 717 196.32	259 391.90	11 741.16	1 532 182.74	47 197.28	167 478.69	58 797.98	52 305.45	226 245.00	133 861.25	36 219.02	36 473.47	1 888.49	97 724.64
江苏省	4 577 862.44	367 081.03	23 612.12	3 289 070.05	51 627.23	160 375.97	121 403.94	134 658.25	53 222.18	77 436.73	11 024.52	118 892.21	844.25	129 234.15
浙江省	3 678 035.13	248 827.01	56 759.22	2 905 202.73	20 780.19	74 868.28	105 291.92	37 407.88	44 399.56	40 915.94	5 945.83	40 827.12	996.40	68 527.57
浙江省宁波市	892 685.10	70 910.83	7 927.45	622 919.31	9 310.38	25 078.00	42 038.69	25 060.68	23 053.70	25 269.66	825.67	9 850.92	48.67	18 690.33
安徽省	1 728 476.72	65 182.53	3 984.80	1 320 669.48	10 529.41	39 376.97	24 446.83	18 713.82	16 454.30	13 461.28	260.80	175 595.60	1 901.99	23 326.87
福建省	1 416 903.12	88 986.70	10 231.70	1 031 103.80	21 023.43	49 948.88	35 567.84	30 180.04	20 193.13	18 450.34	1 217.23	30 588.13	228.85	37 850.49
福建省厦门市	427 073.37	24 567.72	346.95	285 159.22	3 909.09	23 933.45	32 453.60	21 835.72	3 563.04	13 098.04	5 942.11	164.73	9.07	8 992.57
江西省	1 015 698.25	38 873.87	4 738.35	801 997.03	3 563.68	35 174.02	8 194.26	12 252.09	872.46	6 577.54	411.74	62 277.87	14.37	20 509.00
山东省	3 258 501.73	165 756.59	13 445.94	2 741 464.07	7 712.45	64 849.07	5 311.14	34 191.94	20 755.39	33 241.11	6 910.90	80 700.83	1 880.20	54 026.73
山东省青岛市	663 368.11	49 619.46	928.06	455 942.13	2 191.42	22 500.11	63 220.96	27 357.86	4 472.45	16 650.18	1 198.90	5 046.08	187.42	10 846.21
河南省	1 996 700.25	86 661.58	2 241.95	1 626 570.49	10 509.84	48 440.01	13 450.40	39 997.36	2 387.73	9 170.56	333.07	117 874.46	77.07	25 553.88
湖北省	1 423 666.38	91 344.55	9 921.27	1 033 125.73	16 449.27	54 553.70	20 485.72	25 535.86	14 353.91	20 607.25	1 019.95	64 708.93	426.95	51 902.80
湖南省	1 514 932.14	90 228.93	14 903.68	1 062 712.09	12 817.56	50 502.95	22 681.78	15 602.53	1 771.65	15 498.14	360.36	159 613.68	2 906.14	43 563.14
广东省	4 346 640.82	303 730.81	25 638.39	3 165 937.45	51 071.71	164 303.76	113 079.78	96 111.69	36 443.50	82 047.64	85 627.14	43 896.22	73.35	87 599.36

附录 2012年中国保险业发展基本数据   229

(续表)

地区	合计	企业财产险	家庭财产险	机动车辆险	工程保险	责任保险	信用保险	保证保险	船舶保险	货运保险	特殊风险保险	农业保险	其他财产险	意外伤害险
广东省深圳市	1 599 076.66	132 586.30	3 139.38	1 033 224.10	63 070.30	63 432.81	78 239.27	50 533.27	11 710.84	46 476.01	61 658.48	771.47	251.09	42 061.89
广西壮族自治区	969 164.07	52 948.02	17 126.19	741 192.13	16 369.93	31 615.40	3 704.49	18 759.16	7 332.65	18 160.86	2 068.55	12 961.99	296.11	30 911.06
海南省	258 937.82	14 694.72	118.69	173 411.05	4 369.96	9 647.80	345.20	9 202.51	2 899.26	4 180.18	16 320.85	16 303.44	0.39	5 383.21
重庆市	1 018 003.60	43 037.55	1 473.20	780 590.25	8 895.89	41 480.40	8 425.42	23 187.23	9 989.57	15 829.22	54.49	19 033.40	46.36	45 107.90
四川省	2 852 443.99	106 404.14	6 328.92	2 074 196.47	33 068.72	96 020.56	114 434.12	25 657.70	1 863.19	21 602.35	3 549.09	231 768.42	189.26	91 907.97
贵州省	738 036.97	35 793.56	2 493.31	593 675.27	10 898.23	34 106.24	88.56	12 389.01	164.22	6 712.76	61.06	6 875.66	670.95	23 460.08
云南省	1 298 103.10	76 015.65	6 482.28	992 511.42	10 090.39	34 452.13	10 802.35	14 282.71	269.95	18 462.82	703.45	71 292.00	24.22	37 160.74
西藏自治区	82 908.09	2 288.32	2 913.62	42 570.17	2 486.11	6 132.82	0.00	20.41	0.00	71.23	19.14	8 630.35	22.58	11 277.55
陕西省	1 184 254.82	63 535.76	2 846.70	984 092.52	10 566.95	29 333.45	8 376.12	16 079.46	248.13	8 885.17	2 278.70	30 937.73	629.10	19 230.52
甘肃省	576 132.04	38 302.80	890.40	435 062.59	7 813.33	24 679.73	60.00	2 737.94	43.10	11 780.85	133.07	37 828.63	58.43	11 748.98
青海省	169 676.12	12 888.41	154.59	124 455.88	5 899.67	8 202.26	0.00	153.17	72.22	746.58	21.75	8 861.62	51.60	5 340.23
宁夏回族自治区	274 913.36	13 836.54	215.61	225 332.29	1 788.66	5 910.46	0.00	70.92	11.51	2 086.36	28.95	15 454.12	0.00	6 663.70
新疆维吾尔自治区	1 024 726.78	61 254.82	7 339.83	604 685.58	9 108.08	38 970.54	107.41	10 227.90	7.35	11 968.21	762.70	192 332.74	44.94	43 934.78

注：1. 全国合计包括集团，总公司本级业务。集团，总公司本级业务是指集团，总公司直接开展的业务，不计入任何地区。
2. 本表数据口径为保险业执行《关于印发〈保险合同相关会计处理规定〉的通知》（财会[2009]15号）后口径。

附表8 2012年各地区财产保险公司分险种赔付支出

(单位:万元)

地区	合计	企业财产险	家庭财产险	机动车辆险	工程保险	责任保险	信用保险	保证保险	船舶保险	货运险	特殊风险保险	农业保险	其他	意外伤害险
北京市	1555031.36	122594.90	2608.54	1196314.19	24782.12	43891.97	55.36	2509.61	2841.88	40381.88	38328.28	46218.76	2326.69	15815.89
天津市	453410.06	23643.38	636.81	358028.79	7757.04	11932.30	8403.72	2105.24	9033.74	13004.00	6998.26	5805.71	43.02	3207.21
河北省	1358592.87	49380.32	2701.38	1175189.70	8852.30	21919.21	6350.30	1489.13	3729.71	7422.72	56.03	58661.03	21.28	10353.99
山西省	670122.64	29877.30	1221.24	582913.27	5900.34	16790.65	328.50	1092.77	0.72	1395.88	443.58	13694.98	49.53	8781.04
内蒙古自治区	617755.77	29013.03	1856.63	447682.80	4732.22	9243.42	0.00	462.93	0.08	2081.42	0.01	110334.14	56.50	6177.43
辽宁省	816471.42	37834.25	2802.97	663154.21	4719.40	22464.49	11.97	2064.46	563.51	5096.38	653.84	40490.89	361.55	9024.42
辽宁省大连市	266381.21	18518.50	581.66	198257.50	4736.65	6836.66	10409.03	1596.46	7483.07	9932.89	127.70	2899.00	0.22	3185.27
吉林省	406666.21	19540.56	1743.67	301786.26	1634.06	7737.08	3.07	1409.44	4.68	14980.28	3.74	50178.92	293.31	2452.76
黑龙江省	505364.14	19394.47	1535.28	345638.43	2618.85	11569.73	262.21	1819.26	2.67	4534.08	4.01	109937.25	415.86	4534.55
上海市	1436355.35	118834.92	5836.12	971944.96	13101.62	54480.37	33998.78	7210.72	84854.11	62114.49	3819.55	29701.14	385.56	21189.23
江苏省	2459012.14	169066.67	5926.90	1919445.80	11983.26	66759.81	77348.02	13536.18	49189.88	33030.55	1454.40	52269.62	817.36	35595.22
浙江省	2020530.24	118910.12	32901.86	1664884.40	6474.54	35277.78	51001.72	12431.24	24102.30	26790.21	149.56	16401.94	337.14	13714.81
浙江省宁波市	528174.97	54666.01	3339.43	379219.27	6965.10	14336.04	22824.94	4776.24	12981.41	9369.35	45.43	10500.38	3.24	3761.71
安徽省	929151.39	23620.25	573.94	742620.92	3775.71	19779.48	9028.68	2356.11	5605.56	8822.75	37.18	98097.35	471.93	5532.29
福建省	738745.22	36539.77	3468.00	579980.82	3864.75	24945.43	11545.18	3420.11	16173.73	8511.64	32.35	12110.44	(6.86)	9722.32
福建省厦门市	208557.82	10474.03	156.78	146734.94	803.45	12701.77	18114.11	2323.54	2155.03	5660.77	3839.65	50.42	(4.00)	3025.15
江西省	582524.27	15428.75	363.67	476792.22	5845.38	16482.39	10649.29	1405.20	3183.83	2676.14	0.83	32622.91	0.11	5791.21
山东省	1642923.48	87919.72	3864.21	1383024.65	3646.02	24862.69	2.08	3057.24	11772.71	12057.01	735.16	79455.55	950.30	15393.39
山东省青岛市	335844.18	28698.22	390.25	229641.35	479.91	11965.45	34175.04	1971.81	10106.99	11443.35	44.40	1832.72	(39.57)	3481.97
河南省	1042303.42	36985.39	571.83	888478.02	5253.97	24242.36	20925.00	2177.93	574.22	5580.49	30.30	40182.92	0.55	8528.47
湖北省	712395.63	33591.25	1730.33	561006.39	6576.81	24210.05	2477.67	2150.47	7079.97	8999.51	58.06	35570.10	(30.60)	16123.95
湖南省	771089.44	29119.10	4011.80	574602.35	7537.71	21217.44	2139.76	1099.06	1756.07	3651.92	8.27	99954.01	1590.07	11727.44
广东省	2365437.03	171330.09	4363.76	1826066.95	24249.27	62326.94	39813.40	8508.01	33008.00	44095.14	34423.76	23899.10	75.96	24867.36

附录 2012年中国保险业发展基本数据

（续表）

地区	合计	企业财产险	家庭财产险	机动车辆险	工程保险	责任保险	信用保险	保证保险	船舶保险	货运险	特殊风险保险	农业保险	其他	意外伤害险
广东省深圳市	804 289.93	104 856.31	544.82	561 205.12	17 809.57	25 081.59	32 778.19	1 750.16	5 843.89	18 275.13	13 722.97	427.69	47.23	12 950.49
广西壮族自治区	479 308.32	22 448.54	12 151.97	385 734.04	4 992.69	13 894.85	294.62	1 338.73	4 223.23	10 294.23	6.70	9 544.47	149.56	6 705.85
海南省	124 453.01	6 169.44	69.13	97 497.80	3 705.12	4 124.49	0.00	369.90	1 071.32	2 271.41	1 218.41	5 983.05	0.00	1 027.31
重庆市	552 168.76	16 643.38	385.50	448 766.23	6 341.79	20 538.25	3 389.45	1 302.87	5 637.06	8 619.32	191.76	10 450.66	35.07	17 238.75
四川省	1 468 318.32	64 607.30	1 417.89	1 181 073.29	21 709.42	38 782.58	5 961.98	2 235.37	822.79	7 584.50	291.71	88 632.22	20.01	27 369.19
贵州省	395 727.94	28 811.33	2 633.72	324 388.38	4 851.86	17 513.56	1.79	555.84	90.67	412.28	43.98	2 316.42	253.31	8 487.91
云南省	672 800.07	25 981.12	3 503.19	531 868.99	10 469.79	17 337.08	3 083.49	2 577.65	181.88	5 476.49	711.36	41 037.01	0.18	13 674.39
西藏自治区	39 023.78	2 052.94	137.32	23 962.42	1 399.07	2 630.56	0.00	2.06	0.00	20.39	0.00	3 353.34	0.28	2 852.24
陕西省	640 308.08	27 911.66	687.93	559 519.26	11 787.49	12 894.65	5 360.70	(509.01)	3.72	1 939.02	150.73	11 112.33	277.91	5 659.45
甘肃省	275 910.67	19 738.37	322.42	209 064.47	5 428.81	11 632.39	4.69	253.30	9.18	3 344.99	0.00	19 542.17	3.76	3 940.05
青海省	80 977.74	5 390.00	156.79	60 392.84	1 260.73	4 143.63	0.00	1.03	8.98	66.36	0.00	7 204.87	87.36	1 544.06
宁夏回族自治区	135 262.69	8 819.54	55.13	109 041.79	548.28	2 169.52	0.00	58.83	0.05	409.26	0.10	10 535.27	0.00	1 784.05
新疆维吾尔自治区	542 288.60	27 237.38	859.65	324 209.82	4 482.39	12 578.76	0.00	1 380.84	(0.00)	1 628.79	181.39	130 883.73	(8.57)	10 525.14
全国	28 969 233.63	1 650 319.94	106 384.94	22 475 667.81	263 381.61	751 364.41	675 593.48	92 964.63	305 059.49	404 607.34	115 081.98	313 377.43	9 513.32	357 247.09

注：1. 全国合计包括集团。总公司本级业务。集团、总公司本级业务是指集团、总公司直接开展的业务，不计入任何地区。
2. 本表数据口径为保险业执行《关于印发〈保险合同相关会计处理规定〉的通知》（财会[2009]15号）后口径。

附表9 2012年各财产保险公司原保险保费收入　　　（单位：万元）

资本结构	公司名称	原保险保费收入
中资	人保股份	19 301 796.44
	大地财产	1 790 222.28
	出口信用	1 426 007.21
	中华联合	2 455 580.68
	太保财险	6 955 028.23
	平安财险	9 878 620.39
	华泰	559 151.95
	天安	812 691.22
	大众	158 498.17
	华安	574 078.05
	永安	702 533.26
	太平保险	776 814.67
	民安	212 988.52
	中银保险	414 529.95
	安信农业	81 117.36
	永诚	555 684.29
	安邦	706 370.97
	信达财险	242 236.35
	安华农业	236 081.85
	天平车险	464 619.53
	阳光财产	1 465 958.45
	阳光农业	225 810.15
	都邦	309 649.59
	渤海	152 757.36
	华农	36 315.14
	国寿财产	2 354 179.71
	安诚	137 580.83
	长安责任	178 861.38
	国元农业	198 382.30
	鼎和财产	147 433.34

资本结构	公司名称	原保险保费收入
中资	中煤财产	21 817.55
	英大财产	501 498.56
	浙商财产	229 333.12
	紫金财产	231 343.44
	泰山财险	38 484.19
	众诚保险	25 755.48
	锦泰财产	49 196.84
	诚泰财产	4 155.86
	长江财产	11 082.66
	华信财产	602.22
	鑫安汽车	2 479.63
	小计	54 627 329.15
外资	美亚	110 282.59
	东京海上	47 159.85
	丰泰	26 187.96
	太阳联合	15 918.10
	丘博保险	13 987.70
	三井住友	45 971.79
	三星	51 487.73
	安联	57 540.56
	日本财产	29 455.86
	利宝互助	71 556.61
	安盟	70 640.82
	苏黎世	34 676.57
	现代财产	9 308.04
	劳合社	44.29
	中意财产	22 826.21
	爱和谊	4 815.43
	国泰财产	26 257.48
	日本兴亚	4 409.41
	乐爱金	8 682.37

(续表)

资本结构	公司名称	原保险保费收入
外资	富邦财险	16 183.78
	信利保险	4 094.73
	小计	671 487.86
合计		55 298 817.00

注:1. 本表数据是保险业执行《关于印发〈保险合同相关会计处理规定〉的通知》(财会[2009]15号)后,各保险公司按照相关口径要求报送的数据。

2. 原保险保费收入为本年累计数,数据来源于各产险公司报送保监会月报数据。

3. 原保险保费收入为各产险公司内部管理报表数据,未经审计,各产险公司不对该数据的用途及由此带来的后果承担任何法律责任。

4. 美亚包括美亚上海、美亚广州、美亚深圳。

5. 由于计算的四舍五入问题,各产险公司原保险保费收入可能存在细微的误差。

附表10　2012年养老保险公司企业年金业务情况　　　　(单位:万元)

公司名称	企业年金缴费	受托管理资产	投资管理资产
太平养老	587 651.37	2 399 852.85	2 605 635.37
平安养老	2 392 573.50	5 811 358.86	6 710 671.61
国寿养老	2 917 599.40	8 051 372.60	5 421 207.75
长江养老	390 284.22	3 152 168.74	2 374 102.90
泰康养老	329 157.86	675 306.71	—
合计	6 617 266.36	20 090 059.76	17 111 617.63

注:1. 养老保险公司企业年金缴费指养老保险公司根据《企业年金试行办法》和《企业年金基金管理试行办法》有关规定,作为企业年金受托管理人在与委托人签署受托合同后,收到的已缴存到托管账户的企业年金金额。

2. 养老保险公司企业年金受托管理资产指养老保险公司累计受托管理的企业年金财产净值,以托管人的估值金额为准,不含缴费已到账但未配置到个人账户的资产。

3. 养老保险公司企业年金投资管理资产指养老保险公司累计投资管理的企业年金财产净值,以托管人的估值金额为准,不含缴费已到账但未配置到个人账户的资产。

4. 以上数据来源于各养老保险公司报送保监会统计报表数据,未经审计,目前统计频度暂为季度报。